Willlam Fairbanks

Ich war einmal ein treuer Hitlerjunge

Willlam Fairbanks

Ich war einmal ein treuer Hitlerjunge

Rediroma-Verlag

Bibliografische Information der Deutschen Nationalbibliothek:
Die Deutsche Nationalbibliothek verzeichnet diese Publikation in der Deutschen Nationalbibliografie; detaillierte bibliografische Daten sind im Internet über http://portal.dnb.de abrufbar.

ISBN 978-3-98885-466-7

www.rediroma-verlag.de
14,95 Euro (D)

Inhalt

Vorwort ... 7
Hinweis ... 9
Meine jungen Jahre ... 10
Ehe die Russen kamen ... 14
Nachdem die Russen kamen ... 20
Meine Flucht nach West-Berlin ... 25
Meine neue Heimat ... 33
Meine ersten zwei Jahre waren die schwersten ... 38
Camp Shilo, Manitoba ... 45
Das militärische Leben in Shilo ... 50
Auf Wiedersehen, Shilo ... 54
Winnie-the-Pooh ... 60
Unser tägliches Leben in Winnipeg ... 67
Sag mir, dass die Kanadier kommen werden ... 76
Ein Selbstmord in Deutschland ... 86
Kanadas 100stes Geburtstagsjahr ... 94
Das Lied der Fallschirmjäger ... 102
Operation Essay ... 110
Das Jahr, in dem wenige Autos fuhren ... 118
Tief im Schützengraben der Aphrodite ... 123
Reich mir die Hand zum Leben ... 130
Wie man Offizier wird ... 137
Kanada im Schwarzwald ... 143
Wie man Tarnnetze in Kanonen tauscht ... 150
Senk mir das Schiff, Master Gunner! ... 161

Es gab einmal ein Flugzeug, das sich weigerte zu fliegen 169
Au Revoir, Quebec 177
Es gab einmal jede Menge SAABs in Lahr 187
Wie man Befehle ändern kann 198
Fick sie alle 209
Alte Soldaten sterben niemals 220
Der Ruf der Arktis 232
Meine Grollier-Hall-Episode 243
Und ruhig fließt der Rhein 255
Deutsches Durcheinander 265
Du Hoffnungsland für alle Hoffnungsvollen 276

Vorwort

Für viele Jahre versuchte ich dieses Buch in der englischen Sprache zu veröffentlichen aber Pustekuchen, kein Verleger in Deutschland half mir. „Wir sind in Deutschland“ so sagten sie, „und in Deutschland spricht man deutsch.“

Aber am Schluss riss mir der Geduldsfaden. So übersetzte ich einen Teil meines Buchs auf deutsch und hoffte, dass es sich hier besser verkaufen würde.

Und jetzt bin ich auch ein alter kanadischer Soldat, der viel im Leben gelernt hat. Warum soll ich es jetzt verleugnen, dass ich einmal ein Hitlerjunge war? Niemand meines Alters würde das jetzt machen. Nun sind alle ehemaligen Nazis liberale Demokraten und waren vorher nie Faschisten. Adolf Hitler und seine Konzentrationslager existierten natürlich, aber es waren Nazis, die die Insassen töteten. Man sagt jetzt, dass die Insassen erfunden wurden. Oder die Richter, die die Verurteilten in die brennenden Öfen führten. Und die Richter wurden dann später wieder Beamte in der neuen Bundesrepublik.

Als alter kanadischer Soldat sehe ich auch nicht ein, warum die jetzigen deutschen Politiker viele der ehemaligen Soldaten der Wehrmacht als Verbrecher behandeln. Natürlich gab es einige Verbrecher unter ihnen, aber nicht alle. Die deutschen Bürger wurden ja nur Soldaten, da sie ansonsten erschossen worden wären. Es wäre vielleicht besser, nur die führenden Nazis als Verbrecher zu bezichtigen, und sogar von denen glaubten viele, dass sie es nur für den Ruhm ihres Vaterlands taten.

Machen es nicht alle Könige, Bürokraten, Soldaten und Henker der Welt so?

Durch ein Rückenleiden wurde mein Vater ein Schneidermeister und später unter dem Hitlerregime ein reisender Kleidungsvertreter. Um seine Ware zu verkaufen, reiste er natürlich viel in Deutschland herum. Schließlich aber gefiel ihm das auch nicht mehr und er wollte nach Holland auswandern. Aber der Krieg kam dazwischen und so blieb er mit seiner Familie in Berlin. Wir wohnten dort in Karlshorst nahe der Post, aber als Deutschland den Zweiten Weltkrieg verlor, zog dort später die Rote Armee ein. Offensichtlich mussten wir uns auch eine neue Wohnung in Karlshorst besorgen.

So ging ich zur Schule, machte eine Teilausbildung zum Maschinenschlosser und wurde in der DDR eingelocht. Dann wurde wurde ich ins Rummelburger Gefängnis geworfen, flüchtete nach West-Berlin and später emigrierte ich nach Kanada. Es ist eine lange Geschichte, die so endete, dass ich 1991 nach Deutschland zurückkam. Und natürlich sah ich auch den Aufbau eines neuen politischen, militärischen und wirtschaftlichen neuen Deutschlands mit ganz anderen Augen.

Grosspoesna
Deutschland
Januar 2018

Hinweis

Der Autor dieses Buches ist die englische Sprache gewöhnt, sodass einige Ausdrücke und Satzkonstruktionen dem Englischen entlehnt und manchmal etwas zu wörtlich ins Deutsche übersetzt sind. Das sollte dem Leseverständnis aber keinen Abbruch tun.

Meine jungen Jahre

Unter den Ruinen von Berlin
blühen die Blumen wie nie zuvor.
Manchmal nachts,
wenn sie dein Leid ertragen,
Dann mahnt dich ihr Duft auf den kommenden Morgen.

Marlene Dietrich in „Ruinen von Berlin"

Mein ganzes Leben lang war ich ein Berliner. Nicht wie die Kennedys-Fressnuss, die der ehemalige amerikanische Präsident war, sondern ein Mensch mit großen Herzen und kleinen Beutel. Vaters und Mutters Familien kamen von irgendwo in Deutschlands Norden, bis sich meine Eltern in Berlin niederließen. Ich wurde im Karlshorster Krankenhaus geboren, das später das Hauptquartier der gefürchteten KGB-Polizeibehörde wurde.

Es waren hauptsächlich Mittelklasse Berliner, die in Karlshorst wohnten, aber es gab im Ort auch ein Bataillon der Wehrmachtpioniere, die ihre Soldaten jeden Sonntag an einem Denkmal nahe unserer Wohnung aufstellte, sowie eine berühmte Rennbahn, die sich neben dem Bahnhof ausstreckte und dem Ort Karlshorst ein Zeichen der besseren Klasse gab.

Die Berlin Stadtmitte war eine halbe Stunde per S-Bahn entfernt und ist jetzt, 85 Jahre später, immer noch so weit entfernt. Und ihre Schienen wurde auch von Wehrmachtzügen benutzt. Als ich vier Jahre alt war und die Züge nach Polen mit ihren Soldaten in Karlshorst vorbeifuhren, jubelten wir ihnen zu. Aber mein Papa schüttelte nur seinen Kopf, als er uns beobachtete. Er hatte ein altes Radio versteckt im Keller, das den englische BBC-Sender empfing, und da er etwas Englisch verstand, versuchte er durch dieses alte Radio zu verstehen, was in der Welt geschah. Aber durch die dünnen Kellerwände hatte unser nächster Nachbar eine gute Idee, was vor sich ging.

“Willie“, sagte der manchmal zu meinem Papa, „wenn du nicht mein bester Freund wärst, dann würdest du jetzt in Buchenwald sitzen.“

Buchenwald war Berlins bekanntestes Konzentrationslager und aufgrund seiner Nähe zu Berlin äußerst angenehm für die Nazis, um ihre unbequemsten Juden zu vergasen.

Unser Nachbar war kein schlechter Mensch, betrachtete sich aber als Hitlers Anhänger und damit auch als guter Deutscher. Denunzierungen haben eine lange und verdiente Geschichte in Deutschland und da mein Papa das wusste, nahm er jetzt immer eine dicke Decke mit, wenn er dem BBC lauschte.

Als der Zweite Weltkrieg in 1939 ausbrach, war ich vier Jahre alt. Horst war mein älterer Bruder und zusammen spielten wir oft auch das Spiel der U-Boote. Nun, „U-Boot“ war ein Spiel, in dem der deutsche U-Boot-Kapitän feindliche Schiffe versenkte, und zu der Zeit war Günther Priem der Held dieses Spiels. Und als er das englische Schlachtschiff „Royal Oak“ nahe der Orkney Inseln versenkte, übernahm mein Bruder Horst seine Rolle und wurde auch mein Held.

Das U-Boot-Spiel machte uns Spaß, aber mein Papa sagte uns nie, dass der kalte Winter während der Nordseetorpedierung auch 800 Matrosen ihr Leben kostete.

Viele Jahre später, nach dem Krieg, machte Johnny Horten das Versenken der Bismark zu einem Schlager. Mit seinem „Sink the Bismark“ Bestseller kassierte er einen Haufen Geld, aber ich fand nie heraus, ob etwas davon an die Hinterbliebenen der Bismark-Opfer ging.

Unglücklicherweise wurde der Krieg auch ein abenteuerliches Erlebnis für uns Kinder. Die siegreichen Wehrmachtuniformen gaben den Eltern mehr innere Stärke und natürlich wirkte sich das auch auf die Kinder aus. Meine Meute war eine Bande halb-informierter Jungs und wenn wir herumstrolchten und abgemagerte Menschen fanden, wurden sie der Polizei sofort übergeben. Warum auch nicht?

Erzählten uns unsere Lehrer nicht immer, dass Konzentrationslager die richtige Umwelt für heimatlose Menschen waren?

Obwohl die Nazis schon 1937 Bombardierungsübungen hatten, fing in 1940 die Royal Air Force an, Berlin zu bombardieren. Sie waren die Widersacher der deutschen Flugzeuge, die London bombardierten, und eines Tages warfen sie sogar ihre Bomben ab, als der sowjetische Außenminister als Freund Hitlers in Berlin war, um über die Fortsetzung der sowjetischen Freundschaft zu sprechen. Aber da die Engländer im Grunde nur arme Cousinen der reichen Amerikaner sind, waren auch ihre Flugzeuge etwas hilfsbedürftig. Und laut der Zeitung des Völkischen Beobachters trafen diese Flugzeuge selten ihre Ziele. Doch für uns Kinder waren diese Bombardierungen ein großes Spiel. Da die englischen Flugzeuge uns hauptsächlich nachts attackierten und wir mit unseren Eltern in den Kellern hockten, rannten wir trotzdem auf die Straßen, um die Bombensplitter zu sammeln. Und natürlich wollten wir auch sehen, ob unsere Kanoniere die Flugzeuge trafen. Unsere Luftwaffe hatte ja ganz Berlin mit einem großen Kreis von Flakgeschützen umgeben und so trafen ihre Geschosse hin und wieder auch ein Flugzeug. Es war für uns immer ein spannendes Spiel, zu sehen, was geschah, wenn ein Flugzeug brannte. Normalerweise zerbrach es in Stücke und ich glühte mit Besitzerstolz, wenn die Fallschirme sich öffneten, da ein Stück eines Fallschirms nicht nur persönliche Arroganz zum Finder brachte, sondern auch Bargeld in sich hatte, da man ja auch die Fallschirmseide verkaufen konnte.

Als die Feindangriffe und ihre Bombardierungen stärker wurden, evakuierte die deutsche Regierung viele meiner Kumpel nach Schlesien und Ostpreußen. Aber mein Herr Vater hielt mich und Horst zurück, da unsere Mutter schwanger war.

Mein jüngster Bruder Klaus-Jürgen wurde in 1941 geboren und damit nahm auch meine Freizeit ein Ende. Ich wurde eingeschult und meine uralten deutschen Mitbürger führten damit auch die Schultüten mit der Schulzeit ein. Die Schultüten waren ein großes, tütenförmig-langes und mit Schokolade gefülltes Farbpapier, das den Anfang der Schule versüßen sollte. Ich hatte jedoch Pech und kein Zuckerwerk war in meiner Tüte. Zucker war wichtiger in Kaffee für die Soldaten und als Zuckerersatz bekam ich ein paar extra Kekse in meine Schultüte.

Bis jetzt war meine Mutter immer die Mitte meines Universums gewesen, aber mit der Einschulung übernahmen es die Lehrer der Nazis. Für sie war Adolf Hitler der Held, unser Idol, und Juden waren nicht erlaubt in unseren Klassen. Ich muss leider auch sagen, dass unsere Indoktrination ziemlich tief war und dass Adolf Hitler bis zum Frühjahr 1945 mein Held blieb.

Im Herbst 1941 erließ das deutsche Recht nämlich ein Gesetz, dass alle Juden einen gelben Stern auf der linken Brust tragen mussten. Und mit flatternden Hakenkreuzfahnen auf jedem Rathaus in Deutschland steckte man auch alle Juden in Konzentrationlager. Und die Bürger, die dagegen waren, entfernten sich im Laufe der Zeit mit ihrem Mitleid von den Juden und wurden auch gute Nazis.

Und da die Juden viel Vermögen hatten, wurde es zugunsten des deutschen Reichs auch eingezogen und später auch öffentlich und billig versteigert. Mein Herr Papa hielt uns von diesen Versteigerungen fern, da sie in seiner Meinung vollkommen illegal waren. Ich kann ihn jetzt noch hören als er sagte: „Warum kämpfen die Juden denn nicht? Sie gehen lieber in ein Konzentrationslager oder begehen Selbstmord anstatt zu kämpfen! Und es gibt auch viele deutsche Bürger die ihnen helfen würden."

Da mit der Zeit auch die englischen Bombardierungen stärker wurden, evakuierte mich mein Papa zu seinem Bruder in Winzerla bei Jena. Damals war Winzerla nur ein kleines Dorf und schien sicher zu sein vor Bombardierungen. Und Winzerla war auch eine neue Welt für mich, es war voller Fischteiche mit satten Fröschen sowie versteckten Gärten inmitten dunklen Wäldern.

Ehe die Russen kamen

Lieber Tommy, fliege weiter,
wir und alle Ruhrarbeiter.
Fliege weiter nach Berlin,
die haben alle „ja" geschrien.

Ein Gedicht, das meine Mutter zitierte, als die Bomben in Jena fielen.

Ich war zuerst in Wizerla und nach mir kamen meine Frau Mutter und meine zwei Brüder. Und da Wohnungen schwer erhältlich waren, wohnten wir zuerst in einer alten Villa und später bei Herrn Zenner. Herr Zenner war einer der größten Bauern im Ort und da meine Mutter nicht arbeitete, hatten wir auch wenig zu essen. Aber meine Tante Dora half uns aus und wahrscheinlich schneiderte meine Mama auch ein bisschen.

Aber ich lernte auch sehr schnell, dass die Bauern gute Versorger waren, obwohl sie nichts davon wussten. Und ehe wir zu Herrn Zenner zogen, hatte ich keine Ahnung, dass Hennen Eier legten. Aber ich lernte sehr schnell und innerhalb einiger Tage wusste ich, dass ein kleiner Osterhase auch ein saftiger Weihnachtsbraten werden kann und dass Eierklauen ein gefürchteter Beruf für die Bauern ist. Daher klaute ich Herrn Zenner eine Menge Eier und stahl auch sein Holz als Anmachfeuer. Geerntete Felder waren auch gute Überlebensziele, denn sobald sie geerntet wurden, konnte ich übersehene Kartoffeln nachernten.

Mit anderen Worten, mein Leben bei Herr Zenner war eine wunderbare Überlebensschule.

Aber meine beste Beute waren Herr Zenners Eier. Sie waren klein, einfach zu klauen und schnell zu verstecken. Und Herr Zenner war auch nicht der einzige Bauer im Dorf und kannte alle anderen Bauern. Daher machte ich unangemeldete Runden im Dorf und bestahl alle Bauern. Und da viele Hühner ihre Eier nachts legten, beklaute ich sie, ehe die Bauern aufwachten.

Ich wusste auch, dass mein Diebstahl die Bauern vorsichtig machte. Für sie war es ja unmöglich, dass all Hühner auf einmal keine Eier mehr legen konnten. Und ich wusste es, da die Bauern während einer Skat Pause im Weintraube-Restaurant darüber diskutierten und eine Gegenaktion ausarbeiteten. Sie wussten, dass ich der Dieb war, aber beweisen konnten sie es nicht.

So stellten sie mir eine Falle und statteten die Nester mit Gipseiern aus. Natürlich tappte ich herein und da Eierdiebstahl ein furchtbares Verbrechen im Jahre 1944 in Deutschland war, wurde ich zu einer Sommer-Schwerarbeit auf den Feldern verurteilt. Aber ehe ich zu ihren Feldern ging, sagte mir mein älterer Bruder Horst, dass kleine Diebstähle dumm sind. Ich hätte lieber auf große Diebstähle setzen sollen, da sie leichter bestraft werden.

Gesagt, getan und so stahl ich Gänseeier. Sie waren viel größer und schöner als die Hühnereier und komischerweise schmeckten sie auch besser. Aber leider gab es weniger Gänseeier und die Gänse verteidigten sie auch besser und so beichtete ich meine Aktionen meinem Aushilfslehrer. Der ging später zur Universität Jena zurück und schrieb eine mathematische Formel, die viel Aufsehen erregte. Der Titel war: „Wie man ein Nichts in ein etwas umbauen kann“, und er nahm meine Hühner- und Gänseeier als Referenz.

Die Russen hörten von der Formel und benutzten sie in ihren Aue-Bergwerken. Aber hier wurden die Diebe nicht auf Felder, sondern nach Sibirien geschickt, da man sie nicht zu den Amerikanern verkaufen konnte. Und ich muss auch eingestehen, dass ich niemals jemandem verriet, wo ich die Hühnereier und Gänseeier klaute.

Und da ich eine Mutter und zwei Brüder zu versorgen hatte und mein Durchschnitt zwölf große Gänseeier pro Woche waren, sagte meine Frau Mutter nie etwas über meinen Diebstahl und hielt es geheim. Sie war eine gesetzestreue deutsche Frau, aber da das Gesetz während des Kriegs auf wackligen Füßen stand, war ein kleiner

Zweifel am Gesetz in Ordnung. Darum kann ich nur sagen, dass sie vollkommen recht mit ihrem Schweigen hatte.

Später, viel später und nachdem ich Soldat wurde, fragte ich mich nur, was geschehen wäre, wenn die Bauern afrikanische Sträuße gehabt hätten.

Unser Papa besuchte uns manchmal. Die Wehrmacht versuchte, ihn einzuziehen, aber er war zu alt für das Militär und durch seine schlechte Schulter konnte er auch kein Gewehr schleppen. Manchmal fuhren wir zusammen nach Berlin zu unserer Wohnung und im Winter 1943 war es besonders schlimm, da ja noch die Stalingrader Schlacht tobte. Hin und wieder hörte man von der Schlacht und ich erinnere mich, als wir an einem offenen Fenster vorbeigingen und hörten, dass die Schlacht für Deutschland verloren war. Mit Tränen in den Augen hielten alle Leute ihre Schritte an. Jedermann in Deutschland, außer Adolf Hitler, wusste, dass der Krieg verloren war.

Mit dem Verlust von Stalingrad verlor die Wehrmacht auch einen Zapfenstreich am Brandenburger Tor, wo ich später die Russen bekämpfte. Aber später, viele Jahre später, in 2021, sah ich doch einmal solch einen rückwärtigen Zapfenstreich, den die Bundeswehr machte, um sich über den Verlust von Afghanisten zu beschweren.

Nach der 1944-Invasion in der Normandie kam der Krieg näher. Als General Pattons Armee durch Europa donnerte, hämmerten amerikanische Tiefflieger auf deutsche Lastwagen und Züge. Ihre Piloten hatten einen Riesenspaß, „die Ziele zu bedienen“. Mein Papa wurde öfters „bedient“, wenn er zu Besuch kam. Und einmal, als er über den Acker lief, um zu uns zu kommen, jagte ihn ein übermütiger Pilot über die Felder, traf aber nur ein paar alte Kühe. Bis einmal, ein „Kraut“-Landser von der nahen Flakbatterie auf ihn schoss. Er traf den Tiefflieger und dieser stürzte ab. Was mit dem Piloten geschah, weiß ich nicht. Wahrscheinlich schickten sie ihn zur Colditz-Burg am Mulde-Fluss, wo alle gefangenen Piloten auf den Frieden warteten. Und ich wusste, sollte er dort wegrennen, dann würde ihn die SS auch erschießen.

Es ist schlimm, wenn ein gefangener Soldat erwischt wird und seine mitgebrachte Waffe ein dreckiges Gewehr ist. Denn ein Gewehr muss immer sauber sein, auch wenn der Soldat keine Patronen hat. Jedenfalls steht es so im deutschen Militärgesetzbuch.

Die mächtigste Waffe der Alliierten war die USAAF-Luftwaffe, die unseren blauen Himmel oft schwarz färbte. Meistens flogen ihre Flugzeuge so hoch, dass unsere Flakgeschütze mit ihren Kanonen sie selten erreichten. Und einmal stoppten die Flugzeuge auch über Jena, um ihre Bomben abzuwerfen. Ich saß mit meiner Mutter und meinen zwei Brüdern im Keller, als eine Bombe in ein benachbartes Haus einschlug. Und meine Mutter sagte dann das Gedicht, dass sich auf den Gauleiter Joseph Goebbels bezog, als er seine Sportpalastrede über feindliche Angriffe hielt und über den Gegner spottete.

Lieber Tommy, fliege weiter, wir sind alle Ruhrarbeiter.
Fiege weiter nach Berlin, die haben all ‚Ja' geschrien.

Aber ich spottete zu der Zeit nicht. Denn des Nachbars Hennen waren auch ein Teil meines diversifizierten Gänseeiervertriebs.

Für Menschen meines Alters waren die Nazi-Jahre mit ihren fliegenden Fahnen und gebügelter Kleidung eine weit entfernte Zeit des vor-Hitler-Klamauks. Unter Adolf Hitler sangen Menschen aller Altersgruppen patriotische Lieder, flackernde Lagerfeuer warfen ihre dunklen Schatten und es schien, dass eine glückliche Kameraderie erwacht war. Wie konnte ein wachsender Junge oder Mädel dem widerstehen? Ich war keine Ausnahme. Ich konnte kaum auf meinem zehnten Geburtstag warten, da er bedeutete, dass ich dem Jungvolk der Hitlerjugend angehörte. Damit war natürlich auch meine nagelneue Uniform mit einen kleinen Dolch und einem von ihr hängenden Hakenkreuz gemeint.

So fuhr ich kurz vor dem Russen-Einmarsch nach Berlin zurück, da ich medizinische Hilfe für eine verbrannte Hand brauchte. Natürlich wurde ich sofort in die Hitlerjugend aufgenommen. Wir bekamen Panzerfäuste als Waffen und ich wurde zuerst zum Alexanderplatz befohlen und später zum Brandenburger Tor gestellt.

Von einem Krater bekämpfte ich dort die Russen. War ich nicht ein Hitlerjunge und bekämpfte die Feinde Deutschlands? Aber die Trümmer um mich herum waren nicht etwas wie mein U-Boot-Spiel, sondern nur furchtbares Chaos und Trümmer. Tote Überläufer hingen von den Straßenlampen. Hin und wieder hörte man auch Schüsse. Wahrscheinlich SS-Truppen, die alle Überläufer erschossen.

Schließlich rannte eine alte Dame an meinem Krater vorbei. Sie blickte runter zu mir und fauchte: „Geh nach Hause, du Arschloch, aber mache es vorsichtig. Sonst schicken die Russen dich nach Sibirien. Und wirf den Orden weg oder du kommst nie wieder nach Hause.“

Den Orden hatte mir jemand für meinen Kriegseinsatz verliehen. Diesen Orden nicht wegzuwerfen, wie es alle anderen taten, war wahrscheinlich das Beste, das ich jemals tat, denn ich zeigte ihn auch meinen Kameraden in 2 RCHA.

Die russischen Soldaten plünderten Berlin, hatten aber auch eine große Hilfe bei den deutschen Bürgern. Alle plünderten, Russen, Deutsche und später auch Amerikaner. Es war ja so einfach, den deutschen Bürgern etwas wegzunehmen, das niemand brauchte. Und was die Russen und andere Alliierte den Deutschen zufügten, war wahrscheinlich viel weniger, als was die deutschen Truppen ihnen antaten.

Bei der Lust des Siegers wurden viele deutsche Gefangene nach Sibirien verschleppt und viele Landser landeten auch in Vietnam. Das ist mal der Krieg und Kriege sollte es ja auch nie geben. Es ist auch der Grund warum ich meine Orden nie trage. Orden wegwerfen ist Frieden und Frieden gibt es heutzutage nicht. Aber warum macht man es nicht? Damit sie schön über dem Kamin hängen and man sie bewundern kann? Ist das die richtige Frage? Ich sage: „Pustekuchen“; sie wird niemals gestellt, denn es ist eine Frage, für die es auch niemals eine Antwort geben wird!

Nachdem die Russen kamen

Im Grunewald ist Holzauktion,
Links um die Ecke rum,
Rechts um die Ecke rum,
Überall ist Holzauktion,
Der ganze Klafter Holz kost'n Taler
'n Taler
jedes Jahr

Die Berliner sahen mit Gräuel, wie die russischen Soldaten ihre alten Streiter langsam in Richtung Sibirien abgeschoben. Aber viele deutsche Bürger, wie zum Beispiel Ruth, die Tochter meines Onkels Max, hatten mehr Glück, da Jena von Amerikanern erobert wurde. Und während die Amerikaner in Jena waren, lernte Ruth einen amerikanischen Leutnant kennen, der sie später in New York City heiratete. Aber solche Fälle waren sehr selten und deutsche Frauen waren normalerweise Freiwild für die Russen. Und die Russen eroberten Berlin und tauschten einen Teil davon für das amerikanisch-erobertе Deutschland.

Die Russen behandelten uns wie alle Sieger ihre Besiegten behandeln, nämlich mit einem Tritt in den Arsch, und manchmal bestand dieser Tritt entweder aus Schokolade oder einer Fahrt nach Sibirien. Deutsche Kasernen wurden plötzlich russische Baracken und deutsche Städte, wie Karlshorst, wurden ganz schnell Teile Russlands in Deutschland.

Meine Familie wohnte vorher im östlichen Teil von Karlshorst und demgemäß wurden wir zu dem westlichen Teil des jetzt russischen Karlshorsts umquartiert. Da aber mein Papa ein Schneidermeister war, behielt er Teile einer Wohnung im russischen Teil, damit die russischen Offiziere ihn nun einfacher für die Anproben ihrer Uniformen besuchen konnten. Damit war meine ganze Familie auch ziemlich glücklich, da die russischen Offiziere uns mit einem großen Teil unseres Lebensmittelbedarfs versorgten.

Mein Vater spezialisierte sich auf dem Bereich warmer russischen Offiziersmäntel. Manchmal sah ich zu, wie Generäle sich in einen bunten Kosakentanz drehten. Sie drehten sich, um mir zu zeigen, wie wohl sie sich in ihren Mänteln fühlten. Natürlich ging das nicht ohne Wodka und oft auch mit Gesang und gezückten Pistolen.

Alle deutschen Bürger wurden durch Lebensmittelkarten versorgt, mit denen man die notwendigsten Lebensmittel kaufen konnte. Oft waren diese Karten schlecht mit Lebensmitteln bestückt und um mehr zu kaufen, gingen viele Menschen sowie auch mein Herr Papa, auf „Hamsterfahrten“. Dutzende Hamsterfahrten-Züge fuhren täglich mit Hunderten von zusammengepferchten Hamsterern zu wartenden Bauern, um dort lockende Lebensmittel zu kaufen oder um andere Waren zu tauschen. Natürlich ging ich auch einmal zu einem Hamstertrip mit meinem Papa. Und unsere Fahrt war sehr einfach, da wir nur von Bauer zu Bauer laufen mussten. Es war jedoch schwieriger, mit der gekauften Ware wieder nach Hause zu kommen, da die Polizisten und das Bahnpersonal auch bestochen werden wollten. Andererseits beschlagnahmten sie die Ware für sich selbst.

Ich erinnere mich noch sehr gut an den Tag, an dem Mahadma Ghandi ermordet wurde. Es war kurz nach meinem dreizehnten Geburtstag mit Papa, als er und ich im Arbeitszimmer eine Radiostimme hörten, die plötzlich stoppte mit der Nachricht, dass Mahadma Ghandi ermordet wurde. Es war eine furchtbare Nachricht für meinem Papa, der Ghandi über alles schätzte. „Es ist das Ende Indiens“, sagte er. „Alleine wird es Pakistan nicht schaffen.“

Mein Papa glaubte nämlich immer an ein vereinigtes indisches Land in dem alle Menschen gleich waren.

Endlich aber hatte mein Papa genug Geld gespart, um mit einer heftigen Anleihe ein Haus zu kaufen. Das was gar nicht schwer, da es jetzt jede Menge leerer Häuser gab, die niemand haben wollte. So zogen wir in die Lehndorff Straße 8 ein und das machte meine

Frau Mutter sehr glücklich.

In einer Art und Weise bereute ich den Umzug. Mein Vater war ja ein sehr guter Schneidermeister, der nur für die russischen Offiziere arbeitete, da ja die deutsche Bevölkerung keine Arbeit für ihn hatte. Es wäre besser für ihn gewesen, nach West-Berlin umzusiedeln, wo die Menschen mehr Geld zur Verfügung hatten und sich auch neue Kleider kaufen konnten. Aber zu der Zeit dachte ich nie daran, sondern war auch etwas betrübt, da von meines Vaters alter Arbeitswohnung aus ich auch das russische Kaufhaus besuchen konnte, das wunderbare süße Eiskreme verkaufte. Dieser Besuch fiel natürlich weg, aber dafür hatte mein eigenes Kinderzimmer im neuen Haus. Sowie „Moggy", eine alte Katze, die mich als ihren Menschengott verehrte, bis sie eines Tages verschwand und höchstwahrscheinlich irgendwo in Karlshorst als Braten gegessen wurde.

Für eine Weile ging ich auch zum Kant-Gymnasium, bis ich rausgeschmissen wurde. Ich ging nämlich nie zur Schule, sondern lugerte oft nur in Berlin herum. Die deutschen Kinos am Potsdamer Platz hatten es mir am meisten angetan, da sie für ein paar Pfennige die abenteuerlichsten Wild-West-Filme zeigten.

In dieser Filmzeit hatte ich auch viele andere interessante Abenteuer, die mir das dumme Schulgehen entschuldigte. Oft war ich am Brandenburger Tor, wo ein beispielloser Schwarzmarkt vor sich ging. Die „Camel"-Zigarette war hier die Königin des Reichs und ein kleines Kistchen Camel hatte einen größeren Wert als ein Monatsarbeitslohn der Arbeiter. Horden von Uniformierten und ausgedienten Zivilisten handelten hier und ihre hochgestellten Ritter waren die amerikanischen Soldaten.

Die amerikanische Armee verbot nämlich diese Schwarzmärkte and an ihrer Stelle eröffnete sie offizielle Handelsläden. Alle wertvollen Sachen konnte man dort für Camels verkaufen. Natürlich gefiel das den Schwarzhändlern nicht und so versuchten sie, die offiziellen Preise zu überbieten. Das war gut für die deutschen Verkäufer, aber trotzdem kauften die amerikanische Läden manchen Silberkrug für eine Handvoll von Camel-Zigaretten.

Nicht weit entfernt vom Brandenburger Tor was der Krater, in dem ich einst gegen die Russen kämpfte. Der Krater war genau vor der Reichskanzlei, in der Adolf Hitler und Eva Braun starben. Meine Hitler-Verehrung war jetzt schon ziemlich tot, aber trotzdem war ich von der Wucht der Reichskanzlei beehrt. Es was ein schlichtes, aber trotzdem schönes Gebäude und so klaute ich einige Klumpen von Mosaiksteinen, die die Wände verzierten. Diese Steine wurden mir später von den Russen gestohlen und wahrscheinlich schmückten sie jetzt das Sowjetische Siegesdenkmal im Treptower Park.

Und wahrscheinlich machte das auch Sinn für mich, da ja die faschistischen und bolschewistischen Philosophien sehr nahe beieinander waren.

Zu den Zeiten, wo es besser für uns ging – wie vor dem Krieg – führte mein Papa uns manchmal zum Haus Vaterland am Potsdamer Platz. Es war einmal ein großer Kneipenbetrieb und nach einem Großbrand in 1943 brannte er teilweise ab. Ich erinnere mich an die Nachkriegszeit, als wir dort spazieren gingen und sich mein Papa zu unserer Mutter beugte und sie auf den Mund küsste.

„Entsinnt du dich an das letzte Mal, als wir hier waren? Hunderte von Leuten tanzten hier und wir tanzten mit ihnen, weil Horst auf Wolfgang aufpasste. Es war eine schöne Zeit und diesen Dreck hier“, er zeigte mit seinen Fingern auf das Restaurant, „den gab es hier noch nicht.“

Wir waren einmal beim Haus Vaterland in 1947 und das war ungefähr ein Jahr vor der Berliner Luftbrücke. Und die Luftbrücke brach Berlin offiziell in zwei Teile, in welchen jeder Teil seine eigenen eigenen Bürgermeister und auch seine eigene Währung hatte. Der Osten hatte die sowjetische Ost-Mark und die Briten, Amerikaner und Franzosen die deutsche Mark. Und jeder Teil hatte auch einen militärischen Kommandanten, der seinerseits seinen Teil wie ein orientalischer Pascha beherrschte.

Später, nachdem ich fünfzehn wurde, ging ich einmal zum Quartier Napoleon im Franzosen-Sektor und versuchte, mich für die Legion Étrangère zu melden. Der Feldwebel dort lachte mich nur aus. „Warte, bis du achtzehn bist, dann nehmen wir dich." Doch seitdem, und sogar als Master Gunner und nach dreißig Jahren in der kanadischen Armee, glaube ich fest, dass die Legion Étrangère die beste Armee-Einheit der Welt ist.

Der Teilbruch Berlins brachte viele Probleme mit sich, von denen das Flüchtlingsproblem das größte für die Berliner war, denn die Bürger der östlichen Sowjetzone hatten es satt, von den Russen beherrscht zu werden. Dann zogen sie einfach nach West-Berlin. Darum war ich nicht erstaunt, als mein Onkel Max mit seiner Frau Dora und ihrer Tochter Inge in unserem Haus auftauchte, um der verheirateten Ruth nach New York zu folgen. Doch die meisten Ost-Berliner blieben in ihren Wohnungen, da sie ja auf eine endgültige Regelung des Berlin-Problems hofften.

Allmählich wurde ich siebzehn Jahre alt und hatte viele eigenen Ideen. Ich wollte in die Welt hinaus and wollte auch nicht Schlosser werden, eine Arbeit, die mein Herr Papa für mich ausgesucht hatte. Mir gefiel auch das sowjetische System nicht, dem ich zu gehorchen hatte. So wurde ich ein Leser der Amerika-Haus-Bücherei am Nollendorf Platzes und geheimes Mitglied der deutschen SPD, die West-Berlin regierte. Das gefiel weder meinen Eltern noch meinem Lehrmeister. Ich wusste, das ich ein Problem an meinen Händen hatte aber nicht, wie ich es lösen konnte.

Meine Flucht nach West-Berlin

Wenn Johnny wieder nach Hause marschiert,
Hurra! Hurra!
Wir werden ihn herzlich willkommen heißen;
Hurra! Hurra!
Die Männer werden jubeln, die Jungs werden schreien,
Die Damen werden sich öffentlich zeigen,
Und wir werden alle fröhlich sein,
Wenn Johnny nach Hause marschiert!

Jetzt war es das Jahr 1953 und mein Vater war vor einem Jahr an einem Herzleiden verstorben. So war ich der Herr im Haus und sagte oft zu meiner Mutter: „Lass uns das Haus verkaufen und nach West-Berlin ziehen.“

Aber meine Mutter wollte nicht umziehen. „Ich bin eine gute Schneidermeisterin und meine Kunden wissen das. Für das Haus bekommen sowieso nichts und in West-Berlin bin ich eine Fremde. Und wer soll auf deines Vaters Grab aufpassen?“

In dieser Beziehung hatte sie recht. Mein älterer Bruder Horst war schon verheiratet und mein jüngerer Bruder Jürgen erst zwölf Jahre alt. Aber von meiner Werkbank konnte ich das andere Berlin auf der anderen Seite der Spree sehen und es bedeutete Freiheit für mich.

Und Josef Stalin machte für die Deutschland besetzenden Russen keine Freunde, sondern Feinde und so war ich zufrieden, als er endlich starb. Unser Chef versammelte dann alle unsere Mitarbeiter im Speisesaal, um ihre Trauer zu zeigen, aber im Herzen grinsten wir alle. Für jederman war Stalin ein brutaler Verbrecher, der nichts anderes als Hitlers Freund war und mit derselben Gewalttätigkeit wie Hitler arbeitete.

Wir wussten, dass in der Sowjetunion niemand einem anderen Menschen traute. Und Stalins Tod löste auch einen Machtkampf in der Sowjetunion aus, in dem der Polizeichef Lavrenti Beria wahrscheinlich der Sieger war. Die Moskauer Spuren dieses Machkampfs führten auch nach Berlin und damit zu unserer Firma und mir.

Ich hatte nämlich Stalin besudelt, indem ich sein Bild mit weißer Farbe bestrich. Die Geheimpolizei wusste nicht, ob das meine Absicht oder Gedankenlosigkeit war. Unter Russlands Beria würde ich dafür hängen, aber unter Chruschtschow oder Breschnew nur ein paar Jahre Zuchthaus bekommen. Depending, wie meine Richter es auch dachten.

Zwei Stasi-Beamte nahmen mich am Arbeitsplatz fest, gingen durch einen einfachen ja/nein-Test mit mir und lieferten mich dann am Keibelstraße-Gefängnis nahe des Alexanderplatzes ab. Ich wurde in eine einfache Zelle gesteckt und auf die dritte Etage verlegt. Mit dem Gefängnis im amerikanischen Stil war jede Etage mit einem dichten Netz abgeschirmt, sodass niemand von der Mitte Selbstmord begehen konnte.

Die zwei Stasi-Beamten kamen alle paar Tage, um herauszufinden, ob ich meine Meinung geändert hatte. Sonst kam niemand und nicht einmal meine Mutter wusste, dass ich im Keibelstraße-Gefängnis saß, bis es ihr die Karlshorster Polizisten sagten.

Meine sechs Wochen Einzelhaft ohne Wäschewechsel waren eine neue Erfahrung für mich. Meine Zelle hatte nur einen Tisch, einen Stuhl und ein einfaches Bett. Ein helles Licht brannte Tag und Nacht, aber das Essen mit drei täglichen Mahlzeiten war nicht schlecht. Um die Langweiligkeit zu bekämpfen, entwickelte ich ein System von Sit-Up und Push-Ups, um mich damit fit zu halten. Und dann lief ich auch dreimal am Tag 1000 Meter in meiner Zelle, damit ich etwas zu tun hatte.

Die Kommunikation mit meinem Nachbarn war überhaupt kein Problem. Jedermann benutzte denselben Code, nämlich die 25 Buchstaben des Alphabets. Die Buchstaben J und I hatten in diesem

Code denselben Wert. In horizontalen und vertikalen Reihen angeordnet, wurden die Buchstaben dann mittels Heizungspochen durch das ganze Gefängnis transportiert. Noch einmal: Jederman verstand es – A war ein langer und ein kurzer Ton und der Buchstabe Z waren fünf lange und fünf lange Töne.

Mein Nachbar war etwas älter als ich und wurde fürs Schmuggeln arrestiert. Er kaufte Kameras und Ferngläser billig in Jena ein und verkaufte sie dann mit Profit in Berlin. Er erzählte mir auch, dass er nach dem Gefängnis nach Kanada auswandern wollte, und irgendwie blieb ich an der Geschichte hängen und später übernahm ich sie selbst.

Nach sechs Wochen hatte ich genug von diesem Keibel-Straße-Gefängnis und nahm das Schicksal in meine eigene Hände. Ich wartete, bis der Kalfaktor mit dem Essen kam und als er in meine Zelle trat, warf ich ihm meine Mahlzeit ins Gesicht. Dann rannte ich bis zur Treppe wo die Wächter mich schnappten. Sie schlugen mich im Takt, ein – zwei – drei, genau, wie sie es gelernt hatten. Meine Prügel waren Musik für sie, unglücklicherweise war ich aber ihre Trommel. Sie steckten mich in eine Zelle, die klein, dunkel und kalt war und auch kein Toilettenbecken hatte. Altes Graffiti war in die Wände eingeritzt und das Licht brannte Tag und Nacht. Meine Wächter überprüften mich manchmal durch ein Loch in der Tür und nach einigen Tagen wurde ich zu meiner alten Zelle zurückgeschickt.

Kurz danach wurde ich zum Rummelsburger Gefängnis transportiert. Das Gefängnis selbst war von einer hohen Mauer umgeben und bestand aus 19 separaten Gebäuden am rechten Spreeufer. Vom Gefängnis bis zu unserem Haus waren es nur ein paar Kilometer, aber die Zellen waren natürlich anders als meine alte Wohnung. Meine sogenannte Zelle oder *Mumpe* hielt neun Gefangene sowie einen langen Tisch und zwei Bänke für uns Verbrecher, die in drei dreistühligen Betten entlang der Wände schlafen mussten. Als jüngster Gefangener schlief ich in einem der obersten Betten und durch ein Fenster konnte ich auch andere Gebäude und Menschen sehen.

Meine acht Zellenmitglieder waren äußerst farbenfreudige Naturen. Zwei waren politisch andersdenkende Menschen, ein paar waren Schwarzhändler und dann gab es auch Bastille, ein ehemaliges SS-Mitglied, der in Dien Bien Phu für die Franzosen kämpfte und später dann gefangen wurde, als er zurück zu seinen Kameraden wollte. Schließlich gab es auch Lieschen, einen Transvestiten, der uns immer dirty Geschichten von der Schattenseite des Alexanderplatzes erzählte.

Nach ein Paar Wochen in Rummelsburg verblassten meine Keibel-Straße-Erinnerungen etwas und die *Mumpe* wurde meine neue Heimat.

Meine kleine Zelle wurde natürlich auch ein großer Eintritt in ein anderes und neues Leben. Kleine Tricks erleichterten das tägliche Elend. Ein versteckter Feuerstein am Ende der Zahnbürste war ein Himmel für einen Raucher ohne Feuerzeug und so lernte ich auch den Wert der Spielkarten. Da Langeweile unser größter Feind war, lernte ich auch eifrig, meine eigenen Meinungen zu vertreten.

Nachdem Stalin starb, sahen die liberalen Ost-Deutschen es als eine gute Gelegenheit, von den Russen wegzubrechen. So explodierte im Juni 1953 ihr brodelnder Unmut in einer glühenden Flamme, die schnell durch die Ost-Zone strich. Unglücklicherweise war es aber auch eine sehr schnelle Flamme, die keine Planung hatte, und ihr Resultat war vorauszusehen. Bei ihrem Recht auf totale deutsche Eroberung betrachteten die Russen die Ost-Zone als ihr Territorium und damit wurde unsere Revolte ein Triumph rollender russischer Panzer.

Ich lernte mehr von der Revolte, als die Köche sich weigerten, uns zu füttern. Unser Hunger tat weh und zusammen klopften wir gegen die Stahltür. Aber niemand hörte uns. Ich fand später heraus, dass viele deutsche Zivilisten am Gefängnistor unsere Freiheit verlangten, aber nichts geschah, da die Gefängnisleitung sich weigerte, uns herauszugeben. Aber in West-Deutschland wurde dieser 17. Juni 1953 als *Tag der deutschen Freiheit* gefeiert.

Für die west-deutschen Politiker wurde es ein guter Sommertag der dazu diente, die ost-deutschen Leichen zu begießen.

Endlich bekam ich auch meinen Gerichtstag. Mit meiner Mutter anwesend, und im Sinne der alliierten Direktive 38, wurde ich vom Richter zu zwei Jahren Gefängnis und fünf Jahre Ehrenverlust verurteilt.

Ich dachte später oft an diesen Tag, wenn ich als Zeuge für einen Schützen aussagte, der von seinem Major verurteilt wurde. Alle Nationen, alle Armeen und Beamten haben diesen Tag als ihre Rechte in die Gesetze tief eingeschrieben. Es ist nämlich der Tag, an dem viele Mitmenschen verurteilt wurden, wenn sie, rechtlos oder auch nicht, die Rechte der höheren Gewalt durchbrochen hatten.

Am Tag meines Urteils wurde ich in einen 200 Betten großen Saal verlegt. Er war für verurteilte Verbrecher und es gab mehrere dieser Säle in Rummelsburg. Am Tag waren sie meistens leer, da ja nur arbeitende Verurteilte dort wohnten. Und ich arbeitete wie alle anderen und machte sauber und wollte lieber was anders machen. Eines Tages kam ein Mann zu mir und wollte mich wachrütteln. „Kopf hoch und denke an andere Dinge. Denke an Flucht. Denke daran, dass der Feind noch nicht voll organisiert ist. Wir sind hier in Rummelsburg, wo eine Flucht einfach ist. Fliehe jetzt, denn morgen kann es schon zu spät sein."

Er war ein alter Soldat, der schon mehrmals entkommen war, und so nahm ich seine Worte wahr als Wahrheit. Ich wusste, dass eine Flucht vom Gefängnis unmöglich war, aber viele von uns gefangenen Menschen arbeiteten ja auch außerhalb. Da unser Gefängnis schon ungefähr 100 Jahre alt war, gab es nebenan ein jüngeres Knabenhaus, an dem auch unsere Arbeiter werkten. Von dort könnte man einfacher fliehen und so meldete ich mich dort freiwillig dafür.

Aber die Arbeit dort war schwer, mit Frühstück um 04:30 Uhr, die Arbeit fing eine Stunde später an. Ein hoher Zaun umgab das Knabenhaus und es hatte auch ein Tor mit einem holzbrennenden Ofen für wachhaltende Soldaten. So hoffte ich, dass sie mich durchlassen würden, nachdem sie mich als Zivilisten identifizierten.

Hier ist meine Chance zur Flucht, dachte ich und suchte meine Sachen zusammen. Ich brauchte einen Hut, zivile Arbeitskleidung und auch eine Leiter. Irgendwie schneiderte ich meine Kleidung und eine Leiter versteckte ich neben dem Knabenhaus. Eines Morgens, als es noch dunkel war, zog ich meine Arbeitskleidung an, packte die Leiter auf meine Schulter und marschierte an den Soldaten vorbei.

„Guten Morgen“, sagte ich. „Ich hoffe auch, Sie haben einen guten Tag.“

Wahrscheinlich hatten sie ihn nicht, denn ein paar Sekunden später war ich verschwunden.

Ich rannte dann zum Rummelsburger S-Bahnhof, um dort fort zu kommen, und meldete mich danach auf einer West-Berliner Polizeiwache. Die schickte mich zu einem Flüchlingslager nahe Kladow an der Havel See und danach ging ich durch die Berliner Flüchtlingsmaschine, die allen ankommende Menschen eine neue Heimat zuwies.

Ich war einer der wenigen Flüchtlinge, die in Berlin bleiben konnten. Die Stadt West-Berlin war gut zu mir und schickte mich zu einem Maschinenausbildungsbetrieb, um meine Lehre zu beenden. Und meine neue Heimat war ein kleines und von der Stadt Berlin finanziertes Lehrlingshotel in Berlin-Wittenau. Dort machte ich gute neue Freunde und konnte sogar etwas extra Geld verdienen, indem ich Hausarbeiten machte.

Mein Ausbildungsbetrieb war nicht schlecht, stand aber auf einem niedrigen Niveau. Mir gefiel es dort nicht und ich hätte lieber ein anderes Handwerk gelernt. Vielleicht als ein Zimmermann, der Häuser baut und in dessen Beruf man auch zum Architekten aufsteigen kann. Und mit solchen Berufen ist man auch in Ost-Berlin besser dran, aber dann muss man sich auch ihrer Politik zuwenden. Aber in Wittenau hatte ich wenigstens einen Ort zum Leben, Schlafen, Essen und Lernen. Ich wurde sogar SPD-Mitglied, obwohl ich nur 18

Jahre alt war. Und zu der Zeit war in West-Deutschland und West-Berlin das Majoritätsalter noch 21 Jahre.

Meine Mutter kam jeden Sonntag, um mich zu besuchen. Für sie war es von Karlshorst nach Wittenau und zurück eine lange Reise. Mit sich brachte sie auch eine Flucht des kalten Ostens und sie hasste Ost-Berlin genauso, wie ich es früher tat. Und dagegen liebte sie auch die Schwäne, als sie neben mir auf einer Bank saß, und ihre Besuche waren für mich immer das reinste Menschenglück.

Hin und wieder hatte ich sogar Heimweh und eines Tages nahm ich die S-Bahn und fuhr zurück nach Karlshorst. Ich ging an unserem Haus vorbei, sah meinen Bruder Jürgen und meine Mutter, als sie im Garten arbeiteten, und dann verschwand ich wieder nach Wittenau. Ich vergaß diesen Besuch nie und glücklicherweise erwischte mich auch die DDR-Polizei nicht.

Manchmal fuhr ich zur Berlins Innenstadt und sah mir den bunten Kurfürstendamm mit seinen hellen Lichtern an. Dummerweise sparte ich auch etwas Geld und davon gab ich 50 DM für eine schöne Ledertasche aus. Dieselbe Tasche kostet jetzt € 429 bei Pro-Idee in Aachen und lässt mein Herz bluten, wenn ich sie im Katalog sehe.

Im Alter vergisst man oft die Preise der Jugend konzentriert sie auch auf sich selbst. Für mich war Berlin in 1955 schon eine aufwachende Stadt des neuen Zeitalters.

Trotz der neuen Hochhäuser gab es dort aber auch viel Arbeitslosigkeit. Nachdem ich meine Lehre beendet hatte, musste ich aus dem Lehrlingshotel ausziehen und mir eine neue Arbeit suchen. Ich fand eine Arbeit als Ausbilder in einem Ausbeutungsbetrieb und das gefiel mir gar nicht. Meine Mutter besuchte mich immer noch jeden Sonntag in meinem neuen Einzelzimmer und wenn ich ihr sagte, wie es mir ging, antwortete sie: „Gehe doch nach Schweden oder vielleicht in die Schweiz."

Aber ich erinnerte mich an die Keibel-Straße und meinen alten

Nachbarn dort. Hatte er nicht gesagt er wollte nach Kanada auswandern?

Mein Trotzkopf setzte es durch. Ich erinnerte mich an den Satz: „Wenn er es kann, dann kann ich es auch.“ So borgte ich einige Bücher über Kanada und stellte einen Antrag in Berlin-Dahlem über meine Einwanderung nach Kanada. Nach ein paar Formalitäten wurde mein Antrag bewilligt und die kanadische Regierung lieh mir sogar das Fahrgeld für meine Reise nach Nelson, BC.

Meine neue Heimat

Oh wenn die Heiligen einmarschieren,
Oh wenn die Heiligen einmarschieren,
dann möchte ich einer von ihnen sein,
Wenn die Heiligen einmarschieren!

1956 war ein spannendes Jahr. England und Frankreich griffen Ägypten in Port Said an, ungarische Patrioten kämpften in Budapest and ich verließ Deutschland für Kanada.

Eine Weltreise war immer noch ein großes Abenteuer für normale Zivilisten und darum wünschten mir meine Mutter und zwei Brüder eine glückliche Fahrt, als ich von Tempelhof nach Hamburg flog. Ein Tag später stieg ich in Bremerhaven in die MS Arosa Sun ein. Sie war ein riesiges Schiff, dass das „Trail Smoke Eaters" Hockey Team nach ihren Triumphsieg wieder zurück nach Trail brachte.

Seit in dieser Ersten Klasse nur gut bezahlte Menschen reisten, schlief ich tief unten in der Holzklasse über dem stürmischen Atlantik. Trotzdem hatte ich eine gute Reise und eine Woche später legte das Schiff in Saint John, NB an. Meine Einwanderung bereitete hier kein Problem und ich habe auch jetzt noch meinen alten Einwanderungszettel. Danach begann aber auf meiner Reise ein sehr schwerer Rückenschmerz, für den ich eigentlich einen Masseur brauchte, um mich zu heilen. Der Schmerz fing auf dem Schiff an und die harten Bänke der Canadian Pacific Railway machten es noch schlimmer. Nur ein kurzer Stopp in Montreal dämpfte diesen Rückenschmerz, bis ich im Lethbridge-Bahnhof wieder grausam aufwachte.

Und dieser Schmerz versaute auch die Schönheit der Prairie während meiner Reise.

Am nächsten Tag nach dem Lethbridge-Stopp hörte ich das Pfeifen des Vancouver-Zugs der mich an Crowsnest vorbei nach Nelson brachte. Mit ihren hohen Bergen, stillen Seen und rauschenden Bächen war diese Tagesreise unvorstellbar schön, da ich vorher nie so etwas erlebt hatte. Und nachdem ich in Nelson angekommen war, ging ich zum Einwanderungsoffizier. Der gab mir erstmal eine Zeitung und beschäftigte sich danach mit einem Doukhobor-Kunden.

Die Doukhobors waren Einwanderer, die schon viele Jahre vor mir nach Kanada kamen. Die meisten von ihnen lebten in British Columbia und soweit ich es verstand, wohnten sie auch nahe Nelson. Und nachdem mein Offizier mit dem Doukhoborkunden gesprochen hatte, erklärte er mir die Doukhobor-Probleme. Aber für mich machten sie damals keinen Sinn. Jedoch später, als ich die Doukhobors besser lernen konnte, wurden mir auch ihre Probleme klarer.

Nelson war eine typische kanadische Kleinstadt, hatte keine Schwierigkeiten und auch sehr wenig Emigranten und so fuhr mich der Offizier nach Salmo. Nicht weit von Salmo entfernt gab es das Emerald-Bergwerk, das wie alle Bergwerke oft arbeitslose Menschen einstellte. Mir wurde eine Arbeit als Sicherheitsarbeiter zugeteilt und ich konnte auch gleich am nächsten Tag anfangen zu arbeiten. Danach fuhren wir zum Maple-Leaf-Restaurant wo ich ein Zimmer und Mahlzeiten auf Kredit bekam. Dann schüttelten wir unsere Hände und der Offizier fuhr nach Nelson zurück.

Ich wunderte mich nur über alle diese Dinge, die ich in den letzten zehn Tagen erlebt hatte. Innerhalb dieser Zeit hatte ich den Atlantik überquert, war durch Kanada gefahren und hatte einen Job sowie eine Unterkunft bekommen. Alle diese Dinge wären mir nie in Deutschland passiert.

Und als Sicherheitsarbeiter musste ich in den Tunneln für die Sicherheit der Fahrzeuge sorgen. Später, so wurde mir gesagt, würde diese Arbeit einem Deutschen aus Südamerika übergeben und ich wurde eine Arbeit als Dreher im Maschinenshop bekommen. Als Dreher würde ich dann die langen Bohrer der Bergarbeiter schleifen.

In 1956 war Salmo ein kleines Dorf. Viele Bergarbeiter wohnten hier, obwohl die Bergwerke auch kleine Wohnungsdörfer für ihre Arbeiter stellten. Aber diese Dörfer waren ein paar Meilen von Salmo entfernt und das machte das Einkaufen für die Arbeiter schwerer. Daraufhin nahmen die Arbeiter die längeren Entfernungen von Salmo zu den Minen in kauf.

Salmo saß genau in Zentrum zwischen den Städtchen Nelson und Trail und war von den Selkirk-Bergen umgeben. Der Salmo-Fluss durchfloss es sowie eine Spur der Great Northern Railway. Und an einem Häuschen entlang der Spur wohnte auch ein Mann der mein bester Freund wurde, nämlich Bill Partridge und sein Hund Nigger.

Sobald ich in Salmo ankam, wurde ich automatisch ein „weißer Mann" – und natürlich auch ohne mein Wissen. Ich war jung und weiß in Farbe und der amerikanische Ausdruck des weißen Manns wurde mir hier auch sofort übergeben. Bills Hund Nigger war schwarz und so nur seine Farbe aber kein Vorurteil diktierte seinen Namen.

Diese Vorurteile sind meistens unangebracht. Ein halbes Jahrhudert später lernte ich, dass bei den Inuiten für jeden weißen, schwarzen und mongolisch gefärbten Menschen auch der Name „Weißer Mann" oder „Weiße Frau" normal ist. Alle anderen Menschentypen sollten lieber mit ihren Namen angesprochen werden.

Ein anderer guter alter Freund war auch Fred Forch. Er war ein Bauer, der in der nahegelegenden Meadows-Umwelt wohnte. Ich verbrachte Weihnachten 1956 bei ihm und seiner Frau und er hatte eine wunderschöne Tochter, die das Tanzen liebte. Aber leider war ich ein schlechter Tänzer und da das Tanzen ihre große Leidenschaft war, ließ sie mich auch fallen.

Gute Freunde waren auch die Smiths. Sie waren zwei Menschen, die ihren Sohn im Krieg gegen Deutschland verloren hatten. Ihr zweiter Sohn war Dan, mit dem ich öfters plauderte. Niemals fiel dort ein böses Wort über meine Herkunft und einmal saß ich dort am Fernseher, als Elvis Presley auf der Ed Sullivan Show seine Lieder spielte.

Mit allen seinen Fehden und Klatsch war Salmo eine gute Einleitung in das kanadische Dorfleben. Ich mietete ein Zimmer von der Fox-Familie, der das Maple-Leaf-Lokal gehörte. Innerhalb einiger

Tage kannte ich alle Dorfgeschichten, da ja alle herkamen um darüber zu quatschen. Als Beispiel: Ich wurde als Teil der Weißen Jäger bekannt als ich mir eines Tages ein 270-Kaliber-Husquvanah-Gewehr kaufte. Bill Partridge schoss es für mich später ein, aber vorher wollte ich es auch in der Natur versuchen. So nahm ich es mit zur Arbeit und probierte es außerhalb der Arbeitsstelle aus. Natürlich regte das viele Menschen auf und ich wurde damit ein Tagesgespräch für die Klatscher.

Hier traf ich auch meine ersten Doukhobors. Es war an einem Samstag, als eine Doukhobor-Familie ins Restaurant kam, um dort zu essen. Bill Patridge kannte sie und so stellte ich mich ihnen vor. Wir redeten ein bisschen, aber am nächsten Samstag kam der Mann alleine und so quatschten wir über unser Leben.

Peter, so hieß der Mann, war in der Gegend von Trail geboren, aber hatte jetzt seine Arbeit in Salmo. Aber seine Brüder und Schwestern lebten noch außerhalb Trails und so erzählte er etwas über ihr Leben als Doukhobors. Wie ihre Großeltern aus Russland einwanderten und sich in Saskatchewan niederließen. Wie die kanadische Regierung sie fortjagte, da sie sich nicht als Einzelbauern, sondern als Kommunalbauern sondern leben wollten. Und wie sie später nach Britisch Kolumbien zogen, da dort das Leben einfacher war. Aber jetzt hatte man Probleme mit den Schulen hier, da die hiesige Regierung Gesamtschulen bevorzugte.

„Alles regelt sich am Ende“, sagte Peter schließlich. „Manche Doukhobors wanderten nach Südamerika aus, in manchen Ländern gibt es auch kommunale Güter für Bauern und unsere Gegend wird am Ende auch Gesamtschulen für Doukhobors haben. Aber du bist ein DP, eine displaced person, und hast viel zu lernen. Und am Ende deines Lebens wirst du auch genau wie ich denken.“

Salmo hatte auch eine Kneipe und das Leben dort und auf der Arbeit war ziemlich roh. Internationales Fluchen machte immer die Runde und bestand normalerweise aus: fuck, fuckers, cunt, cocksucker und arsehole. Der Verlauf der Zeit änderte diese Worte nie und als ich diese Worte schrieb, hörte ich von den deutschen Austauschschüler in Salmos Fernsehen. Dort sagte eine deutsche Schülerin über die deutsche Schule, dass sie „fucking well suck“.

Nach einem Jahr hatte ich genug von Salmo und wollte weg. Vancouver war eine gute Alternative, aber ich wollte auch den Norden Kanadas sehen. So recherchierte ich alles über die Bergwerke in Kanada und die Tulsequah Chief Mine war die beste Antwort. Tulsequah war eine halbe Stunde mit dem Flugzeug von Juneau, Alaska, entfernt und am Taku-Fluss gelegen. Es gab dort auch große Gletscher und Moraste; in anderen Worten, es gab viele Tiere, die diese Umwelt benutzten.

So schrieb ich eine Bewerbung für einen Tulsequah-Job und eine Woche später hatte die Antwort. „Am Ende des Monats könnte ich dort anfangen zu arbeiten.“

Meine ersten zwei Jahre waren die schwersten

Es gibt eine Goldmine weit im Himmel,
In einem schönen Tag werden du und ich
Kleeblätter für uns geben,
wo die Himmel immer hell ist, du, mein Schatz,
langsam, du, mein alter Esel,
ich weiß, du wirst langsam alt,
aber du wirst auch Weiden unter den Sternen finden,
nachdem wir unsere Lode schürfen
und uns hinsetzen und aufpassen,
wie sich die Welt bewegt,
werden wir diese lang vergessene Goldmine finden,
im weit vergessenen Himmel,
wo wir herausfinden werden, dass gute Freunde
sich immer gutes Glück wünschen,
Es wird auch so bleiben,
nach dem wir die verlorene Goldmine finden,
in unserem so weit, weit entfernten Himmel.

Lyrik gemäß Pat Boone

Schon der Name Tulsequah brachte mich zum Jubeln. Der Name war so schön, dass man ihn singen konnte. Als das Bergwerk in 1951 seine Tore öffnete, war es schwer, es zu erreichen. Aber der starke Strom der Bergwerkarbeiter machte es aber bald ein tägliches Erlebnis. Flugzeuge brachten Menschen und Tiere beinahe täglich von Juneau, Alaska, hin und zurück. Und die Abfälle der Mühle wurden normalerweise mittels Schiff in den Juneau-Hafen transportiert.

Ich liebte den Ort. Wenn man von einem Hügel auf das Lager herunterblickte, schien wie ein großes Schloss zu sein, in dem die Bergarbeiter abends ihre Stiefel putzten. Natürlich war der Standort ein

Haufen Blödsinn; im schlimmsten Fall vielleicht auch ein Familienlager, indem die verheirateten Mitarbeiter ihre Wohnungen verloren, als das Bergwerk am Ende seine Tore für immer schloss. Aber während ich dort war, gefiel es mir sehr. Bären, Elche und andere wilde Tiere liefen dort herum und ich fand auch einen guten Kumpel meines Alters, mit dem ich die Umwelt erforschen konnte. Ich besitze immer noch Bilder vom gigantischen Mendenhall-Gletscher der sich zwischen die umgebenden Berge quetschte. Als 22jähriger junger Kerl fühlte ich mich als kleiner Gigant voller Kraft und Elan.

Ich brachte mein Husquvanah-Gewehr mit und einmal, als ich durch die Büsche lief, schoss ich einen kleinen armen Bären. Es tut mir heute noch leid, wenn ich an ihn denke, als er tot und hilflos bei den Büschen lag. Nie wieder, so schwor ich mir, werde ich auf ein Tier schießen.

Am Ende verkaufte ich auch mein Gewehr, damit ich genug Geld für meinen Rückflug hatte.

Als Maschinist arbeitete ich natürlich auch unter Tage und machte mir viele Freunde dort. Und eines Tages bereitete mein Chef eine Frühjahrsparty unter grünen Bäumen für uns und für unsere Mitarbeiter, aber er hatte Probleme, einen guten Ort dafür zu finden. Darum machten ich und meine Kumpel es für ihn und wir fanden einen ausgezeichneten Platz in der Mitte des Taku-Flusses. Natürlich hatten keine Probleme, mit unseren Bierkisten dort hinzukommen, aber der Rückweg später war ziemlich problematisch, da wir alle betrunken waren. Ein paar meiner Minenkumpel fielen sogar in den Fluss, als sie versuchten, ans andere Ufer zu kommen. Und da es plötzlich auch dunkel wurde, hatten wir keine andere Wahl, als den Rest des Biers zu trinken, unser schwelendes kleines Biwakfeuer in einen gigantischen Riesenvulkan zu verwandeln und danach auf den nächsten Tag zu warten. Wir warfen auch leere Bierdosen in den Fluss, um sie danach mit Steinen zum Sinken zu bringen.

Am nächsten Tag waren wir aber wieder nüchtern und gingen zu unserer Arbeit zurück. Aber das Wort streute, dass die Insel von Hexen besetzt war, und da die Schiffe unserer Tailingsflotte diese Bierdoseninsel auch manchmal benutzten, wurde die Insel für all Bewohner auch verboten.

Aber unsere Party war eine große Ausnahme des Verbots. Und darum möchte ich auch etwas sagen, das den Ort Tulsequah viel besser beschreibt.

Der Ort Tulsequah liegt im Land der Tlingit-Indianer, die zwischen der Yakutat-Bucht und Cape Fox im südlichen Alaska wohnen. Und als ich dort im Bergwerk arbeitete, sah man kaum Menschen des Tlingit-Stammes, da viele von denen im benachbarten Juneau arbeiteten. Aber zur Zeit erhebt der Tlingit-Stamm Ansprüche für ihr eigenes Land, da ja dort auch viele See-Lachse leben, die sehr beliebt in einer hungrigen Welt sind.

In 1957, als ich dort war, gab es nur den Taku-Fluss, den Taku-Gletscher und das Tulsequah-Bergwerk mit ihrer Mühle und den Häusern für die Bergarbeiter. Rings herum waren grüner Busch und Bäume mit ein paar wässrigen Wiesen dazwischen. Und das Produkt, das das Tulsequah-Bergwerk produzierte war hauptsächlich Blei, Kupfer, Zink, Silber und Gold. Und da der Preis für diese Produkte in 1957 fiel, musste die Mine auch schließen.

Nun schrieb ich meine Bewerbung für Arbeit in Tulsequah nicht dorthin, sondern in die Stadt Trail, wo das Hauptquartier der Cominco-Mine war. Natürlich war die Cominco-Mine auch Besitzer des Tulsequah-Bergwerks and so traf ich einige Bergarbeiter, die ich von Salmo kannte.

Aber die meisten Arbeiter wurden im Vancouver-Büro eingestellt, dann nach Juneau geflogen und danach mit dem Buschflugzeug nach Tulsequah transportiert. Da aber Flugzeuge nicht jeden Tag flogen, konnte so eine Reise zwischen drei bis sieben Tage dauern. Und da für die Hinreise die meisten Mitarbeiter pleite waren, gab es für diese Reise überhaupt kein Problem und die Kosten wurden von der Firma übernommen. Aber für die Rückreise hatten die meisten

Bergarbeiter genug Geld gespart und wollten dann in Juneau auch etwas Spaß haben. Und nachdem sie etwas Spaß hatten, waren die Leute aber auch wieder pleite und flogen dann zurück nach Tulsequah.

Im Allgemeinen aber hatten alle Arbeiter in Tulsequah genug Geld, um sich zu versorgen, und das geschah auch oft auf die folgende Art und Weise. Glückspiele waren sehr üblich und in *Glückspielen* gewinnt ja der Spieler, der das *Glück* am besten kennt. Und da das ewige Heuern der Arbeiter sehr teuer für die Firma war, brachte man *Glücksspieler* herein, um die Arbeiter auszurauben. Und da die Arbeiter das wussten, sparten sie auch immer einen Notpfennig.

Aber als das Bergwerk schließen musste, waren viele Arbeiter pleite und hatten nicht genug Geld, um den Flug zu bezahlen. Natürlich wurden die ledigen Arbeiter zuerst gekündigt, aber ihnen folgten die verheirateten Männer. Und wenn es verheiratete Männer betraf, dann musste die ganze Familie ausziehen, die ja meistens nur hier zur Miete wohnte, aber trotzdem viele eigene Sachen besaß. Das war natürlich schwer, aber einfacher als in anderen Bergwerken, die auch oft schlossen und wo die Arbeiter in ihren eigenen Häusern wohnten. Die verloren dann alles; nicht nur ihre Arbeit, sondern auch die Häuser und oft auch ihre Familie.

Während der Fünfziger-Jahre existierten die heutigen Sozialen Versicherungsprogramme in Kanada nicht und daher mussten die Kanadier sich selbst versichern und versorgen.

In Tulsequah verlor ich auch meine Arbeit und flog nach Vancouver zurück. Aber ich hatte etwas Geld gespart und auch mein Gewehr verkauft, so blieb ich für ein paar Tage in Juneau. Aber viele meiner Bergwerkkumpel waren pleite und betrunken und da Flugzeuge nicht mit betrunkenen Passagieren fliegen durften, übernahm es die Heilsarmee, diese Betrunkenen zu versorgen.

Nachdem ich in Vancouver landete, nahm ich einen Greyhound Bus nach Prince George und arbeitete dort in einem Eisenbahnschuppen an Lokomotiven, über die ich nicht mehr wusste, als dass sie viel Krach machen. Ich blieb dort aber nicht lange und nahm einen anderen Bus zurück nach Nelson, da ich ja dort einige Freunde hatte. Unterwegs stoppte ich irgendwo und versuchte, ein Pferd zu reiten, das man mir gab, aber ich blieb nur zweite Tage und dann fuhr weiter nach Vancouver.

In Vancouver wurde mein Geld knapp und so fuhr ich weiter nach Nelson, wo ich ein paar Freunde hatten. Und diese Freunde schickten mich zum Hauptquartier der Sheep Creek Silver Mines, die mich auch gleich einstellte, da sie wussten, dass Tulsequah pleite war. Am nächsten Tag nahm ich einen anderen Bus nach Invermere und von dort fuhr ich im Lastwagen zum Paradis Bergwerk in den Purcell Mountains, wo ich bis zum nächsten Frühjahr blieb.

Die Paradise Mine war nur ein kleines Bergwerk, das mit wenigen Arbeitern in einer Doppelschicht so arbeitete, dass wir viel Zeit für andere Sachen hatten. Sachen wie Goldsuchen in den Bergen oder Autorennen in Invermere und Radium Hot Springs. Dort suchten wir Frauen, um unsere extra-Zeit noch geselliger zu machen und damit mehr Spaß zu haben. Unglücklicherweise gefiel das den Frauen nicht, da es uns viel Geld kostete, und so gingen wir zurück zur Paradise Mine, um wieder zu arbeiten.

Und meine Arbeit in der Paradise Mine war als m*achine doctor*, um die Maschinenhämmer der Miner zu reparieren. Aber da diese Hämmer erstklassig waren, arbeitete ich auch manchmal als *nipper* oder *powder monkey* oder sogar als m*iner's Helper*.

Es war hier, wo ich mir meine Grundkenntnisse mit Explodierstoffen aneignete.

Ich lernte hier auch viel von den Gewohnheiten der Bergarbeiter. Eine übliche Arbeit bedeutete sehr wenig für sie, da es ja Arbeit genug für sie gab. Manche Arbeiter gaben sofort ihre Arbeit auf, wenn sie ein Loch im Stiefel fanden, da ja der Aberglaube bestand, dass zwei Löcher in Stiefel auch Unglück brachten.

Es gab viele Kameradschaften im Bergwerk aber auch viele Vorurtile. Namen wie *bohunks*, *wogs*, *frogs*, *kikes*, *wops*, *krauts* und *chinks* schwirrten herum, aber sie störten niemanden. Die meisten dieser Namensrufer waren ja selbst Einwanderer und liebten es, ihre Miteinwanderer in ein tieferes Loch zu locken.

Ich war ja nicht der einzige DP here, es gab auch die ungarischen Flüchtlinge der Budapester Revolte und die chinesischen Köche aus Hong Kong sowie die englischen Einwanderer aus London. Aber meine *bevorzugten Freunde* waren zwei Quebecois Diamantenbohrer, die einmal eine ganze Hühnermalzeit klauten, um damit die herumliegenden Bären zu füttern. Ein alter betrunkener Engländer gab ihnen diese Idee, als er erzählte, dass ihn seine Freundin aus dem Haus warf, als er ihre Katze mit räudigen Fisch beschmierte und dann dem Hund ihrer Nachbarin zum Fressen vorsetzte. Unglücklicherweise verstanden weder die Bergarbeiter noch die Bären diesen Witz und so wurde der alte Engländer gefeuert. Er ertrank auch später, als er versuchte, die schwarzen Punkte der im Pazifik lebenden Orca-Wale zu löschen und sie danach im Vancouver-Zoo zu verkaufen. Als die Bären von diesem Ableben hörten, hielten sie einen Trauermarsch, um den Engländer zu ehren.

Wir vergaßen auch die Übel der Welt, bis der alte Tom uns erzählte, dass am 4. Oktober 1957 der Satellit Sputnik die äußeren Räume ders Erdumlaufbahn durchbrach. Tom war ein alter Norweger, der an Silikosis lit und irgendwie in Kanada hängen blieb.

Es ist jetzt auch die Zeit, der Welt zu erklären, dass kleine Unternehmen wie unser Bergwerk viel für ihre Nation taten, ohne dass sie es wissen konnte. Zum Beispiel wurden wir in 1957 mit Firmenchecks bezahlt, die man in der Bank in bares Geld umsetzen musste. Und zu dieser Zeit war der kanadische Silberdollar unser bares Geld und als ich zur Bank ging, wurde ich auch mit kanadischen Centennial-Silber-Dollar ausbezahlt. Von diesem Moment an kontrollierten wir Bergarbeiter auch das Schicksal von Invermere, einer Stadt, die üblicherweise vergaß, dass wir überhaupt existierten.

In Radium Hot Springs hatte ich einmal Heimweh, als ich vor der Tür einen roten Mercedes-Benz 300 Sl mit amerikanischen Platten stehen sah. Da ich das Auto so liebte, war ich auch stolz, ein Deutscher zu sein.

Aber da es das Ende des Winters war und sich das auch auf die verschiedenen Nationaltäten der Bergarbeiter bezog, waren wir plötzlich alle Arbeitsnachbarn, da wir zusammenarbeiten mussten und uns gegenseitig helfen konnten. Aber Vorurteile gab es trotzdem und wir schämten uns immer, nachdem wir sie verbreiteten.

Und ich hatte genug, ein Landstreicher zu sein. Ich wollte ein Heim, oder besser gesagt, eine Heimat, haben. Aber wie man so etwas erreichen konnte, wusste ich nicht. Bestimmt nicht hier am Paradise-Bergwerk. So kündigte ich meinen Job im April 1958 damit ich mir meinen Wunsch erfüllen konnte.

Camp Shilo, Manitoba

Lederstiefel sind immer noch der Stil für Männerfüße,
Hölzerne Schuhe und römische Sandalen will man hier nicht seh'n,
Fußball ist immer noch das allerraueste Spiel am Campus,
Und alle Jungs respektieren immer noch den Kollegen Dean.

Merle Haggard in „Okie from Muskoogee“

Im Frühling quittierten viele Bergarbeiter ihre Arbeit, um das Geld auszugeben, das sie im Winter erarbeitet hatten. Und in Sommer 1958 wollte ich in Vancouver arbeiten, aber kaum jemand im Bergwerk hatte das Geld für ein Auto. Der einzige Weg, nach Vancouver zu kommen, war, mit dem Greyhound Bus nach Golden zu fahren, um dort den Zug nach Vancouver zu erwischen. Und da ein Zug dort auf mich wartete, stieg ich auch ein, aber später fand heraus, dass ich in die falsche Richtung fuhr.

Ich entschloss mich, meinem Schicksal zu folgen, and stieg in Sudbury aus. Es was der nächste große Ort nahe Elliot Lake, wo die Uranminen waren. Aber es gab keine Uranminen dort für mich. Und wenn man in Kanada kein Auto hat, dann kann man auch keine Arbeit finden. So entschloss ich mich, zurück nach Edmonton zu fahren, aber unglücklicherweise gab es dort auch keine Arbeit für mich.

Jedoch lernte ich, mit Geld umzugehen. Erst steckt man große Scheine in die Brieftasche und wenn sie kleiner werden, tauscht man sie um in immer kleinere Scheine. Damit hat man wenigstens den Anschein von Geld. Einst hatte ich ein Bündel von zwanzig Dollarscheinen und nun plötzlich nur ein paar Münzen, die man ja auch leicht verlieren kann, wenn man ein Loch in der Tasche hat. Das bedeutete für mich, dass ich arbeiten musste.

Und es ist komisch, wie solche Dinge passieren können, denn an einem wunderschönen Morgen ging ich einmal in Edmonton am Rekruitierungsbüro der kanadischen Armee entlang, dachte an nichts und endete als Master Gunner für die Königliche Kanadische Artillerie.

Natürlich machte ich das freiwillig, aber Hunger hatte ich trotzdem, da ich nicht genug Geld für ein Frühstück hatte. Und die freiwilligen Fragen im Rekrutierungsbüro waren einfach, denn sie mussten so sein, da die Schule mit der achten Klasse aufhörte. Nein, schwer waren die Fragen nicht. Ihr Hauptzweck war, homosexuelle Rekruten zu erwischen, damit sie nicht schnell Generäle wurden.

So schrieb ich den Eingangstest und wurde nach Calgary geschickt. Dort wollte man mehr über mich wissen. Ich erzählte ihnen alles über Berlin und auch, dass ich Sowjets hasste aber nie die russischen Menschen, warum auch? Ich flüsterte das in ihr offenes Ohr – da viele der Frager auch russische Namen hatten!

Die medizinische Untersuchung war schwer. Einer meiner Mitrekruten hatte ein gläsernes Auge und wollte zur Infanterie als Scharfschütze. So absolvierte sein Bruder den Test für ihn und zusammen feierten sie 30 Jahre später den ersten Bruder als erkannten Gewinner der Queen‘s Schützenmedaille.

Ich ging durch diese Teste in Calgarys Curry Barracks, einer Stadt, die auch die Heimat der Queens Own Rifles of Canada ist. Natürlich versuchten die Queenies, uns als Rekruten zu bekommen, aber niemand wollte zur Infanterie gehen. Ich auch nicht, ich lief ja schon genug in Salmo, wenn ich nach Nelson gegen wollte und kein Auto hatte. Eigentlich ist das schade aber Füße laufen besser als Autos. In der Armee ist das genauso wie im normalen Leben, wo Arbeitsbeförderungen auch besser als Kuliarbeit ist, aber Beförderungen das Leben auch härter machen.

Darum bot man mir die Artillerie an. „Nimm‘s oder lass es“, war das letzte Wort, das ich hörte. Und da ich nur noch einen letzten Silberdollar in der Tasche hatte, wurde ich Artillerist. Am 30. April 1958 schwor ich den Eid des Schutzes und Trutzes mit der Königin Elisabeth II und bald, nachdem ich ihn geschworen hatte, nahm mich der Clerk beiseite. „Ich sollte Agnostik in der Bibelerklärung ausstreichen“, sagte er mir, „und Lutherisch dafür einsetzen. Es ist einfacher für dein Begräbnis und sogar Henry der Achte machte es so.“

Er drückte es etwas falsch aus, aber ich sagte es ihm nicht und er gab mir auch meine Fahrkarte. Es nannte Douglas auf der Karte als mein Ziel und der Zug, den ich bekam, war auch genau wie mein Schiff vor zwei Jahren, nämlich Holzklasse, auf der man nicht schlafen sollte. Die Strecke nach Douglas war 1000 Meilen lang und als ich dort ankam, ging ich zur Legion, um von dort das Camp Shilo anzurufen.

Solltest du einmal in Douglas vorbeikommen, bitte gehe nicht zur Legion. Du wirst es nie vermissen, da sie nur ein Maschinengewehr als Schutz hat. Aber ich hatte ein Bier, das ein anderer Gast bezahlte, da ich wenig Geld hatte, und eine Stunde später kam ein Militärpolizist mit seinem Jeep und fuhr mich zum „Depot”. Das Depot war Hauptquartier des Artillerielagers und da es jetzt spät war, saß drinnen nur ein Mann. Er nannte sich Bombardier und hatte zwei große Winkel an seinem Arm.

Ich sagte ihm, dass ich hungrig war und er lachte nur. „Komm in einer Stunde zurück. Der Orderly Sergeant und der Orderly Offizer machen ihre Runden und ich kann nichts betreffs deines Hungers tun.“

So ging ich spazieren und fand die Kantine. „Was möchtest du haben?“, war die Frage der Kellnerin.

Ich zählte mein Geld mit den Fingern. „Einen Kaffee und einen Hamburger.“

Das machte 35 Cent, und so viel konnte ich auch bezahlen.

So quatschten wir für eine Stunde und Emely, so hieß die Frau, gefiel Camp Shilo auch nicht. Sie nannte es „Lager Stalinski“ und irgendwie hatte sie Recht, da es mich auch an Ost-Berlin erinnerte.

Als ich zurück zum Depot kam, war der Orderly Sergeant da. „Alle Rekruten sind in der Kantine, da heute Zahltag war. Und wenn du Hunger hast, gehe zur Küche. Man wird dich dort hereinlassen. Und morgen früh kommst du dann hierhin zurück."

Ich ging zur Küche, wurde gefüttert und dann fand ein leeres Zimmer.

Am nächsten Morgen ging ich zum Depot zurück und wurde dem Squad 33 zugeteilt. Squad 33 füllte sich innerhalb einer Woche mit Rekruten und zusammen mit Squad 32 lebten wir in unserer Hälfte einer Doppelbaracke.

Die meisten Rekruten lebten in ähnlichen Doppelbaracken und in jedem Squad gab es zirka 30 Rekruten. Aber da wir das jüngste Squad waren, war unsere erste Woche auch nur ein Kinderspiel, das hauptsächlich aus Fensterputzen bestand. Unsere schwerste Arbeit war die Fassreinigung, in der man leere Fässer erst reinigte und dann mit den kosmetischen Artilleriefarben rot und blau überstrich, damit sie im Dunklen auch als Abfallbehälter erkannt werden konnten,

Endlich bekamen wir auch unsere Uniformen. Wenn man Uniformen trägt sieht jeder Mensch wie der andere aus und das ist ja auch das Ziel jedes Militärs. So mussten wir alle Stiefel und Uniformen putzen, bis das Messing glänzte und die Unterhosen sich wollig rollten, Mein Bombardier sagte immer zu meinem Stiefeln ungehalten, dass sie oben viel besser glänzen könnten.

Mein Lieblingsstück in diesem militärischen Misthaufen war der Knopfhalter, der aus einen Blechhalter mit Schlitz bestand. Mit diesem Knopfhalter konnte man alle Militärknöpfe schön hell putzen, damit sie in der Sonne besser glänzten.

Wir putzten alle Knöpfe zum Ton des Liedes 1 – 2 – 3. Im Militär ist dieses Lied universal, egal, ob es sich um Knopfhalter, Atombombardierungen oder Schiffversenkungen handelt. Zu allem singt man:1 – 2 – 3.

„Das ist auch hier der Fall", sagte mein Bombardier Jim Gallenger. Jim war ein Veteran des Zweiten Weltkriegs, aber wurde nie zum Feldwebel befördert, da er zu viel trank. Trinken ist das Hauptmerkmal jedes Feldwebels, muss aber heimlich ausgeübt werden, und das konnte Jim nicht tun.

Das Lager ermutigte auch nicht die Verbrüderung mit anderen Einheiten. Wir waren ein Artillerielager und so sollte es bleiben. Dass wir hier auch eine Polizeischule hatten, gefiel keinen, und am wenigsten den Ausbildern.

Persönlich glaube ich, dass die Individualität und die Findigkeit der beste Reichtum eines Soldaten ist, doch das Militär denkt anders. Für sie werden die Individualität und die Findigkeit unter den Namen der Teameinheit begraben. Natürlich wusste das keiner der Rekruten, obwohl die Quebecois es ahnten.

Nach den ersten paar Wochen in Shilo gefiel mir das Lager viel besser. Wahrscheinlich hatte es mit meinem Sold zu tun, der uns zweimal im Monat ausgehändigt wurde. Er betrug 100 Dollars im Monat und nach jedem Paydayfreitag waren wir immer wieder pleite.

Vielleicht hatte die vom Militär erhobene Teameinheit etwas damit zu tun. Einer der Rekruten hasste nämlich die militärische Einheit, die einer Gleichheit ähnelte. Er konnte nämlich auch nicht im militärischen Takt marschieren, wo im Gleichschritt ein rechter Arm zusammen mit dem linken Bein ausschwingt. So Individualität seine Kameraden zwei Rekruten, stellten einen vor und einen hinter den behinderten Soldaten und banden zwei Stöcke an ihre Hände. Mit den Soldaten in der Mitte und seine Hände auch mit den Stöcken verbunden musste er wie alle anderen Rekruten auch im Gleichschritt marschieren.

Damit hatte das Militär gesiegt, aber ich konnte nur mit meinem Kopf darüber schütteln.

Das militärische Leben in Shilo

Ich habe genug vom Zivilleben
Seit dem Tag meiner Geburt
Deswegen verhökere ich mich zur RCA
Und haue ab am nächsten Morgen
Es wird uns gut gehen in Shilo, dem grünen Land von Kanada

Adaptiert von der Irish Republican Army

Außer den „Wiedergekehrten" – den Männern, die schon vorher einmal in der Armee waren – war ich der älteste Rekrut. Die anderen Jungs kamen direkt von der Schule. Es gab ein paar Eingeborene aber im Allgemeinen waren wir alle arme Leute. Und am Anfang meiner Ausbildung fürchtete ich mich auch vor der militärischen Psychologie, aber am Ende waren sie nur ein einfacher Vorgang des militärischen Verhaltens.

Wir mussten lernen, zu marschieren, unsere Waffen zu überprüfen und Befehlen zu gehorchen. Die Armee liebte es, wenn man einen Befehl ausführte, ehe er ausgesprochen wurde. Wir wurden Marionetten, die ausführten, was man uns sagte, und nicht das, was wir dachten.

Militärische Ausdrücke verschwinden über die Jahre, denn wer kennt jetzt noch die Worte des Ersten Weltkriegs? Sie sind doch nur Ausdrücke einer Gegenwart. Aber manchmal ist ein Wort auch noch jetzt gültig und ein solches militärisches Passwort ist die „Gewehrseele". Nur eine saubere Gewehrseele beschützt ein Land vor einer Invasion und es ist nicht egal, ob sie sauber oder schmutzig ist. Oder wie teuer ihr Träger oder wie groß ihre Kugel ist. Diese kugeltragende Seele muss existieren, sonst geht der Staat pleite.

Ich drücke es auch anders aus: Damit ein Staat existieren kann, muss er Menschen haben, die ihn schützen. Und diese Schützen brauchten das Militär – oder die Gewehrseele –, die sie schützte.

Natürlich sind alle diese Beschützer auch Beamte oder hatten Beamtenstatus. Und um diesen Status zu erreichen, sind Lager wie Shilo äußerst notwendig.

Um in Shilo zu leben, musste man natürlich Hunderte von Problemen lösen. Erst einal muss man mit den Ausbildern auskommen können und das ist nicht einfach. Dann kommen die täglichen Schwierigkeiten des Bettmachens, des Essengehens, der täglichen Inspektionen und Paraden usw. Aber daran könnte man sich gewöhnen, das größte Handicap sind diese Extras, die sich täglich wiederholen.

Meine Probleme waren sehr einfach, aber bei vielen Rekruten mussten sie wiederholt werden. Es waren die Putties oder Hosen- und Schuheverbinder, die sich immer lösten. Es gab auch einen teuflischen Spiffy-Halsverdreher, der beim Schlippenknöpfen gute Freunde zu bitteren Feinden machte. Und ein schmutziges Gewehr war ein furchtbares Schandmal, das nur Wochen von richtigen Paradeplatzübungen wieder sauber machen konnten. Die falschen Kappenkennzeichen zwischen König und Königin brachten mir natürlich auch einen Extra-Drill auf dem Paradeplatz ein und wenn ich eine Parademahlzeit verfehlte, dann blieb ich hungrig, bis mich die nächste Mahlzeit wieder aufstockte. Das fand ich sehr gut, denn die Mahlzeiten der Köche wurden auch an Schweine verfüttert.

Wie man sieht, war der Paradeplatz ein wichtiger Ort in meinem Militärleben.

Selbstbefriedigungen waren auch als „sich einen runterholen“ bekannt und ziemlich üblich. Als sein Schandmal musste dann der Schänder für einen Tag mit Boxhandschuhen herumlaufen. Aber das allergrößte Problem waren die 16 Jahre alten Jungs in der ‚YoYo' oder Lehrlingsbatterie, die dort ihr Abitur erworben. Sie kämpften nämlich für die Gunst ihrer weiblichen Anhänger auf den dortigen besoffenen Samstagnächten, wo man Liebhaber suchte.

Da das militärische System gut mit dem 1 – 2 – 3 auskam, adaptierte es das Depot und bildete ihre Ausbildung auch in ein 1 – 2 –

3-System.

Die Grundidee der ersten Phase war, uns als ein Team aufzubauen. Es fing mit dem Marschieren an und hörte mit einer einfachen Waffenkunde auf. Das Marschieren war ja ziemlich einfach, aber die Waffenkunde etwas komplizierter da ja auch das Bajonettieren dazugehörte. Und im Zeitalter der Atombombe ist natürlich ein Bajonett Unsinn, aber die Armee liebt es, wenn man ja alle Staatsoberhäupter mit bajonettierten Gewehren empfängt.

Während der ersten Phase lernten wir auch mit dem FN-Gewehr, der kurzen Sten Maschinenpistole and der längeren Brengun umzugehen. Es bedeutete, dass wir alle an einem schönen Tag auf das Übungsfeld mussten, um dort zu schießen. Ich qualifizierte mich als Scharfschütze, da einer meiner Kumpel neben der Zielscheibe stand und jeden meiner Schüsse als Treffer bezeichnete, obwohl ich die Scheibe niemals traf.

Die erste Phase dauerte sechs Wochen und endete mit einer Parade. Danach betranken wir uns, um es zu feiern, aber unglücklicherweise verloren wir während der Phase ein paar unserer Kameraden.

Dick Stroud war einer von ihnen. Er kam von Windsor in Neufundland und war ein wundervoller militärischer Einzelgänger und akzeptierte selten die Meinung eines anderen. Er hasste auch unsere militärischen Ausbildungsphasen, die er als sinnlos erkannte, und so schickte ihn die Armee zurück nach Neufundland und damit verlor ich auch meinen besten Freund.

Die zweite Phase war etwas länger und dauerte drei Monate. Hier wurden die verschiedenen Marschierungsübungen auf den Paradeplatz geübt, alte Marinefilme angesehen und unser Wissen der kanadischen Kriegsgeschichte überprüft. Über Sex wurde nie gespochen, obwohl die YoYo-hörigen Mädel gerne lauschten damit sie es richtig ausführen konnten. Und ich denke auch, dass die kanadische Idee verlorene Kanonen bis zum letzten Schuss zu verteidigen, Wahnsinn ist, falls die Schlacht wirklich verloren ist.

Einmal zog ein Feldwebel-Ausbilder ein Kondom aus seiner Tasche und fragte uns: „Was ist das?“

„Ein Kondom.“

Wir wussten alle was er hören wollte. Daher antworteten wir mit lauter Stimme: „Dies ist mein Gewehr ... mit dem ich schieße. Und dies ist mein Kondom ... mit dem ich ficke.“

Wir lernten auch erst etwas zu tun und dann zu fragen: „Warum?“. Es ist falsch, aber trotzdem die leitende Idee des Militärs. Ich hasste es und benutzte es nur gezwungenerweise. Die militärischen Landsknechte des Mittelalters wählten sogar Ombudsleute, um ihre Freiheiten zu verteidigen.

Aber die zweite Phase war nicht nur harte Arbeit, sondern auch Spaß. Da ich mehr Freiheit hatte, entdeckte ich auch die Schönheit der kanadischen Prairie mit ihren Tälern, Flüssen und Tieren sowie zwei riesige Steingötter, die nach dem Krieg von Korea nach Shilo geschleppt wurden, um dort den Frieden zu verwalten.

Ich respektierte die verschleppten deutschen Kanonen, die dort als Beute ausgestellt waren. Aber die gekidnappten Götter als ein Teil der universalen Götterhoheit hier zu sehen, war mir zuwider. Da ich sie aber nicht nach Korea zurückbringen konnte, sprachen wir oft mit einer göttlichen Stimme über die unfassbare Dummheit der Menschen.

Auf Wiedersehen, Shilo

See you later, Alligator

Na ja, Ich sah wie mein Mädel heute
mit einen anderen Burschen spazieren ging,
Na ja, Ich sah wie mein Mädel heute
mit einen anderen Burschen spazieren ging,
Als ich sie fragte warum sie es tat,
Ich hörte was sie mir sagte:
See dich später, Alligator; noch 'n bißche Krokodil
Kanmst du nich sehen, daß du mir den Weg verstellst,
Weißt du nicht, daß du mein Leben versaust
See dich später, Alligator; noch 'n bißche Krokodil!

Die zweite Phase endete auch mit einer Parade und so konnten alle von uns am Wochenende nach Winnipeg gehen. Aber dieser Spaß war sehr teuer und gingen wir lieber zum benachbarten Brandon.

Viele Rekruten quittierten auch Winnipeg als Kurzurlaub, da es in Shilo eine Kirchenparade für uns gab, nach der wir keine Pflichten mehr hatten und uns ausruhen konnten.

Phase 3 war unsere Kanonierphase und hier lernten wir, wie man Kanonen militärisch bedient. Es gab mir den stolzen Körper eines kanadischen Artilleriemenschen, der dutzende schwere Projektile von einem Ort zu einem anderen schleppen musste.

In Phase 3 waren unsere Ausbilder ehemalige britische Soldaten die von den Engländern als Feldwebel geheuert wurden. Sie lehrten uns das Kanonenschießen, die Kanonenausbildung und die Feuerungsdisziplin. Ich werde nie diese Feuerungsdisziplin vergessen. Um sicherzugehen, dass der richtige Drill an der Kanone getroffen wurde, gemäß der Anweisungen des feuergebenden Kameraden und mit einer minimalen Feuerpause.

Wir fingen die dritte Phase mit weniger als dreißig Rekruten an.

Aber danach wurden uns ein paar Rekruten aus Quebec zugeteilt. Keiner sprach englisch und sie lernten es schnell, aber trotzdem wollten sie nicht bei der Artillerie bleiben. Und einer davon sagte sogar öffentlich, dass ihn unser Kanonendrill immer ein paar Stunden Packdrill einbrachte.

Am Ende der dritten Phase gab man uns die Wahl unserer Regimenter. Es waren das Depot in Shilo und die Regimenter in Winnipeg, Camp Petawawa, Camp Gagetown und Camp Prince of Wales in Deutschland. Ich wählte Camp Gagetown, da es das nächste Regiment für Deutschland war.

Natürlich hatten wir auch eine Parade am Ende der dritten Phase aber danach zogen wir unsere Zivilkleidung an und feierten das Ende des Kurses bei Barney am Trans-Kanadischen-Highway. Corporal Gallanger war auch da und später am Tisch sagte er mir: „Weißt du, Wolfgang, ich habe dich die letzten sechs Monate beobachtet und kam zu dem Schluss, dass du gar nicht in die Artillerie passt."

Ich sah ihn an. „Du hast vollkommen recht. Sag mir nur einmal, wenn ich Zweifel an einer Frage habe, warum antwortet mir ein Offizier nicht?"

„Da er oft dieselben Zweifel hat. Aber Generäle geben Befehle und Mannschaften befolgen sie. So ist es nun einmal."

„Das ist falsch. Wir befolgen sie nur, wenn sie die richtigen Befehle haben."

Und dann schaute ich an sein Gesicht und er lachte ein bisschen. Dann dachte ich, dass ich ihm einmal die Wahrheit sagen sollte, warum ich hier war. „Als man mir sagte, dass ich zur Artillerie gehen musste, tat ich es nur, weil pleite war. Denn in der Artillerie schießt man nur Menschen tot und ich denke, dass alle Menschen, egal, welcher Farbe oder Rasse, Lebewesen sind, die zusammenleben wollen. Aber in der Artillerie ist der Gegner immer ein toter Feind und das gefällt mir nicht. Ich wäre lieber ein Ingenieur, der Häuser baut und niemals zerstört. Und wenn ich an meine Zukunft denke, dann wäre ich lieber ein Master Sapper bei den Engineers als ein Master Gunner bei der Artillery. Und was denkst du darüber?“

Jim nickte nur mit seinem Kopf, drückte meine rechte Hand und antwortete leise: „Ich war auch pleite in 1939 und folgte dem Befehl meines Feldwebels, zur Artillerie zu gehen. Und ich schoss auch auf die Wehrmachtsoldaten da sie meine Feinde waren. Ob ich sie tötete, weiß ich nicht und war mir auch egal, denn es war mein Befehl, auf sie zu schießen. Aber jetzt kann ich sehen, warum du lieber bei den Sappern wärst, die lieber Brücken bauen, als auf Menschen zu schießen.“

Und was richtige Wege betrifft, als ich später der Art und Weise der Artillerie folgte, die mir den Titel eines Master Gunner gaben, folgte ich auch nie falschen Befehlen.

Am nächsten Morgen packten wir unsere Sachen und unsere Reise wurde ein dreitägiger Urlaub. Nur ein Dutzend Soldaten fuhren bis nach New Brunswick, aber alle wollten das gekaufte Bier austrinken. So besoffen wir uns und waren betrunken, ehe wir Winnipeg erreichten. Nur der Trip von Montreal nach Fredericten Junction nahm ein schlechtes Ende, da wir irgendwo umsteigen mussten and dann sehr lange auf den nächsten Zug warteten.

Camp Gagetown war einst des Militärs feuchter Traum, der sich nun versuchte, der Wirklichkeit anzupassen. Für 200 Jahre versuchten die Bauern dort mit der Wirklichkeit zu leben, schafften es aber nie. So wurde es das kanadische Wunderbeispiel der NATO für das Militär und die älteste Stadt dort war Oromocto.

Als ich dort in 1958 ankam war das Lager fast aufgebaut, aber viel von seiner Infrastruktur fehlte noch. Es gab noch kein Einkaufszentrum und auch keine Canadian Legion. Und des Lagers Struktur machte auch die menschliche Kommunikation sehr schwer. Wir Kanoniere wohnten in einer Serie von 250-Mann-Baracken und aßen in einer zentralen Küche, die so arrangiert war, dass wir kaum die Soldaten der anderen Batterien kannten.

Und 3 RCHA bestand aus drei Batterien und war gerade erst von Camp Debert in Nova Scotia nach Gagetown verlegt worden. Unser Spieß liebte keine Kurzwege zur Küche und so postierte er Wachposten. um die Kanoniere von Zwischenmahlzeiten fernzuhalten. Ich endete als eine dieser Wachen und nach einer Woche dieses Blödsinns nahm ich Urlaub. Ich wollte meinen Onkel Max in New York City sehen und so nahm ich erst einen Bus nach Bangor und von dort einen Zug nach NYC.

Unglücklicherweise ist New York sehr teuer und ich war schnell pleite. Einmal nahm ich eine sehr schnell gefundene Frau mit zur Liberty Insel und versuchte, sie zu küssen, aber sie weigerte sich. „Nicht hier“ sagte sie. „Ich mache auch gerne Liebe, aber nie hier. Hier ist es nicht nur un-amerikanisch, sondern auch un-patriotisch.“

Da ich schnell pleite war, sagte ich Good-bye zu Max und Dora und fuhr schnell wieder nach Gagetown zurück. Ich hatte aber einen 30-tägigen Urlaub bekommen und was sollte ich mit den noch fälligen Tagen tun? So dachte ich nach und entschloss mich zu einer Beschneidung meines Penis.

Das Krankenhaus in Saint John war eine neue Erfahrung für mich. Einmal kam eine Krankenschwester zu mir und fragte mich etwas. Ich wusste aber nicht, was sie wollte, und sicherheitshalber sagte ich „nein“, woraufhin ich mich am scharfen Ende einer Einlaufnadel wiederfand.

Ich dachte auch, meinen Militärdienst zu kündigen. Aber da ich einen dreijährigen Militärdienst hatte, war das schwer. Eine Art und Weise, um einen Militärdienst zu brechen, ist, auf die nächste Wahl zu warten, um dann dafür zu kandidieren. Oder da ich noch ein deutscher Bürger war, konnte ich auch meiner Mutter schreiben, damit sie für mich ein gutes Wort einlegen konnte.

So schrieb ich meiner Mutter und schrieb weiter zum Prime Minister John Diefenbacker. Noch vor Weihnachten 1958 hatte ich auch eine Antwort und wurde von der Armee befreit.

Ich hatte Edmonton als mein Ziel gegeben und wollte von dort aus wieder nach dem Norden ziehen. So saß ich eines Abends in einer Kneipe in Saint John und die Spielmaschine fing an, Hank Thomsons *Squaws along the Yukon* zu spielen. 1958 war ein Jahr, in dem das Wort *Squaw* noch kein Schimpfwort war, und so fand ich eine junge Dame, die wie als eine Squaw aussah, verbrachte die Nacht mit ihr und fragte sie dann, ob sie nicht mit mir nach Edmonton fahren würde.

So fuhren wir nach Edmonton, wo meine Freundin einen reicheren Mann fand. Der Yukon war ein guter, um Ort reich zu werden, und ich hatte auch noch genug Geld für eine Busfahrt dorthin.

Ich wusste auch von Yukons Keno Hill Mine. Eine Straße fuhr dorthin von Whitehorse und ich stieg dort aus. Aber ich war auch beinahe pleite und bis Keno Hill waren es noch 300 Meilen. Ich entschied mich jetzt zum *Hitch hiking* oder mit dem Daumen zu fahren. Das war eine der schlechtesten Entscheidungen meines Lebens.

Der meiste Verkehr ging nämlich in den Süden und als ich an Whitehorses D*ead man's junction* stand, bemerkte ich, dass die Kreuzung entweder nach Keno Hill oder Fairbanks in Alaska zeigte. Und ich wartete sechs lange Stunden, ehe mich ein Lastwagen in Richtung Keno Hill mitnahm.

Drei Jahre später dachte ich an diese Kreuzung und den Namen, der an den Pfeiler angenagelt war. Und ich akzeptierte *Fairbanks* als meinen Namen, da ich in Kanada lebte und viele Kameraden hatte, die gegen die Nazis gekämpft hatten.

Aud dieser Reise gab man mir eine gute Mahlzeit in Carmacks und am nächsten Tag eine Reise nach Keno Hill. Dort wurde ich auch als *Untertage-Mechaniker* geheuert und der Rest des Winters war die normale Routine eines Bergwerklagers, wo ein Kumpel schnell kündigt, wenn sein Bohrer stumpf wird. Und während dieser Zeit übernahm Fidel Castro die Regierung in Kuba und ich schickte meinem Bruder Horst in Berlin ein Zigarrenetui, das nie ankam und das wahrscheinlich ein ehemaliger Stasi Agent jetzt benutzt.

Jedoch das Leben in der Mine machte mich etwas sauer und irgendwie vermisste ich auch die Kameradschaft meiner Soldatenkumpel.

Irgendetwas musste ich aber in Shilo richtiggemacht haben denn am nächsten Sommer war ich zurück in meiner Soldatenuniform. Zwischendurch unternahm ich eine Reise nach Churchill, Manitoba, arbeitete für die Lynn Lake Nickel Mines und zuletzt als Schlosser für die Firma Winnipeg Brass.

Dort wollten auch die meisten meiner Kollegen zur Armee gehen. Ihre Wahl war nicht durch durch die kleine Armeezahlung bedingt, sondern durch die militärischen Nebenleistungen. Die Kosten einer Gesundheitsleistung saß noch ganz oben in ihrem Gehirn. Einer der Schlosser sagte mir, dass vor dem Krieg ein Krankenhaus fünfzig Dollar in bar von ihm haben wollte, ehe sie an seiner schwangeren Frau operierten.

So ging ich zur Armee zurück. Ich wurde auch betreffs meiner Mutter befragt und so sagte ich, dass sie starb. Und betreffs meiner Brüder sagte ich, dass sie jetzt Mitglieder der Kommunistischen Partei sind. Das nahm mir aber niemand übel und im Herbst 1959 wurde ich Mitglied der Dog Batterie in 2 RCHA und verbrachte die nächsten vier Jahre in Winnipeg.

Jedoch alle meine Freunde und Kollegen wussten nicht, dass ich einen sehr guten Grund hatte, zur Armee zu gehen. Und das hatte nichts mit Geld zu tun, sondern mit meiner Seele. Ich suchte die Heimat, die ich nicht in Deutschland oder Kanada fand. Ich liebte meine Eltern und Brüder und sie liebten mich auch, aber als Heimat betrachtete ich sie nicht. Ich wollte einen Menschen als Kameraden haben, mit dem ich tagtäglich die Hand schütteln konnte. Jemand, für den ich sterben würde, sogar wenn er oder sie mich hasste. Aber am Ende fand ich heraus, dass die Armee nicht meine Heimat, sondern nur ein Durchgangslager war, in das ich nicht richtig passte, das mir aber die Zeit zum Nachdenken gab.

Winnie-the-Pooh

Winnie-der-Stinker war ein kleiner schwarzer Bär, den der kanadische Leutnant Harry Colebourn für zwanzig Dollar von einem Händler in White River auf seinem Weg nach England im Ersten Weltkrieg kaufte. Er nannte den kleinen Bear „Winnie" nach seiner Heimatstadt Winnipeg und nahm ihn mit nach England, wo er der inoffizielle Talisman des Fort Garry Horses Regiments wurde.

Und während Colebourn pflichtbewusst in Frankreich diente, übernahm der Londoner Zoo Winnies Leben. Und nach dem Krieg blieb Winnie im Londoner Zoo und wurde eine beliebte Attraktion. Der Schriftsteller Milne dann nannte den Bären Winnie-den-Stinker, der 1934 in London starb. Ein Denkmal von ihn sowie Colebourn kann jetzt noch in Winnipegs Assiniborn Park gefunden werden.

Winnipeg wird immer mein Winnie-the-Pooh sein, ein Herz, das neben mir im Bett kuschelt. Für die Artillerie ist Winnipeg jetzt ein verlassener Ort, aber in 1959 waren wir dort Prinzen, deren Geld die Stadt zum Leben half.

Ich wohnte natürlich in der Fort Osborne Kaserne und für mich repräsentierte Winnipeg immer diese Zeit, die die Armee eine *braune-Stiefel-Zeit* nannte, da unsere Offiziere immer braune Stiefel trugen. Diese Zeit ist jetzt Geschichte, obwohl sie noch in den Herzen mancher Offiziere lebt. Jetzt sind alle Stiefel schwarz und ich denke auch, es soll auch so bleiben.

Hierzu muss auch gesagt werden, dass der Ausdruck *Offizier* für alle Ränke eines niedrigen Leutnants bis zum höchsten General gilt. Alle anderen militärischen Kameraden waren einfach nur *Mitmenschen* oder *andere Ränke.*

Mit ihren ungefähr 1000 Soldaten war das 2. Regiment der Royal Canadian Horse Artillery ein sehr großes Regiment. Aber seit das Regiment sehr groß war, war meine eigene Loyalität ziemlich klein und betraf nur die Männer meiner Dog Batterie mit zirka 100 Soldaten.

Die meisten Soldaten, die in der Kaserne wohnten, waren ledige Männer und für die vier Soldaten pro Zimmer gab es keine Ausnahmen. Das machte unsere Kameradschaft ein lebenslanges Ereignis, in dem natürlich unsere Freund- und Feindschaften die wertvollsten Erfahrungen meines Lebens waren.

Und da über die Jahre meine Mitsoldaten ja entweder versetzt, befördert wurden oder verstarben, wechselte sich auch in dieser Zeit meine und ihre Meinungen zueinander oft ab.

Auf den ersten Blick sieht das ehemalige kanadische Heer der Fünfziger-Jahre aus wie eine brutale Herde losgelassener Tiere, aber natürlich ist das falsch. Als ich zu 2 RCHA in Winnipeg kam, rief mich mein Hauptfeldwebel Sam Witt ins Büro und stellte mir meine Zimmerkameraden vor. Zwei von ihnen kannte ich schon aus Shilo aber der dritte Mann war Nick Cummingham, ein alter Soldat, der irgendwie den Krieg überlebte. Er sprach immer von seinen Freunden, die er in Europa verlor, und da er tief mit einer Flasche Rum verbunden war, soff er auch sehr schwer. Er hasste alle Deutschen und jetzt plötzlich musste er mit mir leben. Es machte ihn ziemlich sauer und auch Sam Witt wusste es und drohte ihm mit seiner erhobenen rechten Hand.

Ein anderer Veteran war Pop Gates. Er war nicht nur des Regiments Talisman, sondern auch ein ehemaliger ziviler Sträfling, der am Anfang des Zweiten Weltkriegs aus dem Gefängnis geholt wurde, um zur Armee zu gehen. Das kanadische Heer hatte viele dieser einmaligen Zuchthäusler, für die bis zu den Fünfziger-Jahren die kanadische Armee auch ihre zweite Heimat war.

Jeder Tag war für uns eine *shine parade,* in der der Fußboden glänzen musste. Und jeden Freitag inspizierte uns unser Major und wenn er es tat, dann mussten alle Soldaten glänzen. Aber eines Donnerstags, der Tag vor des Major‘s Parade, kam ich in mein Zimmer und fand einen Haufen Scheiße in meinem Bett. Ich stürzte mich auf

Nick Cummingham, zog ihn aus seinem Bett aber er drehte sich um und schwor zu mir: „Floor Washer, pass auf, oder ich haue dir einen auf die Schnauze."

Ich hieß zu der Zeit Wolfgang Faulwasser, aber niemand konnte diesen Namen aussprechen und seit mir der Name auch nicht gefiel, änderte ich ihn später. Aber in diesen Moment war mir das egal und ich griff seine Schultern. „Nenne mich nie wieder Floor Washer, du Schwein, oder ich bin derjenige der dir einen in die Schnauze haut."

Nach ein paar Jahren des Zusammenlebens wurden wir später die besten Freunde.

In 1961wurde ich ein kanadischer Bürger. Vorher musste ich einen kleinen Test mit einem Richter absolvieren, der erstaunt war, wie gut ich Kanada kannte. Einmal fragte er mich über den Fluss, der Lake Winnipeg entwässert, und als ich mit der Antwort zögerte, fragte er mich nach dem Namen eines berühmten britischen Generals. Natürlich wusste ich sofort die Antwort.

„Admiral Nelson, Your Honour."

Nachdem ich ein kanadischer Bürger wurde, änderte ich meinen Namen. Das Beste dabei war, dass ich meinen neuen Namen dem Zahlmeister buchstabieren musste. Nicht mehr wie: „F ... wie Fuck", „A ... wie Arschloch", „U … wie Unbezahlt" und „L … wie Lebenslauf" und so weiter, sondern als „F...A…I...R...B...A...N...K...S".

Es gab noch einen anderen deutschen Soldaten in der Batterie und er hieß Bombardier Brüderlein. Alle nannten ihn *Muskie* und man sagte, dass er einmal in der Wehrmacht gedient hatte. Ob das stimmte, wusste ich nicht, aber ich war mir bewusst, dass man als Unteroffizier auch manchmal als Hauptsoldat in einer unserer Ehrenwachen diente. Und wenn ers tat, konnte er mich als *stickman* absetzen.

Die Ehrenwache war eine Wache, die man den Engländern abgeluchst hatte. Hier marschierten die neuen und alten Wachen zusammen auf, wurden von den diensthabenden Offizieren inspiziert und dann ausgetauscht. Alle Soldaten hassten es, da es den Beinamen eines eines *stickman* hatte. Ein *stickman* war ein unbenannter Soldat, der in einer vorgegangenen Inspektion von der Ehrenwache freigesprochen wurde und sich nicht daran beteiligen musste. In anderen Worten, alle anderen Soldaten der Ehrenwache waren dafür zuständig, aber da nur einer davon freigespochen werden konnte, mussten die anderen seine Arbeit leisten.

Alle meine Kameraden arbeiteten fleißig während der Tage und feierten während der freien Nächte. Und da wir ein sehr kommunales Leben führen, borgten fast alle meiner Kumpel immer etwas Geld oder Kleidung und waren danach immer pleite. Ich war einer der wenigen Ausnahmen, da ich wusste, wie man auch mit wenig Geld auskommen konnte. Und weil Winnipeg eine der Städte war, in denen ein Soldat mit wenig Geld auskommen konnte, waren 100 Dollar im Monat eine Menge Geld für einen Soldaten. Warum? Wir hatten keine Autos, eine Mahlzeit kostete vielleicht einen Dollar und ein Kinobesuch 50 cents. Nur die Mädchen waren teuer, aber die meisten von ihnen hatten mehr Geld als wir.

Wenn wir wirklich pleite waren, hatten wir einen *circle jerk*, oder *Wikkie Zirkel,* im Fernsehzimmer, in dem der schnellste Mann auch alles Geld gewann, da es offiziell verboten war und als solches auch gerügt wurde.

Unser Zahltag war zweimal monatlich. Außer den Offizieren wurden wir alphabetisch bei Dienstgrad und Namen beim Pflichtfeldwebel aufgerufen und im Eilschritt rannten die Soldaten dann zum Zahlmeiser und Helfer. Bei dem Spieß in Wache salutierten die Männer jetzt, nahmen ihr Geld, steckten es in die linke Hand, salutierten ein zweites Mal und marschierten weg. Das alles für fünfzig Dollar. Doch das war nicht alles für die Soldaten, da das Regiment auch ihr Geld zurückhaben wollte. Dafür hatte man einen extra-Rückzahlungstisch, sodass Soldaten mit schnellen Beinen es auch umgehen konnten.

Eine andere schnelle Methode, um an Bargeld zu kommen, waren die freundlichen Finanzfirmen, die ihr billiges Geld teuer verkauften.

Es gab auch die Wahl, etwas zu borgen, aber nicht zurückzubezahlen und mein Freund Irish McLean benutzte es einst und borgte es immer, um schnell zu verkaufende Sachen in einem Drug Store zu kaufen und sie nicht zu bezahlen. Und wenn die Rückzahlsumme 300 Dollar überschritt, versuchte er, einen Selbstmord zu arrangieren. Aber unsere Mediziner retteten sein Leben und nach einer Weile verlor ich ihn auch aus meiner Sicht.

Wir bekamen auch dreißig Tage Urlaub im Jahr und ich fuhr meistens nach Banff um dort zu arbeiten. Es gab dort viele arbeitenden Mädel und unsere gemeinsamen Arbeiten schafften natürlich auch bessere Gelegenheiten, um nicht nur das Leben, sondern auch teuren Whisky zu kosten, seit wir gut bezahlt wurden. Wir bekamen eine Menge Geld für unsere Arbeit und das war nicht nur das Geld vom Büro, sondern auch das Trinkgeld, das man nebenbei bekam. Dieses gab es in Münzen, aber da zu der Zeit die kanadischen Münzen mehr wert hatten als das amerikanische Geld, nahm ich es sehr gerne an.

Und ich hörte auch in 61 von dieser Mauer in Berlin, die meiner dortigen Mutter einen Trip nach West-Berlin unmöglich machte. Und als ehemaliger deutscher Bürger verstand ich sowieso nicht, warum West-Berlin für den Rest von Halb-Deutschland vertauscht wurde.

Wieder zurück in Winnipeg war die Freiheit des Urlaubs nur eine gute Erinnerung. Entweder wir gingen dann zum Manöver nach Shilo oder Wainwright oder irgendwo anders hin zu Kursen in Kanada. Und das Leben in unserer Kaserne war auch nicht einfach. Meistens sahen wir unsere Offiziere nur morgens während unserer Inspektionen. Nach den Inspektionen verschwanden sie wieder und ihre Inspektionen bezogen sich meistens nur auf unsere militärische Kleidung. Alles andere gehörte zum militärischen Rang eines Majors oder eines Obersts. Zum Beispiel die Stiefel, die gehörten ihm. Er konnte befehlen, wie er die Schnürsenkel haben wollte. Und unsere Uniformen gehörten ihn auch, da die Offiziere nur ihre Reinheit aber nicht ihren Sitz bestimmen konnten. Zum Beispiel hatte die kanadische Armee vier Artillerieregimenter, aber jedes Regiment hatte unterschiedliche Kleidungsregeln. Da jeder Soldat zwei Uniformen besaß, dachte man auch, dass eine Uniform gut genug für die Arbeit wäre. Die andere Uniform wäre besser für Inspektionen, aber Pustekuchen, die meisten Soldaten hatten drei Uniformen; eine war für die Arbeit, eine für Paraden und eine für den Oberst bestimmt. Und auf des Obersts Paradeuniform hatte ich alle Taschen zugenäht, das innere Futter abgeschnitten und die Hosenbeine verlängert, damit die kleinen unteren Wickelgamaschen besser passten.

Wir hatten monatlich sieben extra-Dollar als ein Kleidungsextra und der Quartiermaster gab uns normalerweise die Dinge, die wir haben mussten, umsonst. Zum Beispiel die schönen weißen Handtücher, die zum vierfachen Preis auch bei der Hudson's Bay verkauft wurden. Oder *Louis the Jew*, unser Schneider, bei dem man die schönsten Anzüge bestellen konnte, and dann gab es auch *Figaro*, unseren Friseur, der einen besonderen Kamm für das Haareschneiden hatte und es auf Verlangen ausprobierte. Speziell wenn man den Kopf schief hielt und die Haare noch gerade waren.

Ich hatte mehrere gute Freunde in Winnipeg und der Beste von ihnen war vielleicht Fread. Er hatte auch einen Namen, der ähnlich klang, aber den ich vergaß. Und ich wusste wirklich nicht, warum er in der Armee war, denn sein Vater war Restaurantbesitzer, der loses Geld in seiner Tasche hatte. Fread und ich machten viele der Scheißarbeiten zusammen und einmal gingen wir auch zur Kirche, um der Toten des Koreakriegs zu gedenken. 2 RCHA war ja auch in Korea gewesen und hatte dort viele Soldaten verloren.

Aber Fread weigerte sich, in die Kirche zu gehen, und ich gebe ihm immer noch viel Kredit dafür. „Warum soll ich da reingehen?“, fragte er mich. „Ich habe diesen Krieg nicht gewollt und ich bin auch ein Jude. Mein Vater verließ Europa, als Hitler seine Hand ausstreckte, und warum soll ich in die Kirche gehen und für christliche

Anhänger beten? Der Papst zu diese Zeit war doch auch ein Hitlerfreund! Ich stehe lieber hier im kalten Frost und friere. Geh du herein, dir kann es ja nicht schaden,“

Unser tägliches Leben in Winnipeg

Wenn du versuchst,
den Menschen vor dir
zu überholen,
tue es nicht,
denn er läuft
zweimal schneller
als du.

Ein altes Burma-Rasier-Motto in den USA

Während der Sechziger-Jahre überraschten uns einige der Ziele des kanadischen Kanzlers John Diefenbacker plötzlich. Er wollte Geld sparen und so strich er dem Militär die notwendigsten Ausgaben. An Benzin wurde gespart, unsere Messingpolitur verschwand schnell und sogar viele Flugzeuge verloren ihre Aufträge. In Deutschland hatten unsere kanadischen Truppen plötzlich kein Klopapier mehr und benutzten alte Zeitungen als Ersatz. Aber nach einer Weile rutschte dieses Notprogramm in den Keller und wir konnten uns wieder einmal etwas Bier kaufen.

Die meisten unserer höheren Offiziere waren Zweitweltkriegsveteranen und verachteten dieses Notprogramm genau wie wir auch. Und unser Kommandeur hasste auch das langweilige Garrisonsleben und liebte die Freiheit der Manöver. Darum lebten wir oft im Feld, wo die Disziplin etwas schwächer war. Aber der Unterschied zwischen Offizieren und nicht-Offizieren blieb trotzdem. Sagte der „Eiserne Duke" Wellington nicht einmal: „Nichts auf Erden so ist so dumm wie ein höflicher Offizier."

Viele Menschen denken auch, dass Offiziere ihre Mannschaften anführen müssen. Ich jedenfalls denke nicht so. Ich denke, dass Führerschaft der Hauptteil ihrer Arbeit ist und dass man ihnen das auch schon von Kindheit an eingeprägt. Denn im Alter kann es nie erworben werden.

Ich las einmal etwas über einen Offizier, der im Austausch in den Vereinigten Staaten war. Er lief niemals mit den Mannschaften und wenn gefragt, warum er es nicht tat, sah er dem amerikanischen Frager direkt ins Gesicht.

„Wo ich herkomme, brauch ich meinen Männern nicht beweisen, dass ich es tun kann. Sie wissen es doch schon, sobald sie meinen Rang sehen."

Wir hatten einmal einen jungen Offizier, der von seinen Mitoffizieren verachtet wurde, aber den wir liebten. Er hatte ein kleines britisches MG-Auto und er sollte auch immer am Kasernentor anhalten, um sich zu identifizieren. Aber er duckte sich nur unter der Schranke und fuhr einfach weiter. Seinen Mitoffizieren gefiel das nicht und darum beschwerten sie sich. Sie sagten einfach, wenn er sich wie ein gemeiner Soldat verhält, dann sollte er auch von der Offiziersmesse ausziehen. Seine Antwort kam sofort; er bestellte einen Lastwagen, da ihm alle Möbel in der Offiziersmesse gehörten und er nun mit ihnen aus der Messe wegziehen wollte. Aber der Kommandant stoppte ihn. Er sprach acht Worte und ein Ausrufezeichen: „Bleibe und du brauchst dein Auto nicht stoppen!"

Wir hatten eine ganze Menge dieser revoltierenen Offiziere. Der Berühmteste von ihnen war Leutnant Briggs und er war ein junger, Mann der in Winnipeg eine Indianerin heiraten wollte. Als der Kommandeur davon hörte, warnte er den Leutnant mit den Worten: „Wenn du diese Squar heiraten willst, kannst du auch good-bye zu deiner Militärkarriere sagen."

So blieb er bei uns im Regiment und kam auch mit uns nach Deutschland. Hier, während der Ferien, packte er einmal seinen Schlafsack in den Rucksack, da er am Rhein kampieren wollte. Aber Offiziere taten solch eine gemeine Sache nie und so wurde er versetzt. Das letzte Mal, dass ich von ihm hörte, war 1968 in Edmonton, wo einer unserer Offiziere einen als *geheim* gesicherten Safe öffnete und eine Botschaft fand, in der er sagte: „Ich war auch schon hier. Leutnant Briggs.“

Die meisten unserer Offiziere waren wunderbare Menschen und hatten ein sehr großes Interesse am Wohlergehen ihrer Soldaten. Sie wussten meistens auch alles über das Gemeinleben ihrer Soldaten. Zum Beispiel hatten wir einen Major Devlin, der normalerweise nachts und während einer taktischen Übung immer seine Küche anhielt, damit seine Soldaten etwas zu essen hatten. Und während einer Übung war das den Soldaten vollkommen verboten.

Das größte Plus des regimentalen Lebens war die niemals wechselnde tägliche Routine. Wir wussten immer, was passierte, da es sich ja nie änderte. Es fing an mit der Generals-Inspektion im Oktober an, der die Fahrschule und unsere Waffenkurse folgten. Dann gab es auch Spezial- und Sonderkurse sowie auch Winter- und Frühlingskurse in Shilo. Und im Juni und Juli zogen wir nach Wainwright in Alberta, um dort zusammen als eine Brigade zu üben. Danach hatten wir einen Monat Urlaub und dann fing die ganze Zirkelgeschichte wieder von vorne an.

Unsere Arbeitsroutine an den Kanonen wechselte selten. Sie bestand daraus, dass wir mit unseren Kanonen nach Shilo oder Wainwright fuhren, um sie dort so schnell wie möglich zu abzufeuern. Natürlich gab es dazu auch viele andere Arbeiten, wie das Vergraben und die Tarnung der Geschütze, aber in allem geschah immer dasselbe. Ich, zum Beispiel, war ein Tech Able und musste die Befehle für die Kanoniere ausrechnen. Und wenn man bestimmte Feuerimpulse auf vier Batterien verteilt muss und jede Batterie drei Feuereinheiten hat, dann gibt es auch eine unheimliche Konkurrenz zwischen den verschiedenen Batterien, die sich natürlich auch auf die Arbeit der bearbeitenden Tech Ables auswirkte.

Im Feld mussten wir natürlich auch essen. Da die Küche normalerweise in der Mitte der Batterie und damit zwischen den acht Kanonen liegt, folgte ich meistens dem Geruch des Essens, hatte aber Probleme, meinen Rückweg zu den Kanonen zu finden. So folgte ich meinem eigenen Trick und wartete, bis alle anderen gegessen hatten und folgte ihnen dann. Meine Unfähigkeit, Kanonen zu finden, wurde auch viele Jahre später meine größte Fähigkeit als RCHAs-Vermessungsingenieur.

Im Feld war Dougie Pooh der rank-niedrigste Offizier in der Batterie und als solcher hatte er die Aufgabe, die Schießstände zu leiten. Er hatte aber auch die Aufgabe sicherzustellen, dass nach dem Schießen keine Munition verschwinden sollte. Da er aber selbst gerne schoss, versteckte er immer einige Patronen in seiner eigenen Tasche und dann gab er mir die Erklärung, dass ich keine Geschosse oder leere Hülsen im Besitz habe.

Dougie Pooh starb vor Kurzem in Brandon, Manitoba, aber Sam Witt, unser Spieß, ist schon lange tot. Über zwei Meter groß, trug er eine Brust voller Kriegsorden und trotz unserer Unterschiede im Alter sowie auch in meiner Herkunft behandelte er mich immer gut.

Der menschliche Humor hatte auch eine gute Zukunft in unserer Batterie. Nachdem Irish McLean über sein Laugensaufen kam, wurde er Offiziersbursche für einen Hauptmann. Und vor einer Generalsparade schickte er einmal alle ausgedienten Lumpen des Hauptmanns zur Reinigung und dachte, der Hauptmann würde sie für die Parade tragen. Aber der Hauptmann ging zur Parade und da er nun keine Kleidung mehr hatte, stand er in Unterhosen da, was ihm viele extra-Pflichten vom Kommandeur einbrachte.

Später wurde der Hauptmann auch versetzt und Irish McLean verlor seinen Burschenjob. Er kam zurück zur Batterie und da seine Dienste dort gut waren, arbeitete er auch im Batteriebefehlszentrum. So kam er einmal zu mir und wollte den Weg zum Hauptquartier wissen. So zeigte ich ihm den Telefondraht dorthin, aber er verwechselte ihn mit dem Draht zum Lauschposten. Und nach einigen Stunden seines Buschkrauchens rief mich auch der Lauschposten an und sagte, dass Irish sein Frühstück verpasst hatte. Und, glaubt es oder nicht, Irish McLean dachte, dass ich ihn absichtlich zum Lauschposten geschickt hatte.

Am Sonntag gingen wir alle zur Kirche Wir formten eine lange Reihe und nummerierten uns mit den Zahlen, die wir in unserer Reihe hatten. Die gleichen Zahlen gingen dann zum protestantischen Dienst und die ungleichen Nummern zur katholischen Kirche. Ich wechselte die Zahlen immer und damit auch die Kirchen. Es machte mir nichts aus, wohin ich ging, and manche Soldaten folgten mir auch immer.

Unser letztes Manöver in Shilo war die Kommadantsübung. Sie betraf das gesamte Regiment und für drei Tage übten alle Soldatenm da wir ja einen festgelegten Job dort hatten. Dann kam der endgültige *Tech Day* wo sich unsere dreißig Kanonen des Regiments Radkappe zur Radkappe in einer Reihe zusammenschlossen, um auf gemeinsame Ziele zu feuern. Da jede Batterie versuchte, die justierende Kanone zu haben, war es auch eine Schlacht der Hauptquartiere und ihrer Tech Ables und Kapitäne.

Nach den Wochen in Shilo hatten wir ein paar Tage in Winnipeg, ehe wir nach Camp Wainwright fuhren. Unsere Abfahrt war tief mit der Tradition verbunden und schloss auch das RCHA-Militärkorps ein. Die Lastwagen für unsere Kanonen benötigten ungefähr drei Stunden, um durch das Kasernentor zu kommen, während das Militärkorps die ganze Zeit ununterbrochen spielte.

Während unseres Übernachtstopps in Indian Head tranken wir auch den ganzen Bierkeller leer. Und im folgenden Dundorn-Stopp konnten wir nicht trinken, da es ein Militärlager war und damit Alkoholkonsum verboten war.

Camp Wainwright war nur eins von vier Militärlagern im westlichen Kanada und im Grunde genommen war es nichts als eine große Prairie voller Tiere. Einst nahm man dort die Kreuzungen zwischen Rindern und Büffeln vor, aber später wurde das aufgegeben. Für die Soldaten war der Pachino-Tag ein großes Erlebnis denn Pachino war eine kleine Stadt in Südsizilien, wo im Juli 1943 sehr viele Soldaten im Zweiten Weltkrieg ihr Leben verloren. Benannt nach der Freigabe dieser Stadt von deutschen Truppen marschierten jetzt 6.000

Soldaten über den Paradeplatz für Inspektionen von Soldaten, die den Krieg miterlebt hatten.

Aber im Allgemeinen war Camp Wainwright nur eine kleine Gruppe eines großen kanadischen militärischen Sammellagers. Wir kampierten meistens dort nur als ein in mehrere Teile augespaltenes Camp, wo wir Nachts aus unseren Zelten heraus mussten, um als Wächter für die Kühe Cowboylieder zu singen.

Manchmal kam unser Brigadegeneral zu uns mit seinem Hubschrauber und sein komischster Spleen war, dass niemand eine Luftmatratze haben konnte. Aber selbstverständlich hatten wir diese Matratzen immer, auch wenn der General kam. Ich glaubte auch immer, dass der General sehr bequem in seinem Wohnwagen wohnte, wo er mit dem Kühlschrank voller Whisky auch seinen Untergenerälen helfen konnte.

2 RCHA hatte auch eine kleine Flotte von L19-Flugzeugen die bei Cessna gebaut wurden. Diese Flugzeuge waren des Regimentsaugen und die Arbeit ihrer Piloten war das Ziel, unsere Kanonen zu finden und danach auch zu berichtigen.

Aber schließlich mussten wir immer zurück nach Winnipeg fahren. *Big Sam* machte sich jedes Mal einen großen Spaß daraus, denn wenn wir zum Beispiel in Indian Head für die Nacht stoppten, lehnte er sich an die Tür, zog seinen großen Penis heraus und jauchzte seinen allerhöchsten Kriegsschrei heraus: „Hallo Nancy, halte dich bereit, der alte Sam wartet auf dich.“

Und Nancy war seine Frau.

Zu dieser Zeit war ich ein wirklich militärisches Arschloch. Aus diesem Grund machte man mich auch zum Lance-Bombardier. Es bedeutete, dass ich einen Ärmelhaken tragen durfte und mehr Autorität besaß. Und um ein Lance-Bombardier zu werden, musste ich auch nach Wainwright gehen, wo es die Militärschule dafür gab. Und nachdem ich dort hinging, blieb ich drei Monate in der Schule und machte mir auch gute Freunde.

Der Kurs war stark auf unsere Führungsqualitäten ausgerichtet, aber das ging einmal schief, als mir eines Tages ein alter Feldwebel erklärte, dass Führungen nur Scheiße sind. „Führung ist Blödsinn. Das Militär benutzt es überhaupt nicht. Es operiert in einem ganz anderen Prinzip und das hat nichts damit zu tun, dass man ein Problem hat. Das Problem sagt nämlich, dass, wenn man nichts tut, dann wird sich das Problem auch lösen.“

Meine erste Arbeit als Lance-Bombardier war, in Camp Shilo als Ausbilder zu arbeiten. Meine Schüler waren meistens Signaler, aber ich hatte auch ein paar Kanoniere als Rekruten. Einer davon was Gunner Beno, der später General wurde. Es sagte mir aber auch, dass ich zu hart für die Rekruten war, und so ging ich nach Winnipeg zurück.

Was ich wirklich im Leben tun wollte, war, einen Kus zu den Folgen der Atomwaffenbedrohung zu belegen. Man nennt es auch einen Atomwaffenverbotssperrvertrag und man lehrt dort auch, wie man die meisten Menschen im Fall einer nuklearen Explosion retten kann. Und durch meine Erfahrungen im Camp Shilo, wo wir tiefe Löcher für unsere Kanonen gruben, um sie vor Atommüll zu schützen, wollte ich diese Verbotsverfahren weitergeben. Aber um diesen Kurs zu bekommen, benötigte ich ein SECRET profil. Und das war für mich unmöglich, da meine Mutter und Brüder in der DDR wohnten.

Anstelle dieses Kurses ging ich in diesem Herbst zu einem Advanced Terra Kurs in Camp Shilo und kam mit einer Top-Klausur zurück. Ich verbrachte dort die meiste Freizeit in Shilos Bücherei und sparte dabei hundert Dollar für einen Busausflug nach Mexico City. Dort traf ich Amalia in Autlans Bergen und ich verliebte mich sofort in sie. Ich versprach ihr auch, sie im nächsten Sommer wiederzutreffen.

Danach ging ich zu einem Waffenkurs in Camp Borden und dann war es wieder einmal einmal ein Manöver in Camp Shilo. Ich hatte die Schnauze voll, wusste aber auch, dass ich bei der Armee bleiben sollte, um meine militärische Karriere besser auszubauen. Und die nächsten Jahre dafür sahen gut aus, denn jetzt war ich 28 Jahre alt und mein Regiment wurde im nächsten Jahr nach Deutschland versetzt.

Aber es war schon im Juli 1963, als ich lernte, dass ich als 2-RCHA-Mitglied das bestehende kanadische Wohnungssystem in Deutschland verbessern musste. Es war die Gelegenheit, auf die ich gewartet hatte. Aber erst musste ich meinen diesjährigen Urlaub loswerden und das bedeutete wieder Mexico für mich.

Geld war wichtig für arme Leute wie mich; schon ein Bügeleisen war ein großer Kauf. Aber Gehaltserhöhungen und Gewerbezahlungen machen einen Kauf einfacher. Und der einfachste Weg nach oben war, einen besseren Job zu bekommen, und da ich auch die deutsche Sprache beherrschte, war Deutschland eine sehr gut Wahl mich.

Ich sparte jetzt 250 Dollar und gab 100 Kröten davon für ein Busticket aus. Und obwohl das amerikanische Rassenproblem auch Schwierigkeiten in den Bussen hatte, war es trotzdem die billigste Gelegenheit für mich. wieder nach Mexico zu kommen. Natürlich musste ich vorne im Bus und nicht hinten mit den farbigen Menschen sitzen, aber das könnte ich schon schaffen. Trotzdem war die Reise ein richtiger Schock für mich, da es in der kanadischen Armee kaum Rassenprobleme gab.

Aber um ehrlich zu sein, nachts schlief ich auch hinten im Bus, da ja sehr oft niemand dort saß und die Bank dort sehr bequem war.

Und ein Urlaub in Mexico war auch die richtige Antwort für einen armen Soldaten wie mich. Ein Urlaub in Autlan war sogar noch besser, denn hier fand ich die Liebe, die ich immer suchte. Amalia gab sie mir und sie war die Frau, die ich beinahe heiratete. Es war nämlich 1963 und zu der Zeit dachte keiner von uns zweien an eine Scheidung. Nachdem Amalia und ich uns glücklich geküsst hatten, fuhr ich voller Freude zurück nach Winnipeg.

Nachdem ich in Winnipeg meine Barackenkiste in den Zug eingeladen hatte, war ich endlich auf dem Weg nach Fort Prince of Wales in Deutschland. Es war im späten August 1963, als mein Flugzeug in Düsseldorf landete, und acht Jahre waren vergangen, seit ich Deutschland verlassen hatte. Aber ich war wieder zurück, und diesmal auf kanadischem Boden der in Deutschland aufgestöckelt war.

Sag mir, dass die Kanadier kommen werden

Da drüben, da drüben,
Gib den Leuten zu hören,
Dass die Kanadier kommen werden,
Lass die Trommeln die Worte schlagen
Rumtumming, überall ...
Dass die Kanadier kommen werden!
Sag deine Gebete, da sie kommen werden,
Wir werden dort sein, werden kommen ...
Und werden nicht nach Hause gehen,
Da drüben ...
Bis der Krieg sein Ende hat.

Ein Lied des Ersten Weltkriegs

Nach dem Ende des Zweiten Weltkriegs gingen die Kanadier nach Hause und wurden wieder Zivilisten. Sie hatten tapfer gekämpft und zahlten damit einen hohen Preis in Toten und Verletzten. Aber schon ein paar Jahre danach mussten die Soldaten zurück nach Europa gehen, da Stalin seine westlichen Länder vergrößern wollte, und das bedeutete für Kanada als Mitglied der NATO, dass es Deutschland helfen musste.

Nun fuhren alle kanadischen Soldaten bis 1960 mit dem Schiff nach Europa, aber während der späten Fünfziger-Jahre wurde das geändert und die Royal Canadian Air Force übernahm diesen Transport. Sie benutzte dafür die kanadischen Yukon-Flugzeuge, die in RCAF Trenton stationiert waren. Und da ich mit RCAF flog, war eine gute Mahlzeit in Trenton oft das schönste kanadische Abschiedsgeschenk für Soldaten wie mich, als ich Trenton für Deutschland verließ.

Mein Flug dauerte zwölf Stunden und als ich in Düsseldorf landete, war das Land um mich herum immer noch so platt und ausgebombt wie eine Prärie. Und da Fort Prince of Wales ungefähr 100 km östlich lag, brauchte unser Bus zirka zwei Stunden, um dort hinzukommen. Noch sieben andere kanadische Lager waren in Nordrhein-Westfalen stationiert, aber Prince Of Wales war das beste Camp, da es alles hatte, das die anderen Lager sich wünschten. Wie zum Beispiel eine Kirche, ein Filmtheater und natürlich auch ein Hockey Rink. Und vor dem Fort-Prince-of-Wales-Tor stand immer eine Karawane von sechssitzigen BMW-Autos, die ihre Passagiere in einer Dreißig-Minuten-Fahrt nach Hagen bringen würdeb.

Ich traf dort einen alten Kameraden von Gagetown, einen Bombardier namens Bill Searle, der mit 3 RCHA nach Deutschland gekommen war. Er nahm mich mit zu einer Kneipe im Dorf, um mir dort mehr von der Deilinghofen-Gegend zu erzählen.

3 RCHA war das größte kanadische Regiment der Brigade und ihre Soldaten lebten zusammen mit den Soldaten der Ersten Surface to Surface Missile Battery in Fort Prince of Wales. Aber da 3 RCHA das Gegenstück von 2 RCHA war, hatte es natürlich auch die gleichen Probleme. Nur die amerikanische Missile Battery in Europa machte es ein bisschen schwerer. Denn die Amerikaner hatten auch amerikanische 762-mm-Raketen mit Atomsprengkopf, die man im Fall eines Kriegs nach Russland schießen konnte. Und sollten die Amerikaner in Deilinghofen jemals auf die Russen schießen, dann gab es eine kanadische Beilage in 3 RCHA, die dann die Atomdepots bewachten.

Und neben dem Fort Prince of Wales gab es auch das Fort McLeod in Deilinghofen. Die Soldaten der Queen‘s Own Rifles of Canada lebten dort zusammen mit den Leuten unseres Housing Büro.

„Der Chef des Housing Büros ist Herr Arnie Winter“, sagte mir Bill Searle zuletzt. „Aber du wirst ihn ja morgen treffen, Ich muss jetzt tanken und du kannst ja selbst zum Camp zurücklaufen.“

Bill Searles Auto war ein Austin Healy 3000, den er für 3.000 Dollar nagelneu gekauft hatte. Bill sagte mir auch, dass wir für hundert Liter zollfreies Benzin nur 3 Dollar bezahlen mussten. Und dass ein kanadischen Dollar 4 Deutsch Mark wert war.

Am nächsten Morgen schüttelte ich Arnie Winter die Hand und dann traf ich meine Mitkameraden. Leutnant Mialkowski war der Chef, Hauptfeldwebel Young sein Haupthelfer, weil ich und meine zwei Kameraden Stahl und Doran die *foragers,* oder Quartiersucher, waren, die alle kanadischen Wohnungen durchsuchen mussten.

Meine neue Arbeit war der beste Job, den ich je hatte. Unsere Brigade lebte in einem Farmgebiet und daher waren viele unserer Wohnungen auch in Bauernhöfen mit Außentoiletten. Ich erinnere mich oft an eine der Wohnungen, die direkt über einem Kuhstall lag. Als ich dann darüber mit dem Vermieter sprach, sagte der nur, dass die Bewohner es liebten, da sie dadurch viel Geld durch den hochziehenden Duft der Kühe sparten.

Die Sechziger-Jahre war auch eine wunderbare Zeit für gewissenlose Vermieter. Die Türken wurden besonders rücksichtslos ausgebeutet und oft steckte man sie zu Dutzenden in extrakleine Karnickelwohnungen. In unserer Brigade spielten damit die Soldaten selbst dabei eine große Rolle. Viele Vermieter vermieteten die Wohnungen ohne Möbel und so kauften die Soldaten ihre eigenen Betten und Tische. Aber wenn sie auszogen, wollten sie das Geld dafür zurückhaben und so verkauften sie ihre Möbel weiter an den nächsten Mieter. Und natürlich steckten sie den Profit auch in die eigene Tasche. Das geschah auch, als die Brigade in den Schwarzwald umzog und da die Möbel nichts mit dem Wohnungsbüro zu tun hatten, dachte ich, es war falsch, dass es das Wohnungsbüro zuließ. Stattdessen hätte man doch für die Käufe und Verkäufe ein Möbelkontroll-System etablieren können. Die einfachen Soldaten, die ja auch das wenigste Geld hatten, erlitten doch unter dem bestehenden Kaufsystem auch die schwersten Verluste.

Meine Arbeit war natürlich die beste Gelegenheit Deutschland besser kennenzulernen. Darum kaufte ich mir einen kleines MG-Midget-Auto, mit dem ich die Gegend unsicher machte. Da Deilinghofen nahe dem Ruhrgebiet war, wusste ich auch, dass man dort die besten Bordelle findet. Und da jeder Verkäufer auch die Qualität seiner Ware kennen muss, testete ich auch die Qualität der Huren. Hagen und Dortmund hatten die allernächsten Bordelle, aber die am schönsten aussehenden und am besten qualifizierten Frauen fand ich in Essen. Zu der Zeit lebten in Düsseldorf in einem einzigen Puff 400 Frauen und so entwarf ich eine Landkarte, auf der diese Bordelle auch einfach zu finden waren. Vor Kurzem hörte ich auch, dass später diese Karten teure Sammlerobjekte wurden.

Einmal kam ein kanadischer Offizier zu mir und wollte, dass ich ihn zu einem Puff fahre. Da ich die Karte entwarf und alle Puffs kannte, fuhr ich ihn auch nach Bochum. Als wir dort waren und zum Bordell gingen, sprach den Offizier eine Frau an und versuchte, ein bisschen zu feilschen, um die Frau billiger zu bekommen. Dabei sagte er auch, dass er der Sohn eines Generals sei und wollte so die Liebe etwas billiger bekommen. Natürlich klappte es nicht für ihn und er musste sich mit einer anderen Frau begnügen. Aber die erste Frau war das Geld wert, das sie haben wollte, das fand ich schnell heraus.

Präsident J.F. Kennedy wurde in 1963 ermordet, während ich auf mein Regiment wartete. Ich vergoss für ihn keine Tränen. Er schickte doch Soldaten nach Vietnam und meine amerikanischen Freunde in Deilinghofen hassten ihn dafür.

Da mein Regiment bald kommen würde, wusste ich auch, dass alle Soldaten ein billiges Auto brauchten, um zur Arbeit zu kommen. Das machte mich schnell zu einem Autoverkäufer, obwohl ich das extra Geld nicht brauchte. Mein normaler Verdienst war ja jetzt gut genug für mein Leben und so verkaufte ich Autos, nur um meinen Kameraden zu helfen.

Da mir mein eigener Midget zu klein war für meine Passagiere, kaufte ich mir einen roten MGB, komplett mit Speichenrädern und Flügelmuttern. Und da das deutsche Recht verlangte, dass man ein Auto beim Parken verriegeln muss, vergaß ich es oft. So bekam ich jedes Mal ein Knöllchen, die ich jedoch nie bezahlte.

Als in 1963 der Weihnachtsmann nach Deilinghofen kam, brachte er mir die zwei Ärmelhaken eines vollen Bombardiers. So war ich innerhalb von vier Jahren jetzt ein Bombardier geworden. Und zu Friedenszeiten war das sehr schnell in der kanadischen Artillerie.

Als 2 RCHA endlich nach Deutschland kam, änderte sich auch mein Leben und ich bekam mein eigenes Zimmer. Nicht nur wurde meine normale Tätigkeit als TecAble Horchposten weiter fortgesetzt, aber ich musste auch „Nazi" spielen. In anderen Worten, ich hatte die Regeln des Regiments zu bestimmen, obwohl ich sie auch hasste.

Dafür gab es auch feste Regeln. Sagen wir mal, wenn Jäger wilde Mütter erschießen mussten, um ihre Babys zu bekommen, dann tun sie es auch, obwohl es ihnen weh tut. Oder dass KZ-Schützen erst ihre Mütter töten, ehe sie ihre Kinder ermorden, dann tun sie es genauso. Oder dass Schweine mit Musik beruhigt werde,n ehe man sie tötet, dann geschieht das auch. Es sind militärische Regeln, die nicht nur für Zivilisten gelten, sondern auch für das Militär. Und da die Armee ein bisschen kirchenverrückt ist, musste ich erst eine kleine Weile warten, ehe mir mein Chef befahl, dass ich ein Ziels als „Kirchenparade" beschreiben sollte. Aber ein militärischer Befehl ist ein Befehl und so tat ich es auch, obwohl es nicht stimmte. Und ich tat es auch sehr oft in der Lüneburger Heide, wo wir viele sogenannten „Kirchen" vernichteten.

Das Militär ist ein sehr harter Weg, um sich Geld zu erarbeiten, aber das Europa während der Sechziger-Jahre war auch eine gute Gelegenheit, es nicht zu tun und dabei im Herzen ein Zivilist zu bleiben. Für unsere kanadischen Soldaten war Europa die Heimat aller Miniröcke sowie der Himmel für eine beliebte Brigitte Bardot und auch das Paradis der Amsterdamer Hippies. Und weil die Musik der Beatles die Welt bewegte und BB Saint Tropez rot malte, traf man am *Dam* die langhaarigsten Männer und Frauen Europas. Und mit unseren gigantischen BMW-Taxen außerhalb der Kirche und neben dem Schlagbaum fuhren wir oft zum *Dam,* um die Damen dort glücklich zu machen.

Harte Drogen kannten die Soldaten kaum. Alkohol war unsere Hauptdroge und die Soldaten tranken davon so viel, wie sie konnten. Die holländische Freundschaft in Amsterdam war der Leim, der uns mit den Holländern zusammenhielt und ihre geneigten Frauen küssten uns gerne. Und Gott sei Dank war die „Frauenwirtschaft" zu dieser Zeit nur ein schlafender Riese.

Kopenhagen war ein anderer Soldatentraum. Wir fuhren oft dorthin und geneigte Frauen gab es noch öfters als in Amsterdam. Wir dachten nicht einmal im Traum daran, zum beliebten Paris der Amerikaner zu fahren.

Wir bekamen drei 14-tägige Urlaube im Jahr und als kanadische Urlauber waren wir überall willkommen. Viele von uns reisten auch zu Adolf Hitlers Standort Berchtesgaden oder nach Sylts Stränden, um dort zu übernachten. Aber unsere Amsterdamer Nächte bleiben immer noch die Höhepunkte unserer Erinnerung.

Bis jetzt arbeiteten wir auch Samstag, aber das hörte in 1964 auf. Außer Manövern hatten wir jetzt nur fünftägige Arbeitstage in der Woche. Und das war gut für mich, denn einmal kam meine Mutter zu Besuch. Sie wohnte dann für einige Tage bei einer Verwandten in Duisburg und vergaß dann auch, dass wir normalerweise nur mittels Briefen kommunizierten, in denen sie mir süße Lieder schrieb:

Und eines Tages mit Sang und Klang,
da zog ein Fähnrich zur Garde ...

Natürlich wusste sie, was Soldaten machen, aber versuchte immer, es von den DDR-Aufpassern zu verstecken. Ihre Ergebenheit zum Staat war ein typisch deutsches Verhältnis, das mich immer verrückt machte. Aber als sie in Duisburg wohnte, fuhr ich oft dorthin, um sie zu besuchen und wir blieben auch im alten Mutter-und-Sohn-Verhältnis meiner Jugend.

Und da wir unser menschliches Verhalten betrachteten, muss ich auch über mich reden. Ich lebte oft ein einsames Leben; hatte gute

Freunde und leistete auch gute Arbeit, war aber trotzdem einsam. Und wenn mein Körper Sex verlangte, dann holte ich mir „einen runter.“ Warum auch nicht, die halbe Menschheit macht es doch. Aber da ich ledig war, wurden mir manchmal Fragen gestellt, ob ich schwul war. Natürlich war ich es nicht und später, trotz meiner Heirat mit Susan, redeten Leute darüber. Dieses irrsinnige Gerede der Menschen darüber, was ich bin oder war, bedeutet mir wenig, und trotzdem ärgere ich mich manchmal darüber.

Ich war auch niemals „billig“ oder „geizig“. Ich hatte meistens etwas Geld, aber nur weil ich es auch sparte. Im Militär gibt es Offiziere und andere Ränge. Die Offiziere durften sparen, aber die anderen Ränge durften es nicht und sollten es immer ausgeben. Im Grunde genommen war dieses System bei der Regierung so aufgebaut, dass die Reichen ihr Geld so sparen könnten, damit die armen Menschen es nicht anlegen durften, um damit eine Konkurrenz für die Reichen zu werden. Es war das typische System des Kapitalismus, das auch heutzutage noch existiert. Immer noch zahlen die Reichen so wenig Steuern, um mit dem Rest davon mehr Kapital anzulegen und die Ware davon so billig zu verkaufen, dass die Konkurrenz der armen Bürger nicht existieren kann.

Unser sparsamster Mann in 2 RCHA war Dougie Pooh. Er investierte sein Geld so gut, dass Gerüchte existierten, er habe noch den ersten Dollar, den er je verdiente. Über die Jahre wurde er mehrmals mein Chef, aber zum Schluss wurde er sehr böse auf mich. Ich sagte ihm einmal in Ottawa, als er mein Chef war und er sich meine Zeitung borgte, er tue es nur, um sich das Geld für eine neue Zeitung zu sparen.

Hinter unserem Lager befand sich das Felsenmeer. Es war eine Art von miteinander verbundenen Höhlen, die tief in die Erde laufen. Zwerge sollen dort einmal gewohnt haben und der König Alberich war ihr Chef. Natürlich war das nur ein Gerücht. Wenn man jetzt dort etwas sucht, dann findet man wahrscheinlich nur die Munition des letzten Kriegs.

Was Frauen betrifft, heirateten die meisten unserer Soldaten *decent* oder *sittsame* Mädel. Es war üblich, dass die Frauen eine Charakterüberprüfung hatten, ehe die Ringe ausgetauscht wurden. Und in Vergewaltigungsfällen mussten sich alle Soldaten einer *„Fang-mich-Parade"* unterziehen, in der die Frau die Reihen ablief, um den Mann zu finden, den sie suchte. Natürlich schützte dann das Regiment auch den Mann, indem es ihn schnell irgendwohin versetzte.

Allgemein wurden Frauen ziemlich schlecht von manchen Männern behandelt. Wir hatten einen Gunner namens Gracie, der als Kellner im Offizierkasino arbeitete und eine Damenlehrerin liebte. Sie heiraten später, aber vorher, als die Lehrerin im Krankenhaus lag, erfanden die Offiziere eine fingierte Anschuldigung und steckten den Kellner für zwei Wochen ins Gefängnis.

Wir hatten auch ein paar Frauen als unsere Betreuer im Lager. Sie waren WVS-Damen, eine Moral-stärkende Agentur, die jetzt verschwunden ist. Die Damen leiteten die Bücherei und das Lesezimmer, arrangierten benötigte Züge und im Allgemeinen waren sie die Mütter der Soldaten. In Hemer hatten wir auch die Salvation Army, die uns im Feld mit Donuts versorgte. Für die normalen Soldaten waren die WVS-Damen und die Salvation Army die zwei beliebtesten Helfer der ganzen Armee.

Und unsere deutschen Nachbarn verhätschelten auch ihre Autos. Sie liebten diese vierrädrigen Blechmonster über alles und jeden Samstagnachmittag gab es einen Autowaschtag, in dem fette deutsche Bürger die kleinsten Putzflecken am Auto suchten. Meistens tranken die Männer auch Bier, während ihre Frauen das Auto wuschen. Die Autos wurden immer geputzt und so verbreiteten wir das Gerücht, dass alle deutschen Männer bestraft werden, wenn sie ein schmutziges Auto fahren.

Die Deutschen sind wohl bekannt als die größten Bürokraten in dieser Welt. Nichts läuft ohne Papier. Als in 2015 viele Übersiedler aus Syrien kamen, sagte ich ihnen, dass ein Computer und Drucker alles ist, was sie wirklich brauchen. Wenn ihre gedruckten Daten wirklich lesbar sind, dann würde alles in Ordnung sein denn „ohne Papier läuft nichts in Deutschland".

In Leipzig ging ich einmal zur Blutbank, um Blut zu spenden, aber leider wurde mein Blut nicht genommen, da ich zwei Minuten zu spät gekommen war. Und in Leipzig klicken heute noch viele Leute die Stiefelhacken ihrer Stiefel, um ihre Vorgesetzten zu begrüßen.

Manchmal mussten wir Soldaten in Deilinghofen für Manöver in den Busch ziehen. Dann gab es auch zwei Wartestunden dafür, die die Zeit repräsentierten, die man normalerweise dafür benötigt. Die ledigen Soldaten hassten diese *bug-outs,* in denen man alles, das einem lieb war, auf Lastwagen setzte und dann in den Busch fuhr. Jahre später, als die Brigade zum Schwarzwald kam, wurden diese Übungen SNOWBALL genannt. Sie waren auch dort eine Niete, da sie nur Übungen und nie einen Ernstfall repräsentierten.

Ich war einmal ein Wachkommandeur, als ein Soldat mit einem Hund zu mir kam, damit ich seinen Schäferhund erschoss. „Bitte erschieße meinen Hund. Ich gehe nach Kanada zurück und der wachhabende Offizier gab mir sein OK dafür."

In anderen Worten, er war schon vorher im Offizierskasino gewesen und hatte sein OK dafür bekommen. Und als ich das Kasino nochmals anrief an, gab man mir auch das OK für die Erschießung. Ich hätte es verweigern können, da das deutsche Recht das Töten hilfloser Tiere verbietet. Aber ich tat es nicht und erschoss den Hund. Seit dieser Zeit bin ich immer traurig, wenn ich darüber nachdenke. In 1957 hatte ich einen Bären ohne Grund getötet und jetzt hatte ich einen wunderbaren Hund erschossen, da ihn ein Mensch nicht mehr brauchte. Es was kein Wunder, dass das Militär junge Leute brauchte, um diese Befehle auszuführen.

Tiere und besonders Hühner hatten einen schlimmen Ruf in der Armee. Das Royal Canadian Regiment war mit uns in Deutschland und einer ihrer Soldaten hatte nicht genug Geld um sich im Puff einen schönen Urlaub zu gönnen. So kaufte er sich ein Huhn und vergewaltigtes es. Die Nachricht darüber verbreitete sich schnell unter unseren Soldaten und so entschuldigte sich das RCR-Regiment schnell für diese Vergewaltigung, da dies normal in der Armee war. Die Entschuldigung, die das Regiment hervorbrachte, war: „Der Soldat hatte ja nur ein Huhn und nicht einen Hahn vergewaltigt." Andernfalls würde ja der Soldat für Homosexualität aus der Armee geschmissen. Von diesem Moment an wurde das RCR-Regiment auch als „das Regiment der Huhnficker" bekannt.

Ein Selbstmord in Deutschland

Es war nach einem Manöver nahe eines Dorfs, als ein Soldat vor dem Richter stand, um sich für das Schießen eines Huhns zu verantworten.

„Schauen Sie, lieber Mann", sagte der Richter zum Bauern, der den anderen beschuldigte, „Sie wissen ganz genau, dass dieser Mann Ihr Huhn tötete. Würden Sie darauf schwören?"

„Nein, das würde ich nicht", antwortete der Bauer. „Aber ich würde sagen, dass er der Mann ist, den ich am meisten verdächtige."

„Das ist nicht gut genug, um den Mann zu verurteilen", sagte der etwas durcheinander gebrachte Richter. „Wie begründen Sie ihren Verdacht?"

„Es geschah, dass ich ihn auf meinem Grundstück mit einer Flinte sah und dann hörte ich die Flinte schießen. Danach sah ich den Mann, als er ein Huhn in seinen Rucksack steckte. So machte ich mir keine Gedanken darüber, wie ein Huhn Selbstmord begehen konnte."

Wo auch immer wir in Fort Prince of Wales waren, standen auch Verbotsschilder. Aber sie galten nur Soldaten, da es ja die deutschen Zivilisten nicht betraf. Und unsere furchtbaren Kasernen waren nicht nur Wiegen für Alkohol, sondern auch Nester von Kakerlaken, die uns in Schwärmen überrannten. Schilder und Tiere gab es genug, aber Tiere durften wir nicht töten und so waren diese Schilder nur Brennholz für die Soldaten.

Nun, Freunde hatte ich auch genug in Deilinghofen und weil ich die meisten davon jetzt vergessen habe, erinnere ich noch an einige, die tief in meinem Hirn begraben sind. Da war Romain St. Pierre, unser Leinenschneider, Dennis O'Connor, unser Glockenspieler, Ed Irving, unser Zahlmeister, und John Bespflug, der allerbeste unserer Lastwagenfahrer. Ich nannte sie alle meine 431-Freunde, da unsere

Militärkennzeichen und Sozialversicherungsnummern mit 431 anfingen.

Es war auch unser Regiment, das die kanadische Armee und damit auch Eishockey in Deutschland berühmt machte. Wir hatten ein großartiges Team und *Tank* Davidson war unser bester Spieler. Auf unserem Paradeplatz gab es jetzt auch selten Paraden, da das Go-Cart-Rennen wichtiger war. Und wir Soldaten marschierten jetzt auch aufrecht.

Wir arbeiteten auch mit anderen Militärheeren und natürlich war die britische Armee unser Vorbild. Das bedeutete aber nicht für uns, dass sie besser als wir waren. Und die Bundeswehr war die schlimmste Scheiße, da ihre Soldaten noch eingezogen wurden und nicht freiwillig dienten. Und die Amerikaner waren auch nicht die besten Soldaten, da sie ja nicht einmal die lumpigen Vietnamesen besiegen konnten und dafür ausgediente kanadische Soldaten benutzten.

In anderen Worten, es bedeutete für uns, dass wir viel mit Engländern arbeiten mussten. Das BMH-Krankenhaus in Iserlohn war ein gutes Vorbild. Unsere Frauen gingen immer dorthin, um ein Kind zu bekommen, und unsere Blutspenden wurden dort auch immer akzeptiert. Wenn wir unser Blut dort spendeten, bekamen wir sogar ein Glas des besten Single Malt Whiskey als Gegenspende.

Trotzdem gefiel uns das amerikanische Heer, da die Beförderungen dort viel besser waren als bei uns. And sang nicht der berühmte John Wayne das stolze Lied der Fallschirmjäger mit seinem „Silver Wings upon my Chest“? Und viele unserer Soldaten warteten nur, bis ihr kanadischer Militärtermin bei uns zu Ende war, sodass sie zur amerikanischen Armee übertreten konnten.

Cassius Clay hatte auch viel mit dem Seelenwechsel zu tun. Viele unserer Soldaten hassten ihn, da er lieber ein paar Jahre im Gefängnis verbrachte als ein paar Monate in der US-Armee. Mir aber gefiel er. Hatte mein Vater mir nicht gesagt, das Betteln jeden Vorzug hat über den Job als Polizisten! So wunderte ich mich nicht, dass meine

Kameraden Cassius Clay nicht liebten. Später, als ich meinen Senior NCO in Chilliwack durchging, lachten meine Kurskameraden auch wenn unsere RCM-Polizisten die amerikanische Drückeberger ins Gefängnis steckten.

Neben Fort Prince Of Wales war auch Fort McLeod ein Camp, in dem unser Housing Büro war. Wie schon einmal gesagt, wohnte dort auch einmal das Regiment der Queen Own Riftes, aber später zog dort das Regiment der PPCLI ein. Dickie Buxton war der Super Spieß dort und Fort McLeod hatte dort auch eine Bowling Alley, die viele Soldaten benutzten. Dickie Buxton wurde hier eine Legende, als er eine Frau von der Bowling Alley fort jagte mit den Worten: „Hau ab, du Ferkel in Hosen, weg von der Alley, die mir gehört."

Einmal bekamen wir auch einen unerhofften Bonus. John Diefenbacker war nun Geschichte und Pierre Trudeau wurde unser Chef-Minister. Und mit amerikanischen Käufern für unsere Munition lief Kanadas Ökonomie ausgezeichnet und es war kein Wunder, dass niemand beim Militär bleiben wollte. Darum zahlte auch das Militär zweihundert Dollar für jedes schon unterzeichnete Militärjahr.

Mit diesem Militärgeld verdienten die Nutten ein Vermögen und mein Freund Gamble and ich gingen in den Puff in Dortmund. Dort schenkte mein Freund Gamble einer Hure sein ganzes Geld und bedankte sich mit einem wunderschönen Blumenstrauß. Als Rückgabe für viel käufliche Liebe, die sehr oft auch die Menschen verbindet.

Wir hatten auch einen schwarzen Soldaten mit Namen Adams in unserer Batterie. Er beutete unsere Bemerkungen des amerikanischen Freiheitssystems zu seinen Gunsten aus und alle Beschuldigungen gegen ihn wurden immer fallengelassen.

Ein großes Zeichen unserer kanadischen Freiheit kam im Februar 1965 zu uns, als wir zum Paradeplatz marschierten, um unsere neue Maple Leaf Fahne zu bewundern. Wir überklebten unsere Kanonen wieder mit dem alten Zeichen, für das unsere Kanoniere in Korea kämpften.

Danach bekamen wir unsere neuen SIM-Nummern und verloren

unser altes Regimentszeichen. Über die Jahre wurden diese SIN-Nummern auch unsere Steuernummern und unsere Spieße passten auf, dass es auch geschah. Und mein Spieß war Bill Conway.

Bill war ein älterer Mann und diente während des Zweiten Weltkriegs in Deutschland und später auch in Korea. Ich war oft sein Fahrer und er aß gerne geräucherte Austern, die nicht nur ihn, sondern auch seinen Jeep in einen fetten Austerschirm hüllten. Während des Kriegs war er in England als Motorradfahrer beschäftigt und er erzählte mir, dass er normalerweise auch im tiefsten Nebel immer auf der Mitte der Straße fuhr, da er ja der Einzige war, der die Straße sehen konnte. Ich glaubte ihm das nie, bis ich Bill Brysons Buch „At Home“ las. Dort stand es genau so, wie es mir Bill Conway erzählt hatte, da ja in England die Autos und Motorräder auf der linken Seite fuhren.

Während Manövern schossen wir unsere Kanonen nahe des ehemaligen Bergen-Hohne Konzentrationslagers ab. Aber manchmal kampierten wir auch in einem kleineren Lager in der Lüneburger Heide, da das richtige Trauen-Lager oft zum Himmel stank. Und im Trauer Lager kampierten wir auf Pelli-Asses und pissten Nachts aus den Fenstern da wir über unseren schlafenden Kameraden wohnten. Hin und wieder schlichen wir zum Luftwaffenlager Fassberg, um dort in Ruhe zu trinken. Später wurde unseres sowie auch das Fassberg-Lager modernisiert und mit einem Zaun umgeben.

Als wir in Trauen arbeiteten, sahen wir oft, wie britische Offiziere mit ihren Hunden zu uns zu Besuch kamen. Oft saßen die Offiziere und ihre Hunde vorne im Auto und ihre Burschen hinter ihnen. Das störte mich immer und wenn mich ein britischer Offizier einmal fragte, wo mein Major wohnte, sah ich ein paar Schafe in der Ferne und zeigte mit meinem Finger in ihre Richtung. Ich wusste aber nie, ob der Offizier meinen Major fand, und hoffte, dass er sich lieber mit den Schafen vergnügte.

Wenn wir unsere Kanonen abschossen, folgten wir natürlich kanadischem Drill mit seinen besseren Sicherheitsmaßnahmen. Manchmal aber explodierte ein Geschoss in der Luft und hin und wieder auch über einem Gewächshaus. Wenn das geschah, sah man oft Gärtner, die ganze unzerbrochene Scheiben in kleinere Stücke zerschlugen, um bessere Kasse zu machen. Das passierte meistens in Gewächshäusern, wo manche Scheiben schon vorher zerschlagen waren und wo man jetzt alle Scheiben ersetzen wollte.

Manchmal schossen unsere Kanoniere auch *Winger* und wenn es ihre Schuld war, passierte ihnen etwas Unangenehmes, wie ein Militärgefängnis.

Oft versuchte auch unser Regiment die schnellste unserer vielen Kanonen zu finden. Und wenn man wusste, welche Kanone es war, konnte man ja auch über die anderen Kanonen spotten. An diesem Wettrennen nahmen natürlich alle 25 Kanonen des Regiments teil, da ja auch die Extra-Kanone des Kommandeurs dabei war. Und in 2 RCHA wollten auch immer unsere Köche und Mechaniker am Kampf um Trophäe teilnehmen. Aber später, als ich diesen Drill auch dem Superspieß in 1 RCHA vorschlug, lachte er mich aus. Er wollte einfach nicht wissen, dass unsere Köche genau so gute Kanoniere waren wie die Kanoniere in den Batterien. Und das einfachste Mittel war, es ihnen zu verbieten.

Mein Hauptmann war ein Kapitän Tattersall, für den ich als observierender Bombardier arbeitete. Eines Tages kam der General ins Feld, befahl meinem Kapitän, auf ein bestimmtes Ziel zu schießen, und danach erklärte er den Kapitän, dass er tot sei. In anderen Worten, ich musste nun für den Kapitän schießen, hatte aber dem General nicht richtig zugehört. Damit hatte ich auch nicht die geringste Ahnung, wo das Ziel war, ließ aber trotzdem meine Kanonen schießen und traf glücklicherweise auch das Ziel. Da nun 105mm-, 155mm-, 175mm-Schüsse und Honest-John-Raketen auf das Ziel krachten, gratulierte mir der General, während mir mein Hauptmann später als Belohnung eine Kiste *White-Owl-Zigarren* schenkte.

Eines Nachts und im furchtbaren Dunklen tötete mein Fahrer

Gamble mit seinem Jeep ein Reh. Wir wollten es aber nicht der Polizei melden und so fuhren wir es zum Offizier-Kasino und warfen es dort in die Dusche. Unser Kapitän Tattersall fand es am nächsten Morgen und erzählte uns später, dass die Köche es zum Abendbrot servierten.

Die beste Entschuldigung für das Lager Trauen war ein Reeperbahn-Besuch in Hamburg. Aber hinzukommen war stets ein Problem, da wir öfters unsere Züge wechseln mussten. Unsere Besuche waren auch immer eine wunderbare Sicht für deutsche Zivilisten, dort kanadische Soldaten zu sehen, die torkelnd die Kneipen wechselten. Später änderten unsere Offiziere diese Trips, fuhren uns in Lastwagen dort hin und aus Sicherheitsgründen parkten auch die Wagen direkt vor der Davidswache.

In 1964 bekamen wir auch unsere neuen Kombat-Uniformen, die nun die alten Busch-Uniformen ersetzten. Der schlimmste Teil der alten Buschuniform war der Buschhut, der ein bisschen wie Fidel Castros Kopfbedeckung aussah, aber trotzdem ein Drahtgeflecht hatte, um sein Aussehen zu behalten. Im selben Jahr bekamen wir auch unsere neuen M113 APCs, oder *Schützende Personal Träger,* ein amerikanisches Produkt, das völlig nutzlos in Deutschland war. Um zu schießen, musste nämlich die ganze Mannschaft erst aus einer großen und dem Feind zugerichteten Toröffnung herauskommen.

Das Lager Trauen und das Sennelager waren nur Routinelager und die Herbstmanöver fanden immer auf geernteten Feldern statt. Und unsere Herbstmanöver waren immer nahe der deutsch/deutschen Grenze und normalerweise aßen wir dort Konserven von britischem Melasse-Pudding und Hammelfleisch. Wir hassten das Zeug und bevorzugten die deutschen Eier, die wir von Bauern kauften.

Wir klauten auch Hühner, aber das war schon schwerer Diebstahl. Manchmal hielten wir die Hühner auch gefangen in unseren LKWs. Und im Manöver dachte ich auch immer an Amalia, die wahrscheinlich jetzt in ihrem mexikanischen Laden arbeitete. Da wir auch viele Tricks von den deutschen Lastwagenfahrern lernten, hatte ich ein

Schild mit Amalias Namen an meinem M113 APC angebracht.

Zwischen Manövern und Weihnachten gab es nur Handlangerarbeit. Da wir auch immer eine Weihnachtsparty für die Waisen in Menden hatten, feierten wir sie in Fort Prince of Wales, um die Kinder weg vom Waisenhaus zu bringen. Santa Claus war normalerweise ein lediger Soldat, der einst ein Waise war und nun auch Kinder liebte. Wenn er lächelte und sich an seine Waisenzeit erinnerte, dann lachten natürlich auch die Kinder.

Aber Weihnachten war auch eine schlimme Zeit für die Soldaten, da sich diese Yulezeit in Deutschland über drei Tage hinzog. Viele Soldaten betranken sich nur und das führte natürlich auch zu vielen Unfällen auf der Straße.

Weihnachten führt mich auch zu den jährlichen Weihnachtsmahlzeiten, in denen Offiziere und Unteroffizieren die Mannschaften füttern. Es ist eine uralte Tradition in der kanadischen Armee und es war großartig, das ganze Regiment an schön gedeckten Tischen zu sehen. Der jüngste Soldat wurde an diesem Tag Kommandeur für 24 Stunden – für ihn würde Weihnachten immer ein großartiger Tag für den Rest seines Lebens sein.

In 1965 wollte 2 RCHA das neue Jahr besonders großartig feiern und daher musste ich alles arrangieren. Das Fest sollte in der Nähe des Iserlohner Bahnhofs stattfinden, aber viele Soldaten hassten es, an regimentarisch-orientierten Feiern teilzunehmen und feierten lieber ihre eigenen Feste. Darum hatten wir auch nur 500 Gäste und ein Haufen Flaschenbier war noch um Mitternacht voll. Da der nächste Tag ein Feiertag war, konnten wir die vollen Flaschen auch nicht loswerden. Doch der Braumanager nahm das Bier am zweiten Januar zurück, da wir ihm dafür auch die Lieferung für das nächste Fest versprachen.

Wenn wir Übungen hatten und unsere verheiratenden Männer weg waren, wuschen ihre Frauen die Wäsche. Aber leider waren die Frauen nun auch einsam und da sie meistens auch keinen Wäschetrockner hatten, wuschen sie die Wäsche mit *OMO*-Waschpulver und streckten danach die leeren Kartons ins Fenster. Als persönliche Werbung natürlich, denn *OMO* war die Werbung für „Old Man Out“ oder „Mein Mann ist weg aber du kannst seinen Platz haben“.

Paul Hellyer begann in 1966, alle Soldaten als verheiratete Soldaten zu bezahlen. Das beendete für mich meine Zeit der militärischen Sklaverei, der Ungerechtigkeit und schlechten Bezahlung. Einfache Soldaten wurden plötzlich Handwerker, die auch die Bezahlung normaler Handwerker bekamen. Die Maschine des regimentalen Lebens starb langsam aus, da es ja auch ein ziviles Leben gab. Es war kein Wunder, dass die Admirale es hassten. Aber für mich war nun ein Wunder geschehen.

Der Impakt dieser Reform bedeutete aber nicht viel für uns in Deutschland. Wir waren ein großartiges Regiment, der britischen Armee-Basketball-Meister, zweiter BAOR in Tug-Of-War und wir spielten eine große Rolle in Volley Ball, Eishockey, Fußball, Curling und Bowling. Wir hatten auch die schnellste Kanone in der Britischen Armee am Rhein und wir waren ein Regiment, in dem ich immer wünschte, zu bleiben.

Aber an einem kalten Tag im Januar 1967 flog ich zurück nach Trenton. Ich hatte auch ein neues Auto, einen roten Triumph den ich durch den Servicemen‘s Automobile Club kaufte. Ich musste ihn nicht einmal tanken, da der Tank schon voll war. So fuhr ich im Auto „south of the Border down Mexico Way“ zu Amalia, um sie dort für ein paar Wochen zu küssen. Und danach fuhr ich wieder nördlich entlang der Pazifischen Küste nach Chilliwack für meinen Senior-NCO-Kurs. Und eine Rückkehr nach Deutschland kam für mich zu dieser Zeit nicht infrage.

Kanadas 100stes Geburtstagsjahr

KA-NA-DA
(Ein Kleiner, zwei Kleine, drei kleine Kanadier
Wir lieben dich
(Wir sind jetzt zwanzig Millionen)
KA-NA-DA
(Vier kleine, fünf kleine, sechs kleine Provinzen)
Stolz und frei
Jetzt sind wir zehn und unsere Territorien gehen von See zur See
Norden, Süden, Osten, Westen
Sie werden glücklich sein
Kirchenglocken werden fröhlich klingeln, klingeln, klingeln
Es ist der hundertste Geburtstag der Konföderation
Lass uns alle zusammen singen!

Lied für Kanadas 100. Geburtstagjahr

Meine Versetzung nach Gagetown war für mich ein heftiger Schlag ins Gesicht. Eigentlich sollte ich mit 2 RCHA nach Petawawa in Ontario umziehen aber, na ja, ein guter Soldat geht immer dorthin, wo man ihn wünscht.

Und mein ganzes Leben in Deutschland war auch davon betroffen. Offiziere wurden nur für zwei Jahre und Mannschaften für vier Jahre versetzt. In anderen Worten, die guten alten Zeiten waren vorbei. Und Bataillonchefs konnten ihre Unteroffiziere nicht mehr befördern, da es jetzt Ottawa tat. Und Ottawa stornierte auch alle Beförderungen zum Feldwebel und das war natürlich sehr bitter für mich.

Es gab es auch einen neuen Rang, nämlich den des 5B-Korporals. Dieser Rang war für eine Korporalsarbeit bestimmt und hatte nichts mit seinem alten Rang zu tun. Das war natürlich die größte Scheiße für Korporale wie mich, denn niemand im Rang der alten Korporale oder Bombardiere wurde befördert und alle blieben im alten Rang.

Meistens wurden nur alte Gunner oder Schützen neue 5B-Korporäle. Und die alten Korporäle oder Bombardiere mussten als Schützen oder Gunner arbeiten.

Aber nach einer Weile schmiss man das neue System in den Eimer und der Rang eines neuen Master-Korporals gab uns Hoffnungen auf Beförderungen. Und diese Hoffnungen waren für mich sieben lange Jahre der Wartezeit.

Aber früh in 1967 wusste ich das alles nicht. Stattdessen fuhr ich in meinem Spitfire nach Chicago, dann folgte ich der Route 66 bis zur Zweigstelle nach El Paso und von dort nach Guadalajara und Autlan wo Amalia und ich drei schöne Wochen verbrachten. Wir liebten uns entlang des langen und kurvenreichen Weges von Autlans Bergen zu Barra de Navidads Stränden. Es brach beinahe mein Herz, als ich Amalia drei Wochen später für Vedder Crossing verlassen musste.

Vedder Crossing, oder das *faule E-Camp*, wie ich das Lager nach dem umgefallen E-Buchstaben der Feldingenieure nannte, war für viele meiner Mitkameraden Kanadas Bilderbuch. Mich störten aber die hohen Berge; ich bevorzugte mehr die flachen Prärien von Saskatchewan.

Aber im Gegensatz dazu gefielen mir die Menschen von Britisch Columbia. Mind you, sie waren britisch angehaucht, aber auch gute Menschen, die nicht töteten sondern lieber Brücken und Häuser bauten.

Da wir Feldwebel werden sollten, machte man uns Kandidaten auch zeitweilige Feldwebel und gab uns Zimmer im Feldwebelhaus. Unsere Aufgaben im Vedder Crossing Camp waren ziemlich einfach für alte Soldaten wie uns. Sie bestand aus Landminensuchen, Feldmanöver usw. Die Feldübungen waren manchmal sehr schwer, aber wenn ich für sie in den Busch ging, dann steckte ich etwas übriggebliebenen Tequila in meine Wasserflasche und natürlich war das blöd, denn wenn ich durstig wurde, musste ich den Tequila wegkippen, da er 100% Schapps war. Aber unsere Lehrpioniere waren ausgezeichnet und hatten auch viel von den Amerikanern gelernt. Zum Beispiel waren ihre Stiefelsenkel geknotet, da man den Soldaten der US-Army in Vietnam lehrte, dass geknotete Senkel niemals lose Schnürsenkel im tiefen Busch werden, wenn sie unter Feuer der Vietcong-Armee kommen.

Am Ende des Kurses hatten wir auch eine Peer-Beurteilung, oder gleich-rängige Vergleichung, in der jeder Teilnehmer nicht seine Mitkameraden beurteilte, sondern sich selbst auch in diese Reihenfolge stellen musste.

In anderen Worten, diese Beurteilung war eine sehr abfällige Sache, die nicht nur Misstrauen schuf, sondern auch gezielt eine Feindschaft zwischen Freunden.

Ich liebte es jedoch, mit den Militäringenieuren zu arbeiten. In Vedder Crossing sowie auch in anderen Camps, in denen sie arbeiteten, waren sie niemals alleine. Zusammen bauten sie immer Brücken und Häuser und niemals zerstörten sie Kirchen, wie ich es in meinem Lüneburger-Heide-Manöver tat. Und der Engineers Chef in Vedder Crossing wurde später auch mein Kommandant im Canadian Airborne Regiment. Später, als Zivilist, wurde er auch ein beliebter Pastor in Chilliwack, BC, und wurde tief betrauert, als er starb.

Colonel Rochester, all the people you ever met you, also loved you.

Nach zwölf Wochen nahm der Kurs sein Ende mit einer Parade. Einer unserer Kandidaten, ein Sergeant Sevcik von Calgary, war ein sehr guter Fischer und fing auch einen Riesenlachs. Natürlich wurde der Lachs auch das Mittelstück der Mahlzeit und ich dachte oft an den schönen Fisch, als ich in meinem Spitfire die viertausend Clicks in Richtung Gagetown fuhr.

Bis jetzt war ich ein respektierter Soldat in meinem Regiment. Als künftiger Feldwebel war ich auch gut mit Waffen bekannt, aber jetzt plötzlich war ich eine gesichtslose Null. Das aber hatte Ottawa entschieden und nicht ich! Also fuhr ich eines Tages mit meinem Freund Gamble nach Bangor im Staat Maine und sprach mit dem amerikanischen Rekrutierer über meinen Eintritt in die amerikanische Armee. Natürlich würde er mich für die US-Army nehmen, aber dann fand ich heraus, dass Kanada ein Fallschirmregiment haben wollte. In meiner eigenen Gehirnschlacht zwischen Kanada und den USA gewann dann Kanada.

Und, im Gegensatz zu der militärischen Einstellung für die Paul-Hellyer-Vereinheitlichkeit waren die Jahre 1967/1968 die erste kanadische Lehnsgutfreiheit für das Militär. Jetzt hatten wir einen vernünftigen Sold und konnten einzeln schlafen. Und alles, was wir dafür bezahlen mussten, war ein bisschen unseres Militärgehalts, das wir später vielleicht bekommen würden.

Da ich einen Beobachtungsdienstposten hatte, half ich im Sommer vielen Beobachtern mit meinem Wissen über das Gagetown-Gebiet aus. Hin und wieder half ich den Agent-Orange-Mannschaften mit dem Bestäuben der Bäume, da ich zu der Zeit nicht wusste, wie viel Schaden Agent Orange anrichten konnte. Ich war schon an das Bestäuben für den Fichtenknospenwurm in New Brunswick gewöhnt, also wurde auch Agent Orange uns sicherlich keinen Schaden antun.

Eine neue Arbeit kam für mich im August. Während viele von uns die Waldbrände in Neufundland bekämpften oder Kartoffeln im St. John River auflasen, wurde ich nach Camp Aldershot in Nova Scotia geschickt, um dort Kadetten auszubilden. Es war die wunderbarste Arbeit während meiner 30-jährigen Militärkarriere, da 1967 Kanada das 100. Geburtsjahr feierte. Zehn Provinzen feierten zusammen ein Fest des Zusammenseins. Und unsere Kanoniere schossen ihre Kanonen in Montreal ab; nicht zum Töten, sondern um die Mittagsmahlzeit anzukündigen. Und ich brachte meine Kadetten von Aldershot nach Camp Farnham in Montreal, um dort zu feiern. Während die Kanonen schossen, gruben wir unsere Lunches aus und warfen ein paar Krümel zu den Möwen. Wir waren glücklich dort und mit uns auch ganz Kanada.

Der Expo-Besuch bedeutete auch einen Besuch in Quebec City. Die Unabhängigkeitsgefühle der Quebecoir waren schon sehr stark zu der Zeit und entsprachen denen der jetzigen Katalonier, des Kurdenlands, der Italiener und der Tschechen im Jahr 2021. Aufgetakelt in unseren Uniformen sahen wir herunter von der historischen Hotelplattform zum St.-Laurent-Fluss und wurden beschimpft von lokalen Teenagers, bis ich zu ihnen sprach. Ich sprach zu ihnen über ihre Rolle im einigen Kanada und sie gaben mir ihre Antworten, nämlich, „wir wollen es selber tun".

Ich sah eigentlich keinen großen Unterschied zwischen den Zielen der IRA und denen der FLQ.

Als September 1967 kam, brachte es eine Zeit der Ruhe. Viele der Kanoniere wurden zum französisch-sprechenden 5 RALC in Camp Valcartier versetzt, aber die Göttin Fortuna stellte sicher, dass ich in der Dog-Batterie blieb. Und unserer Trainingszyklus enthielt auch einen Tanz, in dem die jungen Tänzer mit ihren Damen in den dunklen Hüllen der Telefonkabinen verschwanden. Aber einmal wurde eine Tür zugeschlagen, das Kabinenlicht ging dann an und enthüllte den nackten Tänzer und die Tänzerin. Sie bekamen einen passenden Beifall, obwohl die Frau einem betrunkenen Feldwebel gehörte. Komischerweise blieben aber die Türen der dunklen Kabinen geschlossen.

In nächsten Winter belegte ich einen Marine-Kanonenbeobachter-Kurs in Halifax und flog dann mit Barry Heighton nach Culebra Island nahe Puerto Rico, um die amerikanische Marine bei Kanonenfeuer zu beobachten. Haben Sie eine Ahnung, was so ein Geschoss machen kann? Wir sahen zu, als unser Schlachtschiff schoss und ein Ziel traf und dann für immer versank. Die Amerikaner schossen auch immer auf Vietcong-Sampans als eine Vor-Frühstück-Unterhaltung. Ich hatte damals eine keine Ahnung, warum die siegreichen Vietmanesen Sampans importieren mussten. Hatten sie vielleicht nicht genug, um die Amerikaner glücklich zu machen?

Als ich nach Gagetown zurückkam, war wieder nichts los. Wir gingen nicht einmal zur Arbeit, sondern sahen nur Fernsehen. Die kanadische Artillerie war für uns jetzt nur ein Frühstück und dann ein Abendessen mit absolut nichts dazwischen.

Darum spielten wir am Tag auch das Rumfass-Spiel. Wir kauften ein gebrauchtes Rumfass und füllten es mit ein paar Liter heißem Wasser. Dann rollten wir das Fass zwischen zwei Männern entlang des langen Korridors unserer Baracke. Und nachdem das heiße Wasser den getrockneten Rum aufgelöst hatte, entleerten wir einen mächtigen Zaubertrank. Den tranken wir entweder selbst oder verkauften ihn an die lokalen Indianer.

Plötzlich kam jetzt das Wort von Ottawa, dass Kanada wieder ein Regiment Fallschirmjäger haben wollte. Und da so ein Regiment auch eine Batterie Fallschirmjäger brauchte, wurden wir gefragt, ob wir dort hingehen wollten. Aber dafür brauchte man natürlich einen Vor-Kurs vor den Kurs selbst. Der Vorkurs war nicht schwer, aber der Kurs selbst war in Rivers, Manitoba, und gar nicht so weit von Shilo.

Um unsere Quote zu treffen, schickte 2 RCHA immer nur ein paar Kanoniere nach Rivers, aber die meisten Kandidaten fielen durch. So musste ich warten, da jüngere Soldaten vor mir auf der Warteliste standen, aber endlich war ich an der Reihe und im April 1968 stieg ich für eine dreitägigen Reise nach Rivers ein. Es war auch der letzte Zug, den ich benutzte, da das Militär von nun an ihre Leute flog.

Rivers größter Preis war ein Satz Fallschirmschwingen. Und für Soldaten sind diese Parachute-Ehrenzeichen mehr wert als andere Dekorationen. Sie bedeuten das Wort „Mut“ und Fallschirmjäger und U-Boot-Mariner sind Menschen die das britische regimentale System übersah. Die meisten Fallschirmjäger haben eine größere Verwandtschaft mit einem Feindfallschirmjäger als mit ihren eigenen Soldaten.

Wie überall folgte die Ausbildung eines Fallschirmjägers einem bestimmten System. Man muss sie haben, da die Sicherheit eines

Anfängers in der Luft davon abhängt. Und ein zweiter guter Grund ist, dass es die persönliche Stärke eines Fallschirmjägers vergrößert.

Alle unsere Airborne-Kandidaten wurden durch die Ausbilder gezwungen unzählige Push- und Chin-Up-Übungen zu machen. Extra Push-Ups wurden auch für die kleinsten Fehler ausgehändigt, da wir wussten, das sie für das Fallschirmspringen richtig waren. Und natürlich spielten auch unsere Ausbilder in diesem Push-Up-Übungen mit. Wir wussten aber auch, dass es am Ende nur eine Routine war, die wenig im richtigen Leben bedeutete.

Das größte Hindernis im Fallschirmjägertraining war der zehn Meter hohe Übungsturm, in dem die Kandidaten den richtigen Absprung vom Flugzeug übten. Es war auch der Ort, wo die meisten Kandidaten ihren Mut verloren und jede Hoffnung aufgaben, einmal ein Fallschirmjäger zu werden.

Und es ist auch eine wunderbare Erfahrung, einmal an der Rampe oder in der offenen Tür eines Flugzeugs zu stehen und auf das grüne Sprunglicht des Absprungs zu warten. Und Nachtsprünge sind besonders spannend, da es dunkel genug ist, alle Schatten der fliegenden Flugzeuge und ihre springenden Fallschirmjäger zu sehen. Und wenn über 100 Fallschirmjäger in einem Flugzeug sitzen, dauert so ein Absprung für alle auch ungefähr auch nur eine Minute. Wenn die Fallschirmjäger auch voll ausgestattet für einen Krieg mit Lebensmitteln, Waffen, Munition und Schlafsäcken sind, dann ist ein Absprung natürlich auch lebensgefährlich.

Aber tödliche Fallschirmsprünge sind auch ein Teil des Militärlebens. Sieben Fallschirmjäger starben im Mai 1968 während einer Übung nahe Petawawa, als sie im Ottawa Fluss ertranken. Und später wurde unser Hauptspieß getötet, als sich sein Fallschirm nicht öffnete. Hin und wieder liest man von diesen Fällen und es ist traurig, aber dann liest man und vergisst auch über die täglichen Unfälle auf der Autobahn.

Aber die meisten jüngeren Menschen können es lernen, Fallschirmjäger zu werden. Das französische Heer tat es in Hanoi, als es den Absprung für Dien Nien Phu übte und dabei niemanden verlor. Ich war und bin ein alter Feigling und hasse hohe Gebäude, aber ich qualifizierte mich für drei Parachuteschwingen von drei Nationen und hatte zirka 150 schwere Militärsprünge in meiner Kreditta-belle. Aber nach meinem letzten Riversprung fuhr ich nach Gagetown zurück und nichts hatte sich dort verändert. Nicht einmal unsere Namen wurden dort aufgerufen. 2 RCHA war ein Soldaten-Albtraum geworden und so ließ ich mich im August 1968 nach Edmonton versetzen. Im Geist war ich ja schon für viele Wochen dort.

Nachdem ich in der Griesbach-Kaserne angekommen war, blieb ich auch dort, trotz einiger schlechter Tage, wo nichts richtig war, das ich anfasste und in denen ich nach Australien auswandern wollte. Aber das kann jedem Menschen passieren und darum blieb mir die Idee einer Auswanderung nach Australien auch hängen im Gehirn, bis ich im Sommer 1973 nach Ottawa versetzt wurde.

Das Lied der Fallschirmjäger

Gib mir, lieber Gott, alles, was Du übrighast
und das sonst niemand haben will,
Nicht für Ruhe oder Frieden, zu Geist oder Leib,
Nicht für Reichtum, Erfolg oder Fettle,
Da viele Dich danach fragen, lieber Gott, und Du keine übrig hast,
So gib mir, mein Gott, was Du übrighast.
Und gib mir, was andere verweigern,
Mein Wunsch ist Risiko und Qual, sowie Wehr und Schmerzen,
So gib mir diese, lieber Gott, einmal und für immer,
Gib sie mir so völlig, dass sie meine sind für immer,
Und da ich nicht immer den Mut habe, um Dich danach zu fragen,
So gib mir, oh Gott, was Du übrighast,
Und gib mir, was andere verweigern,
Aber auch den Mut, die Stärke und das Vertrauen, um es zu schaffen.

(Ein französischer General fand dieses Gedicht in der Tasche
eines toten Soldaten in Dien Bien Phu)

Die Generäle in Ottawa dachten, dass der Militärflugplatz in Namao der richtige Ort für das Airborne-Regiment war und dass man die Soldaten dafür in den nahen Griesbach Kasernen stationieren konnte. Und ein Einkaufszentrum, sowie auch das Rosslyn Hotel, waren auch in greifbarer Nähe. Und wir, die einfachen Soldaten, waren auch Kanadas beste Kämpfer. Wir waren 1000 unzufriedene Soldaten, die von den vier Ecken Kanadas kamen, um eine neue Heimat im Airborne Regiment zu finden. Wir kamen aus Ecken, wo die Unzufriedenheit zu Hause war und da wir nicht unbedingt zur amerikanischen Armee gehen wollten. Aber unser wort-gewechsel-tes Lieblingslied kam von dort und spiegelte unsere Begeisterung.

Kämpfende Soldaten, die vom Himmel fliegen,

und furchtlos springen und vielleicht sterben,
Männer, die genau denken, was sie auch sagen,
Die tapferen Männer mit ihren kastanien-braunen Baretts
die silberne Schwingen auf ihren Uniformen tragen,
diese Männer sind auch Kanadas Beste,
Ein Hundert Männer wird heute üben,
aber nur drei davon werden das Barett dann tragen.

In anderen Worten, wir waren Kanadas beste Kämpfer gegen die Russen. Und die Russen hatten die allergrößte Botschaft in Ottawa und ihre Truppen kämpften schon für Jahre in Zivil in Vietnam, Ungarn, Kuba, Angola und Prag gegen die Amerikaner. Daher brauchte Kanada eine „schnelle“ Eingriffstruppe, um die Amerikaner und Australier zu unterstützen. Da wir es zu der Zeit nicht taten und lieber die Amerikaner mit Waffen unterstützten, brauchte man das Airborne-Regiment als eine gute Entschuldigung. Und da der öde Norden Kanadas mit seiner Arktis hilflos dalag, gab man uns die Verteidigung der nördlichen Unabhängigkeit als unsere Aufgabe.

In anderen Worten, offiziell bedeutete es, dass in einem Krieg wir die Arktis verteidigen mussten.

Als die kanadischen Soldaten in die Griesbach-Kasernen einströmten, legte uns unser Chefspieß Dickie Buxton auf dem Paradeplatz unsere nächsten Regeln vor: „Egal, wohin ihr geht, von jetzt an werdet ihr nicht mehr marschieren, sondern immer im Eiltempo joggen. Und auch euer Sold wird jetzt auf der Sparkasse ausbezahlt und nicht mehr beim Zahlmeister.“

Dickie Buxton war der einstige Chefspieß der PPCLI in Deilinghofen und ein ausgezeichneter Unteroffizier. Er starb später in 1971 durch einen Fallschirmabsturz nahe Namao.

Unser kommandierender Chef war Oberst Donald Rochester, den ich in Vedders Crossing kennengelernt hatte. Wir verehrten jeden Schritt, den er joggte, da er in seinem ganzen Wesen das Sinnbild eines richtigen Offiziers war. In seiner ruhigen und engagierten

Weise besuchte er oft seine Mannschaften in der Kantine und kaufte ihnen ein Bier. In 1969 bot man ihm den Posten eines Brigadegenerals an, aber er verzichtete darauf, ging in den Ruhestand and starb 1997 als Pfarrer.

Nachdem alle Soldaten eingezogen waren, übten wir nochmals unsere Absprünge im Sprungturm und danach auf den C-130-Flugzeugen. Natürlich mussten wir dafür in bester Verfassung sein und das bedeutete viel extra-physisches Training. Namao, unseren Umkehrpunkt, lernten wir nicht nur täglich kennen, sondern auch, dass es der Warteplatz für unsere Fallschirmsprünge war. Und nach einer Anzahl von Sprüngen nahe Edmonton und in der Arktis machte ich einen Sprungmeister-Kurs in Rivers. Sprungmeister sind diese Leute, die die Türen für Sprünge im Flugzeug öffnen. Ehe die Polen zur NATO kamen, war ich wahrscheinlich der schlechteste Sprungmeister in der NATO, da ich die Höhe hasste.

Mein Zimmerkamerad war *Duke* Aulenback, unser Militärpolizei--Feldwebel. Als Militärpolizist arbeitete er einmal in Ägypten und kam in Teufels Küche, als er den Hund seines neuen Chefs erschoss. Bevor sein neuer Chef ankam, schickte er seinen Hund nach Ägypten und Duke erschoss ihn dort, da es in einem muslimischen Land gefährlich ist, einen Hund zu haben. Die Muslime vergaßen nie, dass ihr Prophet Muhammad einmal durch einen bellenden Hund verraten wurde.

Wir hatten großes Pech, als Dave Squires sich verletzte und später nach Hause in Neufundland geschickt wurde. Dave war ein Mitglied meiner Kanone und da er jung und feurig war, war er auch sehr beliebt. Er beging später Selbstmord, als er erst auf einen Felsen stieg und danach ins Meer fiel.

Unsere Kanonen kamen von Italien und waren L5-105 mm, Packhowitzer genannt. Sie waren unheimlich beweglich und passten gut in unsere flugbewegliche Rolle. Die britische Artillerie hatte einmal eine ähnliche Kanone, die 7-Pfunder Schrauben-Kanone, die Rudyard Kipling berühmt machte:

Nachdem ich meine Pfeife auf dem Gewirre, rauche ich rümpfend am frühen Morgen,
Lauf ich auch mit meinem alten braunen Stiefeln und meinem alten braunen Esel,
Und siebzig Kanonieren hinter mir, und niemals vergesse ich den Bettler,
Soll das Heer nur nehmen Männer, die kleine Dinger bedienen – dann Tss! Tss!

Aber unglücklicherweise war meine Kanone ganz anders gebaut als Kiplings Schrauben-Kanone. Meine konnte man anzapfen, fallenlassen und verstümmelt in Reise-, Feuering-, Paraschuting-, Eselbefördering- und Flussschiffingspositionen stecken. Und um ihren Rückstoß etwas zu dämpfen, hatte man sie auch mit einer sehr effektive Mündungsbremse bestückt, die einen sehr scharfen Klang hatte. Das war schlimm für die Kanoniere, da man zu dieser Zeit keine Ohrenschützer in der Artillerie hatte,

Ich war *Nummer Eins*, der Chef an meiner Kanone. Bis jetzt machte ich so ziemlich alles, das man bei der Artillerie machen konnte aber die guten Jobs gingen zu den Männern, die mehr Einfluss als ich hatten. Und als Nummer Eins glaubte ich auch noch an den Mist meiner Rekruttage; nämlich *dass gute Kanoniere auch immer alle Schlachten gewinnen.*

Nach einer Weile liebte ich sogar meine Kanone. Sie war nur ein Stück Eisen und Stahl, aber auch mein Brot und meine Butter. Manchmal enttäuschte sie mich und ich erinnerte mich, dass während einer Tofino Übung der Kanonier einer anderen Kanone einen großen Stein von meiner Kanone in den blauen Himmel schoss und damit die Kanonenzüge meines Geschützes beschädigte. Natürlich nahm dieser Kanonier die Schuld dafür auf sich. Seine *Nummer Eins* war der wirklich Schuldige, aber das wurde geheim gehalten und der wirklich Schuldige wurde später auch zum höchstmöglichen Unteroffizierrang befördert.

Oft machte ich auch Sachen, die andere Leute störten, wie zum Beispiel Bücher lesen. Und in meiner Freizeit besuchte ich nur selten das nahe gelegenen Rosslyn Inn, wo viele Airborne-Soldaten die meisten ihrer Stunden verbrachten. Das Hotel hatte einen riesigen und geselligen Raum fürs Biertrinken wo hin und wieder auch eine Band spielte. Eines Abends ging ich dorthin, um Musik zu hören, aber da die Musik zu laut war, nahm ich meinen Kopfhörer mit und setzte sie auch auf den Kopf. Natürlich verstanden das meine Nachbarn nicht und lachten laut, als der Kellner mich aus dem Raum warf. Doch ich wusste schon im Voraus, dass es geschehen würde, und darum nahm ich auch eine dicke Decke mit, um mich zu schützen.

Für mich wurde Edmonton in 1969 nur eine Postadresse, da ich immer woanders war. NEWS war unser Ziel, es bedeutete Norden, Osten, Westen und Süden, aber das ***N*** stand auch für Arktis und war der Ort, wo wir normalerweise hinflogen. Und ***S*** bedeutete auch Jamaika wohin wir zweimal fuhren. Und die Menschen dort liebten uns, auch wenn wir mit unseren Kanonen durch ihre Städte fuhren and die parkierten Autos beschädigten. Ich sprang einmal in Jamaika mit meinem Fallschirm ab und da ich mit lokalen Menschen sprechen wollte, ritt ich auf einem Esel zu ihnen für ihre Antworten auf meine Fragen. Und ein anderes Mal bauten wir Flöße, um zusammen mit unseren Kanonen das Schwimmen zu lernen. Hier lernten wir, dass während dieses Tripps unsere Flöße tiefer und tiefer sanken und wir am Ende den End-up-Punkt beinahe verpassten und fast in Kuba landeten.

Wir machten viele Freunde und natürlich auch Feinde in Jamaika aber unsere Freunde zählten immer mehr als unsere Feinde. And das letzte Mal, als wir dort waren, bauten wir auch ein *Folly* Camp in Port Antonio auf. So spazierte ich einmal nach Port Antonio zum Einkaufen und sah *5 Donnerkisten* nahe des Rathaus. Sie waren alle nummeriert; eins davon war für den Bürgermeister, ein anderes für seinen Vertreter, eins für die Mitarbeiter, eins für die Herren und eins für die Damen. Da ich sehr neugierig war und immer noch bin, überprüfte ich das Bürgermeisterhäuschen auf Toilettenpapier und fand heraus, dass es gar keins hatte.

Und das *Folly*-Gebäude war ein unbewohnbarer Steinhaufen. Beim Bauen des Gebäudes vermischten die Maurer den Zement mit Seewasser und ruinierten damit das Haus. Trotzdem kaufte es der amerikanische Millionär Alfred Mitchel in 1906. Aber dreißig Jahre später war es schon wieder beinahe unbewohnbar und so benutzten wir es nur als eine Kantine. Was mir am besten an dem Gebäude gefiel, war ein wunderschöner alter Baum, der davorstand. Er wurde zur selben Zeit gepflanzt, als das Gebäude erbaut wurde, und gab hunderten Vögeln und Tieren seitdem immer Schutz. Ich sah mir den Baum und das Gebäude oft an und für mich waren sie das beste Zeichen, dass die Natur immer noch am Leben bleiben würde, wenn die Träume der Menschen schon längst erloschen waren.

Wir betrachteten unseren Einsatz in Jamaika immer als die Vorschau eines Vietnamkriegs. Und diese Vorschau betraf natürlich auch Jamaikas Fauna, Flora und bestehende Lebensbedingungen. Wir hatten ein paar Soldaten, die eine US-Rangerausbildung hatten und die dann versuchten, uns diese Rangerbeispiele zu zeigen.

„Besorge mir ein lebendes Huhn“ sagte einer von ihnen einmal zu mir und so besorgte ich ihm ein Huhn. „Pass auf ‚was ich mache, und dann mache es selbst.“ Er biss den Kopf des Huhns ab und trank das Blut, während ich zusah.

Weder die zusehenden Jamaikaner noch ich bissen jemals die Köpfe ab und wir ließen immer unsere Hühner leben. Warum sollte ich es auch nicht tun! Ich war nie hungrig genug, es zu tun, und unsere Köche servierten uns immer gute Mahlzeiten. Normale Menschen nennen solche Töter *geeks* oder auch *freaks* und ich fühlte mich vollkommen normal und nicht *freaky* genug, es zu tun.

Normalerweise machte ich keinen Urlaub in Jamaika, sondern fuhr immer nach Mexiko, um Amalia zu sehen. Und da Amalia viele

Freunde hatte, war ich immer willkommen in Autlan. Und die meisten Mexikaner liebten ihre mexikanischen Bräuche und versuchten auch, sie mir beizubringen. Ich entsinne mich, dass Amalia und ich einmal einen Film sehen wollten, es aber kein Kino in Autlan gab. Da griff mich Amalia bei der Hand und gingen zu einem Hof, der eine Leinwand in der Mitte gespannt hatte.

„Die Mexikaner sitzen auf einer Seite und wir auf der Anderen. Die gute Seite zeigt den richtigen Film; aber wir sehen nur den falschen Teil. Aber im Dunklen ist das egal und wir sehen wenigstens etwas. Und da die wenigsten Leute im Dunklen sitzen wollen, bezahlen sie auch nur die Hälfte und keiner wird uns sehen, wenn wir uns leidenschaftlich küssen."

Kann man es mir verdanken, dass ich in Mexiko bleiben wollte? Und zu der Zeit gab es keine Drogenprobleme dort. Doch zu der Zeit war Mexiko ein Land wo man Drogengangster aufhängte, um Menschen zu retten.

Auf meinen Weg zu und von Mexiko besuchte ich meistens meine amerikanischen Sammlerfreunde, die auch Fallschirmjägerschwingen sammelten. Einer von ihnen lebte in San Diego und so stoppte ich dort in 1972, um seine Sammlung zu sehen.

Mein Freund war ein SEAL (See-, Luft-, und Land-Soldat) und kam gerade von Vietnam zurück. Seine Sammlung war nicht so groß wie meine, aber viel interessanter. Er hatte einen Menschenschädel in seiner Sammlung, von dem die Haut und das Fleisch von Ameisen abgenagt wurden, sodass nur die Knochen zu sehen waren. Er war sehr stolz darauf: „Meine Kameraden töteten den Mann und dann warfen sie den Kopf in einen Ameisenhaufen, während ich schlief." Und er zeigte mir auch seine getrockneten Ohren, die er von getöteten Vietnamesen abgeschnitten hatte.

Unsere militärischen Schulen akzeptierten auch solche amerikanischen Drille. Fraglos akzeptierten wir *Killer Junior,* in der ein explodierbares Geschoss mit einem 5-Sekunden Zeitzünder abgeschossen wurde sodass es gleich nach der Frontlinie explodierte.

Oder dass man *Flechetten* oder Tausende von winzigen Pfeilen benutzen konnte, um Pfadfinder fernzuhalten.

Unser Airborne-Regiment war kein wie aus dem Ei gepelltes Bataillon, aber hin und wieder hatte es doch etwas *Hühnerscheiße* für uns. Vor vielen Jahren, und jetzt wahrscheinlich noch immer, hasste man Jeans in der kanadischen Armee. Sollten wir es jemals wagen, dann wurden wir vom Ordnungs-Feldwebel zurückgeschickt. Das geschah mir einmal und so ging ich zurück und wechselte meine Jeans mit meiner Dress-Uniform, die genau wie die britische blaue RHA-Dress-Uniform mit rot-gestreiften Hosen, Kettenhemdschultern und blitzenden Knöpfen sehr antik aussah. Ich war jetzt in einer bekannten Uniform und der Feldwebel musste mich fürs Essen durchlassen. Natürlich wurde ich von meinen Kumpeln in der Küche laut begrüßt und am nächsten Tag meckerte mich sogar mein Hauptmann an. Aber ich hatte meinen Punkt gemacht und war sehr stolz darauf

Einmal vergaß derselbe Feldwebel, die Airborne-Fahne am Sonnenuntergang herunterzuziehen. So klaute ich sie, schrieb an meinem Seal-Freund in San Diego und tauschte die Fahne für ein paar seiner getrockneten Ohren aus Vietnam.

Operation Essay

Eins, zwei, drei, vier ...
Montreal ist der Platz, an dem ich in wohlfühle
wenn die graue Trübnis des Winters mich trifft,
Und als du sagtest, dass es nicht wahr ist
dann fuhr ich einfach weg.
Aber später in unserem Bett
als ich grübelte, warum du es mir sagtest
und ich dich fragte, warum du weinst?
flüstertest du mir zu: „Ich weiß es nicht!“
Aber innerlich fühle ich, was du mir sagst.
Darum bitte ich dich, mir zu verzeihen.

Es war am Nachmittag des 10. Oktober 1970, als ich auf meinem Bett lag, um ein Buch zu lesen, und ich ein lautes Schreien im Korridor hörte. Ich sprang auf meine Füße und rannte zum nächsten Korridor, wo die Pioniere wohnten und hier wurde *Hot Wheels* auf ihrer Krankenbahre rausgeschoben. *Hot Wheels* war eine paraplegische Frau, die in ihrer Freizeit gerne einsame Männer pflegte.

„Das Regiment ist jetzt auf Abruf“, schrie mich ihr Begleiter an. Obwohl *Hot Wheels* schnell mit ihrer behutsamen Sorgenfalt arbeitete, war meine Airborne-Batterie noch schneller. Wir ließen unsere Socken liegen, wo sie waren, schnappten unsere Rucksäcke und Waffen und innerhalb kürzester Zeit flogen wir zum Beaux Montreal in Quebec. Pierre Laport, der Vizepremier der Quebecregierung, wurde von der FLQ auch am selben Tag gekidnappt und natürlich wollte sein Parteikumpel Pierre Trudeau ihn schnell wiederhaben. Fünf Tage vorher wurde der britischen Diplomat James Cross auch gekidnappt und so setzte Pierre Trudeau das kanadische Militär ein, um diese zwei Männer zurückzuholen.

Die FLQ war eine linksextremistisch-nationale Terrororganisation und strebte ein marxistisches und von Kanada unabhängiges

Quebec an. Glücklicherweise fand es in Kanada keine große Unterstützung, da es ja auch ganz Kanada spalten würde.

Unsere Batterie etablierte sich in einem leeren Schuppen auf dem militärischen St. Hubert Camp. Aber unsere Suche nach den zwei Männern wurde schnell eine komplette Farce. Für solch eine Suche oder einen Aufruhr braucht man gut ausgebildete Personen, die Schlagstöcke und Schilder haben, und diese hatten wir leider nicht. Wir waren einfache Fallschirmjäger und so trainierten wir mehr unsere Gewehre anstelle von Schlagstöcken. In anderen Worten, wir waren kein Beispiel für die britischen Soldaten in Indien, die 1919 während dem Jalliawallah Bagh Aufruhr mit ihren Gewehren auf unbewaffnete Zivilisten schossen und sie töteten. Und in 1919, wie auch mit uns in 1970, stand immer ein Offizier vor den Gewehren, der den Riot-Gewaltakt las und der Meute befahl, schnell abzuhauen, ehe wir schießen mussten.

Und ich wusste auch, dass wir es nicht tun würden. Denn alle von uns, auf beiden Seiten, waren Kanadier und glaubten an ein vereintes Kanada. Und das Blut unserer Brüder und Schwestern vernichtete nur die Einheit Kanadas.

Der Airbornes größte Tat in Montreal war, die Terroristensuche in Albert's Pet Laden durchzuführen. Aber sie wurden dort nicht während der Suche gefunden. Aber es war auch das erste Mal in Kanadas Geschichte, dass Hunderte schwer bewaffneter Soldaten ein Katzenhaus voller schurrenden Miezen fand, die hier lebten. In anderen Worten, es war unglücklicherweise eine Suche, in der man keine Terroristen, sondern nur vierbeinige Miezen fand.

Wir benutzten auch Helikopter in unserer Terroristensuche und sprachen dann auch über die übliche amerikanische Methode des *defenestrate* oder *unspiegel,* indem man einen Gefangenen aus dem 300 Meter Höhe aus einem Helikopter warf. Aber glücklicherweise starb Pierre Laporte, ehe wir diese Methode ausprobieren konnten, und daher übten wir ein bisschen mehr mit unseren Gewehren.

Wir hatten das Pech, die FLQ Schurken nicht zu erwischen, aber trotzdem war die *Operation Essay* ein großer Erfolg, da wir schnell lernten, mit administrativen und logistischen Notfällen umzugehen. In anderen Bataillonen geschah das nicht wie bei uns und einmal wurde sogar ein Soldat getötet. Der schönste Bonus, den wir im St. Hubert Camp hatten, war, wenn unser eifriger Jeepfahrer mit seinen zwei bewaffneten Wächtern es immer schaffte, mit unseren nächtlichen Pizzas an den FLQ-Wächtern vorbei in unseren Schuppen zu fahren, sodass wir etwas zu essen hatten.

Während wir in Montreal nach FLQ Terroristen suchten, fand die *Operation Ginger* in Ottawa statt. Sie hatte dasselbe Ziel, nämlich Terroristen zu finden. Jedoch wurde sie nie so öffentlich ausgebeutet wie die *Operation Essay*. Ich fand auch, dass die ganze FLQ-Suche falsch war. Drei Jahre waren seit der wundervollen und unifizierenden EXPO 67 vergangen und plötzlich zerbrach Pierre Trudeau das Land mit seinen *maudit Anglais* und *verdammten Fröschen,* die er zu finden versuchte. Als eine politische Entscheidung war der kanadische Kriegsmaß-Akt eine schlechte Bestimmung und am Ende kostete er Trudeau auch die Liebe seiner Nation.

Nach einem Monat in Montreal packte ich wieder meinen Rucksack und flog zurück nach Edmonton. Viele Briefe meiner Sammlerfreunde warteten dort schon auf mich und mussten beantwortet werden.

Pierre Laporte wurde später der Name einer Brücke in Quebec City aber das Airborne-Regiment wartete nicht so lange darauf und flog anstatt für eine andere Übung nach Fairbanks in Alaska. Auf den Weg dorthin drehten unsere Herkules-Piloten die Heizungen voll auf und so sprangen wir mit warmen Schweißfüßen. Und mit unseren Zelten zerstreut im Schnee waren wir auch schwer zu finden und viele meiner Kameraden wurden dann krank. Ich zum Beispiel verlor beinahe meinen linken Zeh.

Als alte arktische Besucher hatten wir einen Riesenfehler gemacht und den Piloten nicht befohlen, die Flugheizung kalt zu lassen. So schwitzten wir im Flugzeug und in Alaskas arktischer Kälte fror unser Schweiß zu bitterem Eis. Wenn ich jetzt tanzen gehe, erinnert mich mein schmerzender Zeh immer an Alaska.

Sechs Monate später flog ich nach Mount Logan in Yukon, um dort Wissenschaftlern zu helfen. Unter der Fahne des Arctic Institute of North America arbeiteten viele Wissenschaftler dort in der bitteren Höhenluft des Erdballs. Man brauchte Freiwillige dafür und so meldete ich mich. Ein Buffalo-Flugzeug flog uns zum Kluane Lake Camp am Alcan Highway und das Mount Logan Sommer Camp war nur eine Stunde Flug von dort entfernt. Aber der Wetterunterschied zwischen diesen zwei Lagern machte es sehr schwer, das Sommerlager zu erreichen.

Die Wissenschaftler gruppierten uns in verschiedene Teams, um das DIAMOX Medikament zu untersuchten. Es gab auch eine Zivilisten-Unterstützungsgruppe die uns unterstützen sollte. Ihre Belohnung dafür war die Freiheit, in den St.-Elias-Bergen herumzuklettern.

Der militärische Leitoffizier, der mit uns gekommen war, war ein junger Leutnant. Wir nannten ihn *Wild Bill* da er wie andere dumme Cowboys immer blöde Sachen machte, für die er nicht verantwortlich war. In Kluane Lake war es sein Traum, ein Holzhaus aus herumstehenden Bäumen zu bauen. Natürlich gab es damit ein Riesenproblem, da ein Baum dort Hunderte Jahre braucht, um auf dem subarktischen Boden zu wachsen. Und da *Wild Bill* auf seinen Plan bestand, kontaktierte ich die Forest Rangers, die ihn auch endlich stoppten.

Wild Bill machte später auch noch ein paar mehr dumme Sachen aber diesmal stoppte ich ihn. Und am Ende endete seine militärische Karriere als ein Major in Petawawa.

Nach dem Mount-Logan-Abenteuer flog ich zurück nach Edmonton und hörte dort von Buxtons tödlichem Unfall. Dann fuhr ich in meinem Datsun 240Z Auto nach Mexiko, aber Amalia war auf Urlaub in Argentinien und sie hatte auch vergessen, mir zu schreiben.

Also sah ich mir den Mount Orizaba und das legendäre Dorf Camerone der französischen Fremdenlegion an.

So fuhr ich zurück nach Edmonton und von dort zu meinem Paylevel-6A-Kurs in Gagetown.

Im Dezember 1972 flog ich wieder nach dem Norden zu der „Nomadic-Hunter"-Übung in Churchill. Churchill ist ein ziemlich öder Ort, ein kleiner bewohnter Platz, wo die Bäume Kanadas auf das Eis der kalten Tundra treffen. Weiße Eisbären treffen sich oft dort, um sich Leckerbissen vom Müllhaufen zu holen.

Unser komischster Airborne-Typ war dort Les Skinner. Er war mein Truppenspieß und als spleeniger Mann hatte er zwei Höhepunkte; erstens einen sehr unflätigen Mund und zweitens ein goldenes Herz. Ein unflätiger Mund bedeutete, dass Les schwor wie ein Matrose und da in 1972 Gold sehr wenig Wert hatte, kostete es auch nur 34 Dollar pro Unze. So war es im Winter 1972 ziemlich kalt und wir kampierten meistens in Zelten auf der eiskalten Tundra und das gefiel Les nicht. So rief er eine Taxe, stopfte seine 25 Untergebenen hinein und mietete dann ein kleines Zimmer in einem Hotel. Nun, 26 Soldaten in einem kleinen Zimmer sind nicht sehr militärisch, aber zu der Zeit war Les nicht militärisch angehaucht und so nahm es ihm keiner übel. Die Männer überlebten die Nacht und am nächsten Tag sahen alle zu, was geschehen kann, wenn ein Fallschirmjäger seinen Muklukstiefel während eines Fallschirmsprungs verliert. Meistens läuft man ja dann barfuss bis zum Pick-Up Punkt.

Ein paar Monate später kam ich nach Churchill als *New-Viking*-Mitglied zurück. Eine des Airborne-Aufgaben war ja der Schutz nationaler Interessen des Nordens zu sein. So formte die kanadische Armee ein Team und nannte es *New Viking*. Major Patterson war damals ihr Chef.

Major Patterson war ein legendärer Offizier und kannte die Arktis so gut, dass sogar die Eisbären mit ihm sprachen. Weil er der Chef was, schickten ihn Bataillone wie die Airborne die Ausbilder die er brauchte. Andere Bataillone schickten ihm danach Kandidaten dafür und die kamen aus ganz Kanada. Um die Arbeit der Kandidaten zusammenzuhalten, wurden sie natürlich in Gruppen geteilt.

Vom Wetter abhängig, blieben die Kandidaten zwei bis drei Wochen. Erst gingen sie alle durch ein Erneuerungstraining, das später in ein Vollzugstraining umgebaut wurde. Natürlich blieben die Ausbilder die ganze Zeit bei den Kandidaten. Und da außer den Russen der arktische Krieg eine ziemliche Neuerscheinung war, hatten die Kandidaten viel zu lernen.

Aber einige unser Schüler dachten, wir machen nur Witze und so kam es zu vielen Unfällen. Manchmal schissen und urinierten die Kandidaten in den Zelten, da es zu kalt für sie war, in 50 Grad unter Null ins Freie zu gehen. Und so schlief ich lieber draußen mit den Bären als mit ihnen im selben Zelt.

Aber wir hatten auch Soldaten sowie ein paar kluge Offiziere aus den USA, die etwas lernen wollten. Sie spielten sich oft gegenseitige Streiche und einmal zog einer der Offiziere das Schwanzende einer Zwei-Stunden-Schicht, die sehr nahe dem Schichtende und mit der Ofenfüllingszeit der vorigen Schicht, war. Und da die Naphta-Ofenfüllzeit draußen in der Kälte war, bedeutete es, dass der abgehende Offizier aus dem Zelt gehen musste, um den Ofen zu füllen, damit der kommende Offizier ein warmes Zelt hatte.

Aber das geschah nicht. Der abgehende Offizier drehte hin und wieder den Hahn des Ofens zu, sodass der Ofen nur ein bisschen Naphta hatte, als der zweite Offizier die Pflicht übernahm. Und ich lachte in meinem Schlafsack als dem kommenden Offizier der Ofen und das Licht ausging. Und ich lachte noch mehr, als der kommende Offizier den abgehenden Kameraden aus seinem Schlafsack zog, ihn ins Freie warf und dann die Tür verschloss.

Wir bewunderten auch Major Patterson und seine Hündin. Als seine Hündin kleine Babys hatte, steckt er er sie immer in die Toilette, damit kein andere Hund an sie heran konnte. Und er schenkte auch die Babys Kandidaten von anderen Teilen Kanadas, sodass die Blutlinie der Hündin sich nicht irgendwie vermischen konnte.

Der Major bestellte auch manchmal seine Ausbilder zum Aurora Borealis Club, sodass er nicht alleine trinken musste. Natürlich bezahlte er auch für unsere Getränke und die waren viel besser als der Grapefruit-gesäuerte Medizinalkohol, den wir in unserem eigenen Zimmer tranken.

Einmal lief ich mit einem Airborne-Kameraden über das Eis des glucksenden Churchill-Flusses zum antiken HBC Fort Prince of Wales Fort. Es war schon seit Hunderten Jahren verlassen und ich wunderte mich sehr, wie die Menschen dort einmal lebten. Ein Hudson-Bay-Schiff besuchte das Fort manchmal im Jahr und auch Manitoba-Indianer kamen nur manchmal.

Nur noch eine Übung hatte ich vor meinem Urlaub auszuführen. Die war in Tofino, wo wir mit der kanadischen Marine arbeiten mussten. Les Skinner kam mit uns und zusammen schifften wir uns auf einem kanadischen Majesty's-Zerstörer ein. Wir fuhren damit raus zur See, wo die ganze Mannschaft sich mit ihren Waffen versammelte. Der Plan war mit einer heruntergelassenen Leiter in ein wartendes Gummischiff zu springen, um damit zum Land zurückzufahren.

Die Übung geschah in kompletter Ruhe und in dunkler Nacht und war kompliziert, da der Zerstörer und das Gummischiff schaukelten. Alles war ruhig, bis Les das Schiff bestieg und dann mit schriller Stimme dem Steuermann laut zurief: „Steure dieses fickende und schwanzleckende Arschloch eines verfickten Schiffs den kürzlich verfickten Weg zur verfickten Landungsstelle."

Eigentlich wollte wir nur etwas Geld sammeln und es dem Steuermann geben, damit er Les in Meer schmeißen würde. Aber Les hörte davon und so fiel die Idee ins Wasser.

Wir hatten auch noch zwei Fallschirmsprünge vor uns und der schlimmste davon war der „Für die Fahne Marschieren"-Sprung, in dem der Wind vom Nordpol blies, als wir mit dem Fallschirm sprangen. Und dann kam die *Für-die-Fahne-Marschieren-Feier*, wo als Nebenaufgabe zwei unserer Kanonen erst zerlegt, dann über ein

Hindernis gebracht und wieder zusammengebaut wurden, nachdem sie abgeschossen wurden. Alles gegen die Uhr und mit äußerster Präzision.

Als die Feier vorbei war, haute ich ab vom Airborne-Regiment. Die Verantwortung für meine Edmonton-Flucht war die französische Sprache, die ich in Ottawa lernen sollte. Pierre Trudeau wollte alle wichtigen Jobs in der Regierung von zweisprachigen Kanadiern besetzt haben und so gab mir mein Oberst die Genehmigung dafür. Aber erst musste ich einen kleinen Basistest in Winnipeg bestehen. So flog ich nach Winnipeg, bestand den Test und kam zurück. Es was jetzt Ende August und der Wind blies ein bisschen stärker als vorher. Ich drehte meinen Datsun ostwärts und fuhr dann morgens gegen die Sonne.

Schlimmer als in Edmonton konnte es auch in Ottawa nicht sein.

Das Jahr, in dem wenige Autos fuhren

Au jardinde non pére les lauriers sont fleuris;
Au jardinde non pére les lauriers sont fleuris,
Tout les oiseaux du monde
Vont y faire leurs nids.

Old French lyrics

Ich kam in Ottawa nach einer langen Fahrt durch die Prairies an. Ich nahm mir meine Zeit, übernachtete nur in B&Bs und hatte dort eine Menge Argumente über die Mondlandung. Dann sah ich meinen Freund Ed Irving und seine Frau Maureen in Ottawa und meldete mich beim Militär-Hauptquartier. Man sagte mir, dass ich auf der Rockcliff-Basis nahe des Sprachenzentrums übernachten konnte, und so fuhr ich dorthin.

Da meine Wohnung wichtiger als die Sprache war, ging ich zuerst zur Rockcliff-Basis und man gab mir dort ein schönes altes Zimmer in einer alten Baracke nahe der Küche. Und danach fuhr ich zur Carsom Road und zum Sprachenzentrum. Der Kurs würde in ein paar Tagen starten und man gab mir auch die Informationen dafür.

Mein Kurs war gezielt an Beamtenanfänger gerichtet, erlaubte aber auch das Militär. Und für ein Jahr brauchte ich auch keine Uniform zu tragen. Und als der Kurs anfing waren die Worte die ich zuerst lernte: „c ‘est que ce?“

Regierungsgeleitet wurde unser Kurs durch Pierre Trudeaus Sprachchef Keith Spicer. In anderen Worten, er war die Ombudsperson zwischen der sich bekämpfenden englischen und französischen Sprache.

Am Anfang waren wir alle Anfänger und keiner sprach ein Wort Französisch. Ich war der schlechteste von ihnen und steckte in John Diefenbackers Kategorie. Trotzdem versuchte ich Französisch zu lernen, hatte aber dabei auch schon meine englische Grammatik vergessen. Mein Englisch was das der Bergwerke und der Armee, in anderen Worten, nicht das allerbeste.

In militärischen Kursen war ich immer einer der Besten, da es dort unmöglich ist, nicht durchzukommen. Ihr großes Ziel ist die Mittelmäßigkeit der Teilnehmer und wie ich später lernte, steckte dort sogar das A-Niveau auf einer 85+-Ebene.

Trotzdem versuchte ich die Worte und Bedeutungen des französisch-Kurses so gut wie möglich zu lernen, hörte aber nach ein paar Monaten damit auf. Mit dem Französisch mir zum Hals heraushängend, überquerte ich oft den Ottawa-Fluss um in Hull Bingo zu spielen und die Aussprache der lokalen Menschen zu hören.

Es wurde mir bewusst, dass die Regierung nur die Statistiken des Kurses und nicht ihr Wissen haben wollte. Es wäre klüger für die Regierung gewesen, mich zur 5 RALC in Valcartier zu schicken, da ich dort schneller Französisch gelernt hätte.

Von Zeit zu Zeit besuchten uns hochbezahlte Beamte, um unsere Anwesenheit zu überprüfen. Sogar Keith Spicer besuchte uns und seine Rede an der Carson Road über Bilingualism war beinahe identisch mit der Rede, die er 18 Jahre später in Inuvik gab, wie man die Nationale Einheit verbessern kann. Ich hörte beiden Reden zu und alle zwei schickten mich ins Reich der Träume.

Aber eine andere Sprache bedeutet auch die Möglichkeit einer Selbstverbesserung. Zur Zeit ist mein Französisch immer noch nicht das Allerbeste, gibt mir aber die Möglichkeit, weltweit mit andern Menschen zu reden. Es öffnet auch die Türen zu einer anderen Literatur und dafür bin ich sehr dankbar.

Und der Kurs war auch nicht der allerbeste für Militärteilnehmer, Unsere Lehrer sprachen ausgezeichnetes Französisch, aber es war das Französisch der Beamten. Ich nahm auch Teil an Zuckerbuschpartys und die waren im lokalen Französisch, das ich nicht verstand, und darum brachten sie mir auch keine Hilfe.

Mit etwa tausend Teilnehmern in der Carson-Road-Schule gab es auch viele Militärstudenten. Aber ihr Rang, den ich nicht sah, bedeutete nicht, dass wir keine Uniformen trugen. Aber es gab einen großen Unterschied zwischen dem Carson-Road-Kurs und dem Militär-Kurs, den ich neun Jahre später mitmachte. Im Carson-Road-Kurs trugen wir keine Uniformen, aber alle Militärpersonen respektierten ihre Ränge und keiner benutzte familiäre Namen. Aber in meinem späteren Kurs trugen alle Teilnehmer ihre Uniformen und die unteren Ränge versuchten immer, sich mit den höheren Rängen zu verbrüdern.

Zwei große Ereignisse geschahen während meines Kurs. Keiner von ihnen war militärisch verbunden und keiner war eine gute Nachricht. Erstens, der Goldpreis verdoppelte sich beinahe und war zu der Zeit 154.00 Dollar per Unze. Und die Zweite war, dass OPEC eine Handelssperre an ihr Öl koppelte, die plötzlich die ganze industrialisierte Welt erpresste.

OPEC waren die zwölf Nationen der Öl-produzierenden Länder und das traf alle Kanadier ziemlich hart. Natürlich brauchte ich das Alberta Nummernschild, *Lass unsere östlichen Nachbarn im Dunklen frieren,* nicht zu übersetzen, da es alle kannten. Und trotzdem fuhr ich nach New York City, um meinen Onkel Max und meine Tante Dora zu sehen.

Es war eine schöne Fahrt zum Big Apple; erst nach Montreal, dann dem Fluss folgend nach West Point, wo ich das Museum besuchte, und dann zuletzt nach Brooklyn, wo Max und Dora in Carmines Haus schon für viele Jahre wohnten. Beide waren alt geworden und Dora wäre am liebsten zurück in Jena, aber das ging ja nicht. So blieb ich nur zwei Tage und fuhr dann zurück nach Ottawa.

Als ich meinen Weg durch französische Verben schlug, verbesserten sich meine Chancen auf eine Beförderung von Monat zu Monat. Und endlich, in Frühjahr 1974, kam sie auch. Und die Beförderung brachte das Problem einer neuen Wohnung mit sich.

Während meines Kurses wohnte ich ja oben auf einer alten Hütte in der Rockcliffe Base. Und die Beförderung bedeutete, dass ich ausziehen musste, um eine Wohnung irgendwo anders zu finden. Aber dafür hatte ich kein Geld and so tat ich nichts und blieb einfach in der Hütte wohnen. Ich trug ja sowieso keine Uniform.

Meine alte Wohnung ist das beste Beispiel der militärischen Regel, nichts zu tun, da sich das Problem am Ende sowieso irgendwie löst.

Manchmal schrieb ich auch meiner Mutter in Berlin und in ihrer Antwort sagte sie oft, dass sie altersgemäß auch nach West-Berlin gehen konnte. Da sie aber kein Geld dafür hatte, eröffnete ich ein kleines Konto für sie. Ich verdiente ja genug, aber dann kam Susan dazwischen.

Ich schrieb immer noch nach Autlan, um Amalia im Urlaub wiederzusehen. Ich dachte daran, sie zu heiraten, um danach mittels meiner Rente in Mexiko zu leben. Aber dann lernte ich Susan kennen. Und Susan war eine schöne Frau and darum interessierte mich meine militärische Karriere nicht mehr. Ich war ja erst 39 Jahre alt und eine andere Karriere konnte ich leicht finden.

Susan arbeitete als Verkäuferin in einem Buchladen und sollte ich sie heiraten, dann wäre es auch das Ende meiner mexikanischen Reisen. Und das wollte ich auch nicht, aber Susan machte mich altes Kriegspferd zu einem schnurrenden Miezekater. Darum hatte ich auch keine andere Wahl, als Amalia zu schreiben, dass ich Susan kennengelernt hatte. Und um ehrlich zu sein, es tut mir heute noch weh, dass ich es Amalia zuliebe auch getan habe.

Dann kam auch noch das Zypern-Problem. Das Zypern Problem startete in 1570, als die Türken die Venezianer besiegten und sich dann dort niederließen. Aber England besiegte die Türken in 1878 und übernahm Zypern erst als Vertrauensposten und später, nach dem Ersten Weltkrieg, in voller Machthöhe. Aber die griechischen und türkischen Einwohner Zyperns arbeiteten bis zum Ende des Zweiten Weltkriegs zusammen. Nachdem der zweite Weltkrieg den Briten die meisten ihrer Kolonien weggenommen hatte, änderte sich auch das Machtgefüge in Zypern. Der griechische General George Grivas baute mit Erzbischop Makarios die EOKA-Organisation auf, die unter dem *enosis*-Motto die Briten aus Zypern jagte.

Fünf Jahre bitterer Kriegsführung folgte und in 1960 wurde Zypern ein unabhängiges Land. Makarios wurde ihr erster Präsident, aber die Türken und die Griechen Zyperns fingen wieder an, sich zu bekämpfen. Darum stellte die UNO Friedenstruppen dort auf und Kanada war eine von ihnen. Und mit unserem ersten Kommando dort, das die touristischen Frauen dort nur umgarnte, entschloss sich die griechische Nationalgarde, die Führung zu übernehmen. Daraufhin rebellierten die Türken, bombardierten den Präsidentenpalast in Nicosia und Makarios floh zum britischen Akrotiri-Lager. Und da die UNO eine türkische Invasion befürchtete, wollte Kanada auch unser erstes Kommando mit dem kompletten Airborne Regiment unterstützen.

Während all diese Dinge in Zypern geschahen, lernte ich Französisch in Ottawa. Eigentlich sollte ich danach zu 5 RALC in Valcartier gehen, aber mein Zug zum Airborne-Regiment war immer noch stark da dort *Dougie-Pooh* der Batterie-Chef war. Und Zypern klang auch besser als Vietnam und erinnerte mich an Rudyard Kiplings Worte, die Suez als ein gutes Beispiel hatte:

Verschiffe mich irgendwohin östlich von Suez, einen Platz wo das Beste genau ist wie das Schlechteste, wo es keine zehn Befehle gibt und wo man noch in Ruhe trinken kann.

So rief ich Edmonton an und stellte mich dort zur Verfügung, Danach fuhren Susan und ich zur Stadt, wo ich ihr einen Verlobungsring kaufte. Ich war mir sicher, dass man mich nach Edmonton abrufen würde und am nächsten Tag geschah es auch. Dann packte ich meine Sachen in einen Koffer und 38 Stunden später war ich wieder zurück in Edmonton.

Tief im Schützengraben der Aphrodite

Wenn du den Kommandanten suchst,
Dann weiß ich wo er ist,
Er ist unten im tiefsten Graben,
Ich hab ihn dort gesehen,
Tief in den tiefsten Graben,
Ich hab ihn dort gesehen,
Wenn du das alte Bataillon suchst,
Ich weiß, wo du sie findest,
Sie hängen am alten Stacheldraht,
Ich hab sie dort gesehen ...

Es war erstaunlich, wie schnell sich unser Airborne-Regiment versammeln konnte. Viele Kameraden waren auf einer Übung in der Mojave-Wüste and die meisten anderen waren im jährlichen Urlaub. Aber alle kamen innerhalb 48 Stunden zurück. Zusätzlich hatten wir auch einige Rekruten, die nicht einmal ihre Ausbildung abgeschlossen hatten. Und dann hatten wir auch drei Nicht-Springer von Shilo, die gerne einmal Zypern sehen wollten.

Erst flogen wir von Edmonton nach Trenton und dann nach einem Tankstopp in Lahr nach Akratiri im Nord/Nordwest-Zipfel von Zypern. Dort bekamen wir scharfe Munition und danach wurden wir nach Nikosia gefahren und schließlich im Ledra Palast eingebettet.

Die Mission meiner Batterie war es, die Augen und Ohren der hiesigen UNO-Abteilung zu sei. Und darum gab man uns auch den schlimmsten Platz im Ort an der *Grünen Grenze,* nämlich ein Haus ohne Keller. Mit anderen Worten, unser kellerloses Haus wurde das Operationshaus für unsere Batterie. Und da es sehr nahe an der Grenze war, schlugen dort auch oft schwirrende Mantelgeschosse ein. Das bedeutete für den kommandierenden Offizier, dass er einen Keller haben musste. Und da sein Funker eine Person war, die immer das Funkgerät bediente, musste er den Graben selbst buddeln.

Und dieser Kapitän war ein sehr langer Mann und so dauerte mehrere Wochen, bis sein Kopf endlich in der Erde verschwand. Aber schließlich bekam er Hilfe von anderen Kameraden und dann saß er am Scheibtisch, weil die Kameraden ein uraltes britisches Lied sangen:

Wenn du den Kommandanten suchst,
Dann weiß ich auch, wo er ist ...

Es war ein trauriger Moment für das Airborne-Regiment als die Türken unseren Kameraden Gilbert Perron direkt auf der Straße vor unserem Haus erschossen. Später sagte man, dass die Türken auf den begleitenden Leutnant Pierre Le Blanc zielten und das könnte auch wahr sein, da die Zyprioten auf der linken Seite einer Straße fahren.

Die Türken versetzten oft ihre Fahnen, um uns in die Irre zu führen. Eines Tages machten sie das mit dem Gebäude direkt vor uns. Unserem Major *Dougie-Pooh* gefiel das gar nicht und so fragte er nach Freiwilligen, um die Fahne zurück zum richtigen Platz zu versetzen. So kletterte ich auf das Haus und setzte die Fahne, wo sie sein sollte. Ich wusste, dass die Türken mit ihren Flinten auf mich zielten, wusste aber auch, dass sie nicht auf mich schießen würden. Ich war nämlich die Person, die sie heimlich mit zollfreiem Whiskey versorgte.

Wir hatten auch den Kluane-famed *Ranger Bill* bei uns als unseren Sport-Offizier. Und eines Tages wollte er den Ledra Palaces Swimming Pool für seinen *Vertrauenstauchgang* benutzen. Ein *Vertrauenstauchgang* war der Vorgang, wenn ein Mensch mit seiner kompletten Ausrüstung und seinen Waffen auf das Brett des Springturm kletterte, sich die Augen verbinden ließ und dann langsam mit dem Gewehr auf seinen ausgestreckten Händen das Brett entlang zum Swimming Pool lief. Langsam am Ende des Bretts angekommen, fiel der Mann nun in den Pool. Aber *Ranger Bill* wollte mehr. Er wollte dass sich der blinde Taucher an seinen Gewehr festhielt und unter Wasser zum Poolende schwamm. Wenn eine Person das nicht alles tat, dann konnte er *Ranger Bills Vertrauenstauchgang* wiederholen.

Da ich diesen *Vertrauenstauchgang* ein paarmal wiederholen musste, konnte ich auch verstehen, warum die Soldaten der amerikanischen Armee in Vietnam ihre Offiziere oft hassten.

Wir hatten auch eine britische Anti-Tank-Swingfire-Einheit mit uns. Durch die Schlagkraft ihrer Raketen respektierten die Griechen sowie die Türken diese Einheit und es war auch der Grund, warum unsere Batterie nie attackiert wurde.

Im August 1974 wurde die Airborne-Batterie zum Nikosia-Flughafen versetzt. Die Türken wollten den Flughafen als ihren Warenlieferungsort haben und das mussten wir natürlich verhindern. Die Swingfires zogen mit uns um und im Fall aller Fälle würden uns auch die Engländer helfen. Nicht, dass wir das wollten, helfende Luftwaffen Flugzeuge töten oft auch helfende Menschen.

Der Flugplatz war ganz in der Nähe des UNO-Territoriums und von hier konnten wir auch sehen, wie die Türken sich im Busch einbuddelten. Also war das Erste, das wir taten, uns zu verschanzen. Der Flugplatz ist wahrscheinlich noch immer verschanzt. Aber da wir ihn nicht richtig verschanzen konnten, taten wir es mit der umgebenden Erde. Und unter einer globalen Hitze. Um das einfach zu machen, bauten die Jungs eine schiefe Gleitrutsche, damit wir nicht über die Treppe mussten. Aber nachdem der Sand und die Erde auf dem Dach ankamen, musste er dennoch mittels Handtransport zum Ablegepunkt gebracht werden.

Wir bauten auch tiefe Gräben für unsere 81-mm-Mörser. Damit unsere Mörser auf dem Flughafen zu verschanzen, war nicht die einzige Arbeit, die wir verrichteten. Laut der UNO mussten wir auch die Griechen und Türken beobachten und danach die Berichte dafür schreiben. Die Arbeitszeit für diese Aufgaben war vier Stunden und dann acht Stunden frei – aber ohne Buddelzeit. Diese kam dann extra.

Was unsere Soldaten taten während ihrer Freizeit war genau das, was Soldaten immer tun. Genau gesagt: trinken, Weiber jagen und plündern.

Zollfreien Whiskey und Bier hatten wir viel, Frauen gab es genug während der Freizeit und der Lufthafen war ideal fürs Plündern. Und die meiste Beute wurde mittels der kanadischen Post nach Hause geschickt.

Es war die Zollabteilung des Flughafens die am allerbesten zum Plündern war. Dort war eine Riesemenge der verschiedensten Artikel gespeichert, aber leider war sie auch mit einem starken Zaun umgeben. Aber unsere Leute wussten genau, wie man durch den Zaun kommen konnte, denn die Engländer zeigten es ihnen. Die Engländer waren die Soldaten, die vor uns den Flugplatz bewachten.

Wir plünderten genau so viel wie die Engländer. Denn als ich Zypern verließ, war die Zollabteilung schon leer. Aber meistens klauten wir nur kleine Dinge. Einer unserer Feldwebel klaute Makarios Telefon und ich bin nun Eigentümer des Flughafenchefs Kaffeetasse. Man kann sagen, dass das ganze Regiment plünderte. Viele dieser „Andenken“ kann man jetzt im Petawawa-Museum sehen, aber das bedeutet nicht viel, denn auf meinem Trip zum Big Apple stoppte ich auch in West-Point-Museum, um die Nazi-Trophäen zu bewundern. Und im West-Point-Museum sah ich nicht viel, das mich interessierte.

Nachdem der Flugplatz beinahe verschanzt war, fing der Krieg für uns an. Türkische Flieger warfen ihre Bomben an nahegelegene Ziele und einige unserer jüngsten Soldaten wurden von Türken und Griechen beschossen. Der plötzliche und mörderische Kampfdruck machte den jungen Soldaten nicht viel aus, denn die damit verbundenen Medaillen und Orden gingen zu Soldaten, die viel besser mit dem Militär verbunden waren. Es war eine Art des Krieges, die wir nur aus Filmen kannten und für die wir nie geübt hatten. Die bajonettierten türkischen Soldaten griffen die maschinengewehrspeiende griechische Nationalgarde an und keine der zwei Seiten schaffte den Sieg. An ihrer Stelle ließen sie uns mit tTusenden Toten zurück.

Sobald dieser fruchtlose Kampf vorbei war, gingen unsere Soldaten zurück zum Verschanzen des Flugplatzes. Aber Ranger Bill hatte jetzt entschieden, dass wir zu viel Zeit damit verbrachten und entschloss sich, uns *Extra-Training* aufzuerlegen. Und dieses *Extra-Training* war der jährliche *zweimal-10-Meilen-Marsch*, in dem jeder Teilnehmer mit vollem Gepäck und Waffen zwei Mal zehn Meilen, oder 32 km, in einer bestimmten Zeit marschieren musste.

Normalerweise ist dieser Test gar nicht so schwer, aber in Zypern gab es eine glühende Hitze und mein Herz blutete für die älteren Soldaten, die ihre Zeiten nie schaffen würden. Aber am Ende hatte der Schiedsrichter ein goldenes Herz und stempelte auch ihre Tickets.

Unsere Munition wurde sicher im Flughafenkeller gebunkert, wo man ja das Förderband zum Einsatz bringen konnte. Und da wir den Flughafen kontrollierten, ließen wir auch die Munition unbewacht. Aber das Wort der unbewachten Munition machte schnell seinen Weg zu unseren griechischen Mitarbeitern und eines Tages erwischten wir einen Kellner, der unsere Munition stahl.

Wir hatten auch ein *Stand Easy,* wo man zollfreie Getränke kostenlos trinken konnte, um danach das Getränk wieder zu ersetzen. Jedoch einige Diebe unter uns tranken diese Getränke, aber ersetzten sie nie. Natürlich nahmen wir an, wer diese Diebe waren, und legten auch eine Falle, um sie zu erwischen.

Ich kampierte im Büro des Flughafenchefs und wurde einmal beinahe reich. Über meinem Bett war ein kleiner Safe eingebaut und ich wusste nie, dass Geld darin gespeichert war. Bis eines Tages der ehemalige Luftplatzchef ihn leerte und ungefähr eine halbe Million Dollar herausnahm. Mein Zimmernachbar trat mir jetzt in den Arsch. „Das hätten wir auch machen können“, sagte er und er hatte recht. Wir hatten hunderte von M72 Raketenwerfer im Keller und nur einer von ihnen hätte auch den Safe geöffnet.

Der UNO-Sekretär Kurt Waldheim besuchte uns eines Tages, um den Flughafen zu sehen, und stieg auch auf das verschanzte Dach. Aber er sprach nie mit einem unserer Soldaten und das machte mich sauer. Man denkt doch, dass UNO-Sekretäre auch Gentlemen sind und Gentlemen schütteln ihre Hände auch mit normalen Menschen.

Als der Krieg sich verlängerte, übten wir auch mit unseren Mörsern. Und um zu unseren Schießständen zu kommen, mussten wir durch die *Grüne Grenze* fahren, Als wir einmal zurückfuhren, vergaß man eine der Grundplatten auf dem Schießstand und so fuhren wir zurück, um sie zu holen. Aber es war zu spät, durch die *Grüne Grenze* zu fahren, und da wir auch keine Zelte dabeihatten und auch nicht im Wagen schlafen wollten, kampierten wir bei dem benachbarten Ghurka-Battaillon. Man erzählte uns dort viele Geschichten über London, wo die Ghurkas vorher stationiert waren. Wir tauschten auch unsere Adressen aus und ich habe immer noch viele von ihnen.

Im Nahen Osten wohnen Millionen von Katzen und eine von ihnen wohnte auch im Nikosia-Flughafen. Ich bemerkte sie, als sie die automatische Tür des Flughafens benutzte und sich weigerte, durch die ausgeschossene Tür zu gehen. Eigentlich war das Tier keine Katze, sondern ein Riesenkater und mein Airborne-Freund *Spike* kannte den Kater auch. Er wollte ihn sogar erschießen aber da der Kater mein Freund und Zimmernachbar geworden war, traute er sich das nicht. Aber als ich nach vier Monaten in Zypern zurück nach Ottawa fliegen musste um Susan zu heiraten, musste ich auch den Kater dort lassen. Aber Tom, dieser Kater, wusste das auch und so wurde er ein Verräter. Er verriet sein Geheimnis des Flughafens an eine schneeweiße Katze, mit der ich ihn einmal durch die automatische Tür schleichen sah.

Hier muss auch gesagt werden, dass die jungen Rekruten die Besten unserer Soldaten waren, da sie unsere Beobachterstäbe- und -gräber sowie die Arbeiten auf dem Flughafendach ohne Murren rund um die Uhr durchführten, Die älteren Männer betranken sich entweder oder ruinieren ihre Lastwagen im lokalen Dreck.

Zypern war nicht nur Arbeit, sondern auch Freizeit für uns. Nachts fuhren wir oft nach Nikosia und ließen immer eine Wache mit unseren Fahrzeugen dort. Eines Nachts wurde aber unsere Wache müde und fragte eine der spazierenden Damen, mit ihm im Fahrzeug zu sitzen. Unglücklicherweise sah das auch ein spazierender Pfarrer und berichtete es dem Hauptquartier. Nachdem die Nachricht dieses Vorfalls ihren Weg durch das Regiment machte, wurde selbstverständlich auch die Anwesenheit der Soldaten in der Kirche viel kleiner. Wenn man einem Pfarrer nicht mehr trauen kann, ist ja auch seine Gefolgschaft verloren.

In Zypern waren alle Griechen für uns *Georges* und all Türken *Omars* und während meiner letzten Nacht dort hatte die Batterie dort eine *Männer-Party* für mich organisiert. Wir luden auch Major Omar, den benachbarten türkischen Kompaniekommandeur, ein, aber er lehnte ab, als er hörte, dass der Koch ein *George* war, der meine Mahlzeit zubereitete. Ich dachte oft darüber nach und letztlich kam ich zu dem Entschluss, dass Omar wahrscheinlich seine Vergiftung befürchtete.

Aber Omar war ein sehr guter Soldat. Ich sprach oft mit ihm über die türkische Geschichte und nachdem wir ein paar Tassen Tee hatten, machten wir auch ein paar Privatgeschäfte. Und im Allgemeinen respektierte ich die türkischen Soldaten mehr als die griechische Nationalgarde, die ich auf eine sehr niedrigere militärische Stufe setzte.

Der Untergang des Eisernen Vorhangs änderte die Mittelmeer-Ökonomie einschließlich auch der von Zypern. Die dortigen Straßenhändler verkaufen nun auch ihre schmutzigen Postkarten an russische Touristen.

Reich mir die Hand zum Leben

Reich mir die Hand zum Leben,
Komm auf mein Schloss mit mir,
Kannst du noch widersprechen?
Es ist nicht weit von hier!

Altes deutsches Liebeslied

Nachdem mein Flugzeug in Ottawa landete, brauchte ich nur zwei Wochen Freizeit, um verheiratet zu werden. Zuerst küsste ich Susan und dann ihre Eltern Alice und Rodney und am nächsten Tag fuhren wir zu einem kleinen Ort, um unsere Möbel zu bestellen. Dann flog ich nach Edmonton, um uns eine Wohnung zu mieten und mein Auto aus dem Einlagerungsdepot zu holen. Danach fuhr ich zurück nach Ottawa und dann kam unser Hochzeitstag.

Es war eine wunderschöne Hochzeit, in der Alice und Rod ihr ganzes gespartes Geld verbrieten. Es war auch nicht genug Zeit für einem Honeymoon, da ich schnell wieder in Edmonton sein musste. Daher mietete ich nur ein Zimmer im Park Lane Hotel und einem Anhänger, damit wir schnell von Ottawa wegkamen. Mit Susan neben mir war unsere Hochzeitsnacht ein wunderbares Erlebnis. Susan liebte Sex mit allen seinen vielen Variationen und ich konnte mir gut ein erfülltes Leben mit ihr vorstellen. Aber da das Morgengrauen früher kam, als es geplant war, spannten wir den mit Hochzeitgeschenken beladenen Anhänger hinter das Auto und folgten der Sonne nach dem Westen.

Wir hielten eine Nacht in Brandon an, um Susans Tante und Onkel zu begrüßen. Es war auch die Nacht, in der David gezeugt wurde. Und zwei Tage danach waren wir in Edmonton, um dort später zusammen Weihnachten und Silvester zu feiern.

Susan war nicht wirklich begeistert von der Wohnung, die ich gemietet hatte. Die Wohnung war in einem dieser großen Häuserblocks, aber Susan nannte sie trotzdem *ihr Schloss,* da wir es ja gemeinsam teilten. Es war genau, wie ich es ihr vorher versprochen hatte. Und unsere Nachbarin brachte Susan immer in eine sexische Lust, die einen riesigen und vulgären Einfluss auf mich hatte, da sie immer Wiederholungen von mir verlangte. Ich kannte diese Frau nicht, aber unsere gemeinsame Wand machte uns zu Nachbarn und so hörten wir immer, wenn sie Sex von ihrem Mitschläfer verlangte. Tag und Nacht, es stoppte niemals. Natürlich wollte Susan das auch.

An meinem vierzigsten Geburtstag erzählte mir Susan eine Geschichte die ich nie vergaß, da es auch mein Leben veränderte. Sie fühlte sich etwas unwohl und so ging sie zu ihrem Gynäkologen, der sie fragte, ob sie Sex liebte – in anderen Worten, ob sie sexuelle Beziehungen hatte. Aber Susan verstand die Frage falsch, nahm es mehr persönlich und so errötete sie und sagte jubelnd: „Natürlich, Herr Doktor, ich liebe es furchtbar!"

Es war auch der Tag an dem Susan mir sagte, dass sie schwanger war.

Da Susan Sex liebte und mein Einkommen als Feldwebel nicht gerade üppig war, verkaufte ich ein paar Dinge, die mir lieb waren; so wie meinen Zeiss-Feldstecher mit einstellbaren Linsen. Und dann tat ich etwas Furchtbares und schrieb Amalia wegen einer größeren Summe, die ich ihr einmal lieh und jetzt wiederhaben wollte. Die Summe kam natürlich, aber machte mich nie richtig glücklich, da Amalia sie wahrscheinlich irgendwo borgte.

Als ich ledig war, hatte ich ein paar Freundinnen, aber die Frau die ich liebte, war Amalia. In Edmonton ging ich nie viel aus und, um ehrlich zu sein, masturbierte ich auch viel. Susan änderte das alles und ließ unser Bett immer schaukeln.

Susan liebte das Militär überhaupt nicht. Sie verglich es mit katholischen Priestern und sagte oft zu mir, dass zum Ehestand zwei Personen oder Dinge gehören, die zueinander passten; entweder vom Menschen zu einem anderen Menschen, oder einem Menschen zu

Gott oder aber nie zu einem Menschen, der zu einem von den Menschen geschaffenen Dinge wie das Militär gehört. Wenn diese Loyalität verschwindet, dann sind die zueinander passenden Partner auch nicht mehr hundertprozentig zuverlässig und es müsste sich etwas ändern.

Im nächsten Winter wurde ihr Punkt bestätigt. Normalerweise mussten wir im Winter die Skischule in Kananaskis besuchen, aber in 1975 fuhr ich anstatt nach Camp Kananaskis zur Skischule in Edson. Und da es in 1975 zirka 14 Monate nach der Ölkrise war, gab es auch weniger Öl für die Schulen. Aber *Ranger Bill* war immer noch in der Airborne Batterie und verlangte von mir, das zur Skischule führende Holz mit eintausend Litern Öl zu verbrennen. Ich war gerade dabei, „nein" zu sagen, als eine SIU-Botschaft mich rettete.

Die SIU war ein Teil des kanadischen Spionageabwehrdienstes und machte Sicherheitsüberprüfungen usw. Sie hatte auch ein Hauptquartier in Ottawa sowie eine Haus nahe des CANEX-Ladens, wo ich einst wohnte. Und die SIU wollte mich dort.

Ich was glückselig, von der Skischule wegzukommen, fuhr erst nach Edmonton zurück und dann flog ich nach Ottawa. Ich hatte auch keine Ahnung, warum die SIU mich sehen wollte. Ich hatte vorher Probleme mit meiner Sicherheitsüberprüfung, da ich ja von der DDR kam und von meiner Mutter hatte ich eine Kopie meiner Geburtsurkunde verlangt, die Susans Pfarrer sehen wollte. Aber das war eine alte Geschichte und ich wusste nicht, ob sich etwas verändert hatte.

In Ottawa gab man mir ein Zimmer im Park Lane Hotel und dann nahm mich mein Begleiter zum Haus an der Rockcliffe-Bucht mit. Dort wurde ich von zwei Mutt-und-Jeff Typen, die das *gute-Burschen-gegen-schlechte-Burschen*-Spiel spielten, verhört. Die meisten ihrer Fragen betrafen meine Mutter und so sagte ich ihnen, dass sie noch lebte.

Andere ihrer Fragen trafen mich unter der Gürtellinie. So wollten sie wissen ob ich in einem Krieg mit Kanada auch gegen Ost-Deutschland kämpfen würde.

Natürlich sagte ich „ja". Ich war frischverheiratet mit einer kanadischen Frau und ich würde alles bekämpfen, das auch mein Eheleben störte. Nachdem ich das zu Mutt und Jeff sagte, setzten sie mich auf den berüchtigten Lügendetektorstuhl, der Wahrheit und Lügen prüft. Am Ende sagte Mutt „Dankeschön" und ließ mich zurück nach Edmonton gehen, um Susan glücklich zu machen.

Einige Jahre später, im Lahrs-Kuhbach-Versteck, verhörte mich die SIU nochmals. Aber diesmal wollten die Verhörer wissen, ob ich jemals einen Offizier angelogen hatte. Zu der Zeit sagte ich ihnen auch die Wahrheit.

„Ich musste es tun, um meine Soldaten vor falschen Anschuldigungen zu beschützen."

Die Verhörer wussten nicht wie sie antworten sollten. Ich war mir aber sicher, dass der Lügendetektor meine Antwort ausdruckte und dass sie es dann überprüften würden.

Aber der Lügendetektor sowie auch Susan änderten mein Leben. Ich war ein guter Airborne-Soldat, aber meine Loyalität war plötzlich sinnlos, da sie ja nur eine Einbahnstraße war. Und Susan änderte meine Einstellung zum Leben, da sie aus einem alten militärischen Außenseiter einen mittelalten Ehemann und werdenden Vater machte.

Für eine Weile dachte ich sogar an einen Karrierewechsel.

Susan war qualifizierte Lehrerin, aber es gab keine Arbeit für sie in Edmonton. So fand sie die Aufgabe eines Mentors für behinderte Kinder in einem der schlimmsten Orte von Edmonton. Und da wir nur ein Auto hatten, musste sie mehrere Busse nehmen, um dort hinzukommen.

Aber nach sechs Monaten bekamen wir ein PMQ, ein kleines militärisches Haus nahe des Camps. Es machte es einfacher für Susan, zur Arbeit zu kommen, und ich lehrte ihr auch unser Auto zu fahren. Susan putzte das Haus so schön, dass es wunderbar aussah aber sie war ziemlich sauer, dass sie nur ein tolerierter Leibeigener des Militärs war. Manchmal sprach sie dann John Lennons Worte, *dass Frauen die Nigger der Welt* seien.

Natürlich hatten wir nur meinen Sold zum Leben und so fragten wir uns auch: Wie viele der neu-verheirateten Paare hatten wir nur die notwendigsten Möbel und wuschen unsere Wäsche in öffentlichen Münzwaschmaschinen?

Wir sparten auch ein bisschen Geld und eines Tages kam es zu der Wahl zwischen einem Farbfernseher und einem Allan-Sapps-Bild? Unglücklicherweise wählten wir das Fernsehen und verpassten den Kauf eines berühmten Gemäldes.

Manchmal besuchten wir auch Doug und Gwen Cooper. Doug war ein RCMP-Inspektor und Rodneys guter Freund und als er nach Edmonton versetzt wurde, kaufte er sich dort auch ein schönes Haus. Wir besuchten ihn, als er schon andere Besucher hatte, und einer der Besucher war ein Bankmanager. So sprachen wir über Geldgeschäfte und er lachte nur, als ich sagte, dass das Böse und Schlechte der Welt gut verwaltet ist bei Experten wie ihm.

„Vieleicht hast du Recht, aber wir sind keine Experten. Wir managen nur Vermögenswerte und eins von ihnen ist Geld. Bitte denk daran, dass es keine Experten in der Welt gibt und das der kleinste Experte die Person ist, die Geld verwaltet."

Während der Börsenkrise in den frühen 2000 Jahren dachte ich oft an diese Worte.

Im August 1975 hatten Susan und ich einen herrlichen Urlaub in Tofino und einen Monat später wurde David geboren. Meine kleine Familie war für mich das Zentrum des Universums. Militärische Übungen wurden plötzlich lästige Hürden an Stelle von schönen Abenteuern und als Susan hörte, dass ein Buchladen in Victoria zu verkaufen war, fuhr sie dorthin, um es zu überprüfen. Als sie mit leeren Händen zurückkam, bat ich meinen Chef um eine baldige Versetzung.

Aber erst gab es noch einige Übungen in Shilo und im Dezember wurden ich und meine Kanoniere zum Canyon des Frazer-Flusses geschickt um dort einen Steinrutsch zu verhindern. Meine 105-mm-Kanone war die ideale Waffe dafür, da der Steinrutsch nur 600 Meter entfernt war und unser 33-Pfund-Projektil genug Stärke hatte, den Rutsch ins Rollen zu bringen. Aber unser Schießen brach auch unsere eigenen Sicherheitsregeln, da wir unsere Schutzschilde wegnahmen um die Reporter bessere Bilder fotografieren zu lassen. Und nachdem das Schießen vorbei war, schliefen wir draußen im Schnee während des Hotels Lampen blinkten und uns zum Schlafen einluden. Warum? Nicht nur weil unser Hauptmann nicht genug Geld mitnahm, um die Zimmer zu bezahlen, sondern auch weil er der Mann war, der sich einst in Nikosias Keller versteckte.

Aber als ich in Edmonton zurück war, kam die Botschaft dass meine Versetzung genehmigt war. Ich musste zuerst einen 6B-Kurs machen und konnte dann in Camp Gagetown als Ausbilder bleiben.

Aber zuerst musste ich noch eine Übung mit der Airborne-Batterie durchführen. Diese Übung war in Graves Flat und hieß *Polar Bear Gate*, wo wir dann zusammen mit unseren Spaghetti-Kanonen auch eine Fallschirmübung ausführten. Einige unserer Kanonen landeten aber schlecht und litten unter vielen Schäden, woraufhin bei der Batterie eine Schwindeldatei aufgebaut wurde, die diese Schäden vervielfachte. Das störte natürlich mein Berufsethos, aber mein Chef befahl mir, die Schwindeldatei zu unterschreiben.

Susan und ich waren glücklich, mit heiler Haut endlich aus Edmonton herauszukommen. So luden wir David in unseren Datsun und fuhren wieder einmal der Sonne entgegen. Und diesmal unterschrieb ich jedes Mal unseren Hotelzettel mit *Battenberg* als meinen Namen und jedermann akzeptierte es als richtig, obwohl es auch der Name der Königin war. Wir stoppten in Ottawa, sodass David seine Großeltern begrüßen konnte und nach einer Eilfahrt durch Montreal und Quebec waren wir endlich in Fredericton.

Ich strahlte die ganze Zeit mit freudigem Gesicht als sich endlich meine kleine Familie in unserem kleinen Oromocto-Haus niederließ.

Das Haus, das wir immer haben wollten, schien endlich gefunden zu sein.

Wie man Offizier wird

Nur wer das Horchen lernte,
kann später auch befehlen.

Feldmarschall Hindenburg

Während der Siebziger-Jahre zog die kanadische Artillerieschule von Shilo nach Camp Gagetown. Es war ein logischer Umzug, da das Militär entschied, dass das riesige Gagetown-Gebiet besser zentralisiert war für die verschiedenen Kampfeinheiten der kanadischen Armee. Und das ehemalige Ausbildungsgebiet Shilo war sowieso ein Verlierer, da es von Deutschland für Experimente geleased wurde, womit auch die deutschen und kanadischen Ausbildungsperioden zu verschieden waren.

Was Camp Gagetown betrifft, ich hasste es als lediger Soldat, aber liebte es, nachdem ich Susan heiratete. Wir wohnten in einem kleinen Haus am Inchby Drive und obwohl wir grundsätzlich arm waren, fuhren wir oft durch die wunderschönen Neu-Braunschweig-Wälder. Ich war zu dieser Zeit auch ein sehr zufriedener Mensch.

Während dieser Jahre wurde Neu Braunschweig von einer schlimmen Fichtebudworm-Seuche heimgesucht der die Wälder vernichtete. Es war üblich, dass Menschen vom Insektengift auch besprüht wurden, da Pheromone noch nicht sehr bekannt war. Susan, David und ich wurden auch einmal besprüht, aber nachdem wir uns bei der provinzialen Regierung beschwerten, drohte man uns von dort mit einem Gerichtsverfahren.

Im Allgemeinen war Susan immer noch unzufrieden mit dem Militärleben, da für Frauen ihr Leben sehr schwer und auch eintönig war. Produktive und gut bezahlte Arbeit war für Frauen unmöglich zu bekommen und so arbeitete Susan freiwillig in einem Wiederverkaufsladen, um damit auch billigere Kleidung für David zu bekommen.

Aber in meinem 6B-Kurs kam ich gut voran. Das Ausbildungsziel war, gute Kandidaten auszubilden, die ihren Klassen Allgemeinwissen, Waffenkunde, Munition, Ballistik, Optik etc. lehren konnten. Aber als ich durch den Kurs durchging, bemerkte ich zwei verschiedene Arten der Ausbildung. Ein Weg war akademisch orientiert und man erfragte Antworten, deren Wissen in keinem Buch stand, und dann gab es den zweiten Weg, in dem Antworten einfach aus einem Buch gelesen wurden.

Ich hatte viele Artilleriekurse hinter mir und meistens waren die Fragen dort für mich ziemlich einfach. Aber in dem 6B-Kurs musste man denken und das galt auch für die Ausbilder. Indirekt aber zeigte der Kurs auch den Weg, den wir in der Zukunft marschierten mussten, nämlich dass manche Soldaten nach Antworten fragten, die wir Ausbilder wissen mussten.

Hier soll man in Bezug nehmen, dass das Grundprinzip der militärischen Ausbildung sich in den letzten zweitausend Jahren überhaupt nicht verändert hatte. An einem Ende gibt es die kleinen Adligen die auf weißen Tischtüchern im Busch essen und auf der anderen Seite ist es der Abschaum der Menschheit, der auf nacktem Grund von Blechschüsseln frisst. Unsere neue Technologie veränderte das etwas, aber das Prinzip von Friedrich dem Großen blieb immer dasselbe, nämlich dass ein einfacher Soldat seine eigenen Offiziere mehr fürchten muss als seine Feinde. Die Kodifizierung der militärischen Rechte beweist das zweifellos.

Nur die fürwahr professionellen Armeen spielten nicht dieses hierarchische Spiel und von diesen gibt es sehr wenige. Die am besten bekannten Einheiten sind die britischen SAS und die russischen Spetsnaz.

Nachdem ich den Kurs beendet hatte, arbeitete ich mit Kadetten, die einst hofften, dass nur das Militär ihre Zukunft ändern würde. Und die meisten dieser Menschen waren ziemlich jung, so ungefähr um die zwanzig Jahre herum und hatten schon einen Vorkurs in Chilliwack gemacht, um die Grundregeln des Militärs zu erlernen.

Und mein Offizierskurs war vollkommen anders als die meisten andere, da ich orientierte Offiziere, die später andere Offiziere etwas lehren würden. Und da keiner meiner Offiziere seine Zeit in Gagetown verschwenden wollte, musste ich sie auch mit ihren militärischen Karrieremöglichkeiten in der gegenwärtigen und zukünftigen Welt orientieren. Und da im Frieden meistens alle Offiziere nur Halsabschneider sind, klappt das nicht ganz so im Krieg. Im Krieg gibt es auch Generäle, die im Frieden das Militär hassen und nur eine Uniform anziehen, um den Frieden wiederherzustellen. Und so lehrte ich meine Kadetten, dass normalerweise ein fünfundzwanzigjähriger Hauptmann mit einer guten Ausbildung und vier Dienstjahren ein besserer Hauptmann sein würde als ein vierzigjähriger Konkurrent mit einer schlechteren Ausbildung und der gleichen Anzahl von Dienstjahren. Selbstverständlich würde der jüngere Soldat dann auch schneller die Diensttreppe aufsteigen.

Ich lehrte meine Offiziere auch, dass sie immer gemäß ihres Dienstgrades handeln müssen, und das war nicht einfach für sie zu akzeptieren. Traditionell funktionieren Offiziere als Befehls- und Kontrollleiter in der Artillerie, während Feldwebel die schlechtere Arbeit leisten. Und in beiden Fällen sind bestimmte Pflichten ein Teil ihrer Regeln, aber in anderen Arbeiten überschneiden sie sich; zum Beispiel kann ein Regimentaler Sergeant Major, der normalerweise für die Pflichten im Artillerieregiment zuständig ist, auch die Arbeit eines Hauptmanns im Regimentalen Führungsbunker übernehmen. Meistens wird ein Hauptmann nicht die Arbeit eines Korporals oder Bombardiers ausüben, trotzdem aber geschieht es. Warum? Weil dann niemand ihre Arbeit korrigiert!

Jedoch manchmal geschah es absichtlich. Warum? Nur um festzustellen, wie gut oder schlecht eine Organisation ohne Offiziere funktionieren kann.

Natürlich lehrte man in der Artillerie den Offizieren auch ihre Schießtaktiken. Die hohen Munitionskosten die es verbrauchte, machen es zu einem teuren Geschäft für das Militär. In Kanada versuchte die Schulleitung, es zu verbilligen, indem sie die verschiedenen Kurse zusammen trainieren ließ. Trotzdem wurde aber Munition verschwendet. Zum Beispiel verschwendeten Kurse ihre Munition, wenn es Freitagnachmittag war und jeder Kandidat sich selig während der Happy Hour besaufen konnte. Und da ein Projektil zwischen 200 und 500 Dollar kostete, waren diese glücklichen Stunden ein sehr gesalzenes Geschäft für die Munitionsfabriken.

Wenn man die Überallkosten betrachtet, war die Ausbildung der Artillerieoffiziere ziemlich teuer. Manche der Kandidaten schafften das Training auch nicht und dann gab es zwei Möglichkeiten; entweder mussten sie die Armee verlassen oder aber zu einem anderen Korps gehen. Und der Ausbildungsvorgang hatte auch ein eingebautes System, das einen stufenweisen Abbau für unerwünschte Kandidaten erlaubte. Einige unserer Ausbildungsoffiziere benutzten dieses System, um Kandidaten loszuwerden, und das bringt mich zu *Ranger Bill.* Er war mein Vorgesetzter aber glücklicherweise war er kein typischer Artillerieoffizier, von denen die meisten sehr vernünftige Menschen waren.

Da die Artillerie zu viele Offizierskandidaten eingestellt hatte, wollte man einige von ihnen loswerden. Und bei der *Kopfmusterung*, dieser amerikanische Ausdruck ist die beste Art und Weise, es zu beschreiben, benutzte *Ranger Bill* den schlechtesten Kandidaten, um ihn einen Tritt in den Arsch zu geben. Ich war immer dagegen, aber Ranger Bill tippte auf seine Schulter und so verlor die Artillerie wieder einen guten Offizier.

Meine Kampfausbildungsschule war das Produkt eines gemeinsamen Aufwands, das bestehendes Infantrie-, Artillerie- und Panzerwissen in einem Trainingsgebiet vermittelte. Wirtschaftlich gesehen machte dieses Trainingsgebiet einen Sinn, da es die bestehenden Trainingskosten reduzierte, alle bestehenden Experten in einem Ort hatte und alliierte Armeen ausbilden konnte. Die Korpsschulen behielten ihre Korpsidentitäten und die Haushaltspflichten der Ausbilder wurden auch reduziert.

Mir aber gefiel das neue System; es gab mir einen guten Blick auf die anderen Korps und es machte auch meine Ausbildung einfacher. Zum Beispiel hatten wir jetzt richtige Panzer, auf die wir schießen konnten und würden die Artrappen wegwerfen. Und im Sommer würden hier nun Kampfausbildungskandidaten ihr Training absolvieren.

Als ein Staffmitglied der Ausbilder liebte ich das Infanterietraining. Ich war immer ein grundsätzlicher Infanterist und hasste den Tag in Berlin, als ich zur Französischen Fremdenlegion ging und dabei vergaß, mich ein paar Jahre älter zu machen. Ich wusste aber, dass ich ein Anachronist war, ich hatte die falsche Zeitordnung und wollte nicht in einem deutschen Wirtschaftsleben arbeiten. Und darum glaube ich auch noch an die Konzepte der Ehre und der Loyalität, die immer noch in der Infanterie existieren.

Zu der Zeit machte die Infanterieausbildung in der kanadischen Kampfausbildungsschule einen riesigen Unterschied zwischen Führer und Nichtführer, indem sie ein neues Konzept erstellte. Und ihre Idee war, die jungen Offiziere zusammen in ein Zelt zu stecken und sie dann so müde zu machen, dass sie am Ende miteinander haderten. Dann gab man ihnen einen schwierigen Test, der sie nicht nur noch mehr entzweite, aber auch Führerschaften entwickelte. Und die Verlierer würde man zur Luftwaffe schicken, um dort hilflose Menschen zu bombardieren.

Am letzten Tag dieser Ausbildung marschierten dann die nassen, schmutzigen und erschöpften Kandidaten in einem langen und schwierigen Gewaltmarsch zum Camp zurück. Nach einer Woche im Feld unter dem ewigen Druck eines Versagens suchten sie ja nun den Beistand von Helfern und Freunden, der jedoch kam nur am Ende des vierzig kilometerlangen Gewaltmarsches. Und ich marschierte mit allen Kandidaten jeden Zentimeter dieses Marsches. Und da ich nicht unter Druck stand, war der Fußmarsch trotz meines viel höheren Alters ziemlich einfach für mich. Einige der jungen Kandidaten versuchten den Marsch aufzugeben, aber ein alter, auch marschierender Oberst trat sie in den Arsch.

„Erst in Montreal könnt ihr aufhören, bis ihr bis dorthin zu Fuß gelaufen sind", rief er ihnen mit geballter Wut zu.

Die Warnung drohte und alle schafften den Gewaltmarsch.

Nachdem ich für zwei Jahre lang jungen Offizieren für ihre neuen Patente gratuliert hatte, wollte ich weg von der Artillerieschule. Ich liebte Susan und David sowie unser kleines Haus, aber Susan war dort nicht glücklich. David wurde immer älter, er könnte bald in einen Hort kommen und Susan wollte auch wieder arbeiten. Und mein in Ottawa weilender Karrieremanager erwähnte Deutschland.

„Ich schicke dich gerne nach Deutschland. Man hat dort gerne Leute wie dich."

Susan wollte natürlich mitkommen und drei Monate später „marschierten wir" aus unserem Haus am Inchby Drive heraus. Unglücklicherweise wusste ich nicht, dass meine *Spaßzeit* bei der Artillerie damit vorbei war. Bis jetzt hatte ich immer etwas *Spaß* bei der Arbeit; als Kanonier bei 2 RCHA ging an Boxing Tripps, bei der Airborne Batterie war ich oft bei Amalia in Mexiko und bei der Kampfausbildungsschule bekam ich sogar der Königins Silber-Jubilium-Orden. Wie konnte ich wissen, dass 1 RCHA ein Regiment voller Routine und Schinderei war?

So war es für mich keine Schande zu sagen, dass meine militärische Karriere endete, als meine Füße wieder deutschen Boden betraten.

Kanada im Schwarzwald

Es ist ein langer Weg, hinzukommen,
Es ist ein langer Weg nach Tipperary,
Zum schönsten Mädel, das ich kenne,
Auf Wiedersehn, Piccadilly!
Cheerioh Leicester Square!
Es ist ein langer Weg nach Tipperary,
Aber mein Herz ist bei Dir!

Ein britisches Armeeliedchen

Wenn man von Kanada nach Lahr flog, drehte die Boing 707 eine lange Kurve über den Schwarzwald, ehe sie sich auf dem CPPO 5050, dem Lahr-Flughafen, niederließ. Aber der Flughafen selbst, am Stadtrand von Lahr mit seinen wunderschönen Blumen, war ein hässlicher Traum, den nicht eine einzige Blume irgendwie verschönte. Warum die hässliche grün/schwarze Olivenfarbe den Flughafen so versaute, wusste niemand. Wahrscheinlich, weil diese Farbe so billig und reich vorhanden war und man sie anderweitig nicht benutzen konnte. Und als wir aus dem Flugzeug stiegen, winkten uns Bill Francis und seine Frau Gail einen Willkommensgruß zu. Ich kannte Bill von meinem 6B-Kurs und die mir noch fremde Gail schenkte Susan einen großen Blumenstrauß.

Unter 1 RCHAs Gönnersystem fand Bill uns eine Wohnung in Niederschopfheim. Er war eine typisch deutsche Wohnung, die von einem Schäferhund bewacht wurde und in der die Möbel blieben, wo sie waren als der Maler die Wand strich. Aber es war auch ein Zuhause, „mein Schloss again", wie Susan es dümmlich nannte.

Das kanadische Militärsystem benutzte seit 1950 die *Mitfahren-Formel*, in der die Familien ihre Männer oder Frauen in Auslandseinsätzen begleiten konnten. Und da Wohnungen für fremde Truppen oft sehr rar sind, steckte hinter dieser Formel auch ein guter Sinn.

Da aber in Deutschland die kanadische Armee auch ihre eigenen Wohnungen baute, konnten die Soldaten auch wählen, ob sie eine kanadische oder deutsche Wohnung haben wollten. Und wenn die Soldaten wünschten, in einer deutschen Wohnung zu leben, dann bekamen sie auch etwas mehr Geld.

Während unserer Fahrt nach Niederschopfheim erklärte uns Bill die kanadische Lage in Lahr. Wir hatten fünf verschiedene Armeeeinheiten am Flugplatz und am anderen Ende von Lahr gab es die Kaserne. Und in der Kaserne befand sich das Brigade-Hauptquartier sowie die CANEX, unser Einkaufszentrum. Und wenn man mit jemandem in der Luftwaffe sprechen wollte, musste man 30 km nach CFB Söllingen fahren, wo man dann mit ihm oder ihr in der benachbarten Baden-Baden-Therme quatschen konnte.

Als wir uns in Niederschopfheim niederließen, sah sich Susan zuerst einmal die Wohnung an und war sofort erschüttert. Die Wohnung war ein richtiger Müllhaufen und hatte keinen Platz für David zum Spielen. Und da dort auch ein Hund wohnte, dachte er, die Wohnung war seine Spielfläche und lud sogar einen anderen Hund zum Spielen ein. Und auf dem gegenüberliegenden Rasen spielte zu der Zeit eine bunte bayrische Dorfkapelle in ihren Lederhosen und Dirndln laute HaHaHa-Musik.

„Auf keinen Fall werden wir hierbleiben“, sagte Susan und ich schüttelte meinen Kopf in Verzweiflung, da ich einen ewigen Wohnungswechsel satthatte.

Da Susan diese Wohnung nicht gefiel, fuhren wir noch einmal zurück nach Lahr, um dort mit Bill und Gail ein Bier zu heben. Lahr war eine typisch deutsche Kleinstadt, in der keine spektakulären Dinge geschahen und wo alles etwas *kleinkariert* oder *small checked* war. So tranken wir zwei Bier an Stelle von einem und dann fuhr uns Bill zurück nach Niederschopfheim. Er holte mich dann dort auch am nächsten Morgen wieder ab.

Wir fuhren zum 1-RCHA-Hauptquartier und dort kaufte ich einen alten Peugeot zu einem billigen Preis von einem Hauptmann, der zurück nach Kanada versetzt wurde. Einer der vier Autozylinder feuert nicht richtig, sagte der Hauptmann, aber das Auto fuhr trotzdem ausgezeichnet für die nächsten zwei Jahre. Und da es in 1 RCHA keine richtige Arbeit für jemanden aus der Kampfausbildungsschule gab, steckte man mich zuerst als TechAble-Chef in die A-Batterie.

In diesem Kapitel möchte ich mich auf generelle Dinge beziehen, die jeden Soldaten in Lahr betrafen. Im nächsten Kapitel beziehe ich mich auf die Dinge, die sich auf mich und meine Familie beziehen.

Zum Beispiel hatte ein Bataillonskommandeur viel militärische Gewalt und nur seine Vorgesetzten konnten ihn von dummen Sachen stoppen. Und der Vorgesetzte eines Bataillonskommandeurs ist normalerweise ein Brigadegeneral. Das bedeutete, dass in unserem Fall der Brigadier fünf Kommandeure hatte, die seinen Job haben wollten. Und da ein Kommandeur normalerweise nur zwei Jahre bei seinem Regiment blieb, übernahm er im ersten Jahr die Pflichten seines Vorgängers und leistete im zweiten Jahr nur seine eigenen Ideen und Vorstellungen ab, die er brauchte, um den Rang des Brigadiers zu erlangen.

Dieses System zog sich natürlich auch zu den unteren Rängen. Für den Rang des Kommandeurs gab es nun drei oder vier Majore und für einen Major viele Hauptleute. Und da jeder Major viele Übungen abhalten musste, um ein Kommandeur zu werden, gab es auch weniger Urlaub für seine Soldaten.

1 RCHA hatte drei Batterien, nämlich die A-, B- und C-Batterien mit je sechs M109-Geschützen sowie auch die Z-Batterie, die im Falle eines Kriegs der 1 RCHA zugeteilt werden würde. Alle Geschütze hatten ein 155 mm Kaliber und befanden sich in der Süd-Marguerite während die Z-Batterie ihr eigenes Gebäude hatte.

1 RCHAs Problem war, dass ihr Hauptquartier nahe des Flughafens war und die Kanonen sich in der zwei km entfernten Süd-Marguerite, auch Gänseblümchen genannt, in Bunkern befanden. Es war

ein sehr dummes System, da 90% unserer Soldaten in der Süd-Marguerite arbeiteten. Das geschah bei dem benachbarten Panzerbataillon nicht, da dort 100% der Soldaten zusammenarbeiteten.

Jede Batterie versuchte auch als unabhängig wie möglich zu arbeiten und das war oft sehr schwer. Normalerweise feuerte ja jede Batterie ihre eigenen Geschütze in Grafenwöhr ab, aber es gab auch Zeiten, wo alle Batterien es zusammen tun mussten. Und da dieses Zusammenarbeiten immer im Sommer und Herbst war, passierten dann auch die größten Probleme.

Der Sommer war nämlich auch die Zeit, wo alle Kinder Urlaub hatten. Und da 1 RCHA dann zu Manövern ging, bedeutete es auch, dass dann die Männer nicht zum Urlaub mitkommen konnten. Außerdem war es die Zeit, in der viele Familien von und nach Deutschland versetzt wurden.

Nach dem Sommer kam die dreiwöchige Zeit der Vorbereitungen für die Herbstmanöver. Und die Herbstmanöver waren zirka drei Wochen lang. Anfangend im Januar kamen dann jeden Monat noch einwöchige Übungen und dazwischen hatten wir kurze *Schneeball*-Aktivitäten, die uns auf einen Krieg vorbereiteten.

Solch ein *Schneeball* konnte einen oder mehrere Tage dauern und war meistens nahe der Garnison, in der die Soldaten wohnten. Es gab verschiedene Sorten dieser *Schneebälle* und manchmal löste sie sogar ein bescheidener Kommandant aus, um seinen Besuchern zu zeigen, wie schnell seine Soldaten in diesen Ameisenübungen zur Arbeit kommen konnten.

Wenn man über einen Urlaub sprach, dann war dies ein Fremdwort für uns und unsere Familien. Und obwohl jeder Soldat Anspruch auf dreißig Tage Urlaub hatte, geschah es sehr selten, dass er sie bekam.

Hier möchte ich auch sagen, dass bis zu dieser Zeit alle Artilleriesoldaten männlich waren und weibliche Soldaten erst im nächsten Jahrhundert dazukamen. Und ich erwähne auch das CANEX-System, das für die Ernährung unserer Familien zuständig war. Jedes alliierte Militär auf deutschem Gebiet hatte eine ähnliche Einrichtung, die ihre Sachen zollfrei verkaufte. Ähnlich zu den Wal-Marts-Märkten reflektierten sie die nationalen Eigenschaften ihrer Kunden und auf diese Art und Weise verkauften die amerikanischen AAFES auch ihre saftigen Beefsteaks, die französischen Economats ihre Weine und die britischen NAAFI ihre schmackhaften Kekse. Ich erinnere mich auch an das süße Speiseeis, das die Russen uns in ihren Karlshorster Läden verkauften.

Viele kanadischen Soldaten benutzten nur die deutschen Läden und Kaufhäuser, obwohl der Köder der CANEX sehr lockend war. CANEX hatte Wechselstuben, Radioläden, Schnaps- und Lebensmittelabteilungen sowie Fahrradstände. Natürlich bedeutete das auch, dass nur kanadische Frauen dort als Verkäuferinnen arbeiten konnten, da zu dieser Zeit sowieso wenige deutsche Frauen Englisch und Französisch sprachen.

Die meisten kanadischen Männer in Deutschland waren auch im kanadischen Militär und selten Zivilisten. Und die kanadischen Frauen waren Mitglieder der kanadischen Soldaten. Und diese Männer und Frauen hatten selten die Genehmigungen, in Deutschland zu arbeiten. Das bedeutete für CANEX, dass es wenig Geld für die Frauen zahlen musste, da ja deutsche Frauen keine Arbeit dort finden konnten. In anderen Worten, CANEX war nur ein Ausbeuterladen.

Aber die Franzosen, Engländer und Amerikaner kauften hier auch, wenn sie einem Militärpass hatten. Und die Franzosen waren meistens in Freiburg und Offenburg stationiert und kamen nur nach Lahr, um hier einzukaufen. Sie machten auch die Kanadier verrückt, indem sie auf europäische Art und Weise und nicht über den freieren kanadischen Weg einkauften. Es gibt nichts Schlimmeres für Soldaten, als 30 Minuten hinter einer Frau zu stehen, die einen Kilo Wurstwaren in 5 Gramm Scheibchen kauft.

Am Flugplatz waren die Van Doos aus Quebec das beste Regiment, das wir haben konnten. In anderen Worten, sie waren unsere Nachbarn und damit eine Ausnahme des furchtbaren Durcheinanders der bestehenden regimentalen Ablösungen. Normalerweise rotierten sie nach Deutschland als komplette Kompanien und da sie auch als Kompanien zusammenarbeiteten, erreichten sie eine sehr hohe Moral, die sie zu unschlagbaren Gewinnern auf jedem Brigade-Sportstag machte.

Wenn die Gewinner eines Sportstag erklärt wurden, hörten die Soldaten des Van-Doos-Bataillons erst gar nicht zu, sondern zogen einfach ihre blauen Baseball-Mützen vom Kopf und bildeten auf dem Sportsfeld einen einzigen Van-Doos-Ozean. Bis jetzt hatten alle Teilnehmer versucht, zu gewinnen, aber die Van Doos versuchten es gar nicht, sondern machten es einfach!

Was meine Seele immer bewegte, war, wenn das Regiment sich versammelte und mit der gewonnenen Kompanie als Chor ihr eigenes Lied anstimmte:

Vive la Canadienne
Fliehe, mein Herz, flieg!
Vive la Canadienne
Hübsche Augen und süß
Hübsche Augen und weiche, süße. Süße.
Hübsche Augen und süß!

Ich war immer stolz, dass sie ein ehrliches kanadisches Lied sangen und nicht die kanadische Abart eines britischen neunzehnhundertjährigen regimentalen Liedchens.

Wir hatten auch eine *Bank-of-Montreal*-Zweigstelle in Lahr, um die Soldaten zu bedienen. Obwohl ihre Zinsraten höher waren als die Raten einer deutschen Bank, borgten sich hier unsere Soldaten das Geld für ihre Autos. Meistens aus dem Grund, dass es Geldübertragungen zwischen Deutschland und Kanada vereinfachte.

Volksmarsching war eine billige Wochenendaktivität. Gail Francis erzählte Susan von ihnen und so versuchten wir einen Volksmarsch an einem Sonntag. Unser erster 10 km langer Marsch ging durch den hügligen Kaiserstuhl und am Ende bekam David eine Medaille dafür. Meistens unter deutscher Kontrolle waren Volksmärsche 10- oder 20-km-Trips durch Felder und Wälder und endeten immer mit einer Medaille sowie dem üblichen Bier im Zelt. Viele Soldaten nahmen ihre Medaillen mit nach Hause und warum nicht? Jede brachte gute Erinnerungen mit sich und sie waren auch einfacher zu bekommen als militärische Orden, die ja immer für Generäle bestimmt waren.

Während ich mich mit meiner militärischen Arbeit beschäftigte, beschäftigte sich Susan mit ihren Hausaufgaben und Davids Erziehung. Und da die Soldaten wenig Geld von der Regierung bekamen, wurde unsere Arbeit auch immer schlimmer. Die kanadische Regierung zahlte etwas Extra-Geld für den Sold der Soldaten in Europa, aber der kanadische Dollar auf dem Weltmarkt wurde immer billiger und damit die Arbeit der Frauen immer wichtiger. Und da die normalen Soldaten und ihre Frauen vier Jahre in Deutschland verbrachten, war das Extra-Geld nicht genug, um ein wirklich gutes Leben zu haben. Und für viele Frauen, wenn umgeben von schöner Kleidung, wunderbaren Juwelen and glitzerndem Porzellan in europäischen Läden, war es auch die tiefste Hölle. Die Soldaten kauften sich manchmal ein schönes Protzauto, aber dann war ihre Tasche auch leer. Das Leben in Europa war zu schwer für Frauen, um überzogene Kreditkarten zu haben, wenn ihre Männer sie für ihre Autos schon leer gemacht hatten.

Aber irgendwie kamen sie alle durch und darum sage ich auch zum Schluss dieses Kapitels, dass Kanada den Soldatenfrauen einen Riesenstrauß blühender Rosen schuldet.

Wie man Tarnnetze in Kanonen tauscht

There were rats, rats, big as bloomin' cats,
In the stores, in the stores,
There were rats, rats, lying about the mats,
In the Quartermaster stores.
The Quartermaster's Stores ditty

Wir zogen später nach Lahr um, wo wir im Haus einer deutschen Familie wohnten. Ich passte dort gut in meiner Familie herein, da ich an Wochenenden meistens zu Hause war. Nur die ewigen Manöver störten mich etwas, aber die kamen und gingen ja mit der Jahreszeit. Inzwischen beendete ich meine Arbeit als TechAble-Chef in der A-Batterie, wurde Hauptfeldwebel in der Z-Batterie und ging später zurück zur A-Batterie als ihr Quartiermeister.

Doch was auch immer ich tat, mein Verhältnis mit anderen alliierten Truppen war immer ausgezeichnet. Ich arbeitete öfters mit britischen, französischen, amerikanischen, deutschen und holländischen Truppen und wir halfen uns auch immer gegenseitig bei unseren verschiedenen Problemen. Natürlich gab uns das Lager Grafenwöhr die meisten dieser Streitpunkte, da wir ja auch viel Zeit dort verbrachten.

Grafenwöhr war ein amerikanisches Lager, in dem auch viele andere Nationen ihre militärischen Fähigkeiten übten. Kanada benutzte Grafewöhrs beinahe 9000 Hektar großes Truppengebiet für viele Jahre für eine sehr hohe Bezahlung. Wenn Soldaten dort übten, dachten sie immer: Na ja, jetzt sind wir endlich wieder zu Hause.

Als kanadischer Soldat verbrachte ich zehn Jahre in Deutschland, sechs davon waren in Lahr und von den sechs Jahren in Lahr waren wahrscheinlich zwei Jahre in Grafenwöhr. Und wie es in allen dieser Truppenübungsplätze geschieht, war dort nicht eine einzige kleine Gegend, die man wirklich lieben konnte. Wo auch immer man hinging, war dort ein Ort, zu dem man befohlen wurde.

Zirka 80 km nördlich von Grafenwöhr trifft man auf den Saale-Fluss, der einmal die Grenze zwischen der BDR und DDR war. Ich besuchte diese Grenze ungefähr sechsmal, da 1-RCHA-Touren öfters dorthin fuhren, als ich mich in Grafenwöhr langweilte. Unser Bus stoppte meistens nahe eines amerikanischen Hauses nahe der Stadt Hof, wo man uns DDR-Minen und Leuchtkugeln zeigte. Dann ging es weiter nach Tiefengrün, wo man bewachte ost-deutsche Wachtürme nahe Hirschberg sah and ihnen manchmal auch zuwinkte.

An einem meiner letzten Trips wurde ich ein guter Kunde an einem Hot-Dog-Verkaufsstand, wo man mir sagte, dass es hier auch besser schmeckende Beefsteaks gibt, die man zu einem höheren Preis kaufen kann. Und das nächste Mal, als ich dort war, war dieser Verkaufsstand weg. Als ich nachforschte, fand ich heraus, dass der Beefsteakverkäufer sich an der Autobahn niederließ und mit seinem Fleischverkauf dort ein Vermögen verdiente.

Als ich dann wieder nach Lahr zurückkam, erzählte ich Susan davon und sie lachte nur darüber. Später, als ich mir nahe CANEX eine Bockwurst kaufen wollte, hatte der Verkäufer keine, bot mir aber ein Beefsteak an. Als ich ihn fragte warum, sagte er mir: „Beefsteaks verkaufen sich besser, aber auch zu einem höheren Preis. Jedenfalls sagte mir das die Dame, die normalerweise nur eine Bockwurst isst."

In Grafenwöhr mit seinen alltäglichen militärischen Sportsübungen war es auch üblich, dass wir die Übungen auch machten, um damit unsere gute körperliche Verfassung zu erhalten. Für uns Soldaten war das normal, aber für die Offiziere äußerst wichtig. Sollten sie Fehler machen und es nicht tun, dann könnte es auch das Ende ihrer Karriere sein. Einmal hatten wir einen Major, der diese Übungen nicht allein machen wollte und seine amerikanische Freundin dazu einlud. Was nun passierte, war, dass alle nicht-beteiligten Soldaten zu unseren Übungen kamen, um die junge Frau mit dem Major zu bewundern, als sie draußen im Freien übten. Irgendwie hörte die Frau des Majors davon und sie machte eine Menge Krach darüber und natürlich war das auch das Ende unserer Übungen.

Wenn wir den Amerikanern bei ihren Sportsübungen zusahen, gab es immer neue Überraschungen für uns. Die Amerikaner benutzten immer die Einpeitschtaktik, wo alle Soldaten einem Führer folgten. Damit meine ich männliche Führer, denn Führerinnen gab es zu dieser Zeit kaum. Und diese männlichen Führer benutzten oft auch *Jody Calls* oder auch Marschgesänge. Hinter einem „links, rechts, links ...“-rufenden Mann sausten dann 300 stampfende Soldaten, die ihre Version moderner Rap-Musik sangen:

„Verbrenne die Stadt und töte die Menschen,
Lass Napalm auf die Plätze fallen,
Begrüße sie so frühmorgens.
Erwische sie bei ihrem Sonntagsgebet.“

Jedoch nur einige kanadische Soldaten akzeptierten diese Jody-Call-Mentalität. In meinem Jody-Call-Buch fand ich nur ein paar kanadische Versionen.

„Man liebt uns in Baden und Lahr -
Wir kaufen ihre Mahlzeiten und füllen ihre Bar.
Unsere Flieger wachen vielleicht ein paar Leute zur Nacht,
Aber wir versuchen nur zu beweisen unsere Macht.“

Ich konnte auch nie eine Armee bewundern, in der weibliche Nicht-Offiziere silberne Ohrringe tragen und goldene Ringe an den Ohren der weiblichen Offiziere hängen.

Paul Theroux erklärte das besser in seinem „*Der alte Patagonische Express*”-Buch.

Alle Panamaischen Ausführungen von Särgen bis zu Schulen kamen einmal in zwei Farben, nämlich entweder Silber oder Gold. Silber für die eingeborenen Peone, die mit silbernen Münzen bezahlt wurden und Gold für die weißen Vorarbeiter, die Goldmünzen bekamen. Und nachdem die Amerikaner Panama übernahmen, folgten sie dieser alten Tradition und die einfachen Soldaten wurden plötzlich Peone, die man mit Silber bezahlte."

Grafenwöhr war bekannt für seine sehr positive Sicherheit während der Übungen. Da viele Dörfer das Übungsgebiet umgaben, konnte es sich *wingers* oder *schlimme Schüsse* nicht erlauben. Alle Abschüsse wurden darum doppelt überprüft und alle Kanonenpositionen mussten sauber sein, ehe wir weiter fuhren.

Wir verließen Grafenwöhr immer im Herbst nach einem dreiwöchigen Übungsmanöver. Natürlich mussten wir es sauber verlassen und das bedeutete einen zweitägigen Reinigungsdrill, indem die Soldaten sich auf die Decken und Toilettenbecken konzentrierten. Nachdem alles sauber und den Campangestellten übergeben wurde, zogen wir zu dem *Richtigen-Manöver-Areal*, das man normalerweise auch *RMA* nannte. Es war ein Gebiet nahe der Czechborder, wo man den Feind erwartete. Unsere Kanoniere kannten dort jeden Stein, da sie oft genug dort waren.

Die RMA war ein unrealistisches Konzept, aber es erlaubte Kanada, ihre Fahne wehen zu lassen. Um dort hinzukommen musste man die Bundesbahn mit ihren Flachwagen benutzen. Und da die Straßen voller Flüchtlinge waren, mussten alle Bahnarbeiter auch mit uns kooperieren. Und da sie uns dann 400 km fuhren, hatten wir die Riesenarbeit, zu unseren Kanonenstellungen zu kommen.

Wahrscheinlich hatte der Feind auch Flugzeuge und Raketen, um uns davon abzuhalten. Und mit Hunderten unserer Einheiten auf der Straße würden wir auch niemals aus Lahr herauskommen. Es wäre viel besser gewesen, unsere Lahr-Stellungen besser auszubauen.

Aber das glaubte mir niemand, obwohl es richtig war. Unsere Offiziere hatten lieber einen circullus-Zirkus, wo sich alles im Kreis dreht und wiederholt. Darum nannte ich diesen Zirkus auch *Saly* oder *Same as Last Year – dasselbe wie im letzten Jahr*.

Das *Saly*-Wort kommt von der berühmten deutschen *Dinner for One*-Komödie, die jedes Jahr zu Silvester im Fernsehen gespielt wird. In dieser Komödie spielt die Miss Sophie die Dame und ihr Butler James serviert die Mahlzeit. Und da bei der Mahlzeit sich viele Vorgänge wiederholen, münzte ich auch das Wort *SALY* oder *dasselbe wie*.

Und so möchte ich auch wieder auf das Wort „RMA“ und sagen dass es für die NATO eine amerikanischer Ausdruck war. Unsere „RMA“ war ein Teil der amerikanischen „REFORGER“, oder „RE-turn of FORces to GERmany“-Übung, die zur NATO gehörte. In anderen Worten, als Beispiel gab es die ehemalige Adolf-Hitler-Übung, die erbeutete russische Waffen in Polen ließ, um sie dann schnell wieder gegen Russland zur Hand zu haben. Auf dem Papier sah REFORGER auch sehr gut aus. In Deutschland entwickelte es auch ein paar gehaltvolle Glanzpunkte, wie zum Beispiel die transportablen Porta-Potty-Latrinen, die Hunderttausenden Soldaten halfen, nicht in die Bauernfelder zu scheißen.

Wir arbeiteten während der Manöver viel mit der US-Army und der Bundeswehr zusammen. In der amerikanischen Armee wurde der Einsatz der Frauen immer größer, aber in der Artillerie sah man sie kaum. Mit der Bundeswehr machte ich aber eine Erfahrung, die unmöglich in der kanadischen Artillery war. Ich wurde einer deutschen Brigade als Unterstützungsoffizier zugeteilt und in einer Nacht befahl dort der Brigadegeneral den Bataillonskommandeuren, ihre schwer bewaffneten Haubitzen über die Felder zu einem anderen Standort zu fahren. Doch die Kommandeure weigerten sich, da sie damit auch den Bodenspiegel senkten und die Felder vernichten würden. Es gab einen großen Streit auf beiden Seiten, bis der General sah, dass er die falsche Entscheidung getroffen hatte, und dann den Befehl zurücknahm.

Ich vergesse niemals, wenn etwas Gutes geschieht, und als ich das erste Mal vom Manöver nach Lahr zurückkam, fuhr ich mit dem Zug. Unser Radiosender hatte unsere Ankunft angekündigt und so warteten Susan und David auf mich am Bahnhof Lahr. Und sobald ich aus dem Zug stieg, flog David in meine Arme. Zu der Zeit war ich ein Held für ihn, ein Held, der gesund und munter vom Krieg wieder nach Hause kam. Es war wahrscheinlich die beste Erinnerung meines Lebens.

Aber außer meiner oft stattfindenden Rückkehr war ich kein zufriedener Mann in Lahr. Viel davon hatte mit unserem Kommandeur zu tun. Wenn wir in Manöver gingen, nahm er einen offiziellen Mercedes-Benz als sein Auto mit. Nicht einen Opel oder Ford, sondern einen Benz, da ja jedes andere Auto sein Götzenbild beschädigte. Er inspizierte auch Gewehre, während einer Parade und beschädigte damit die Arbeit der Unteroffiziere, die ihn dafür hassten. Und einmal, im Bergen-Belzen-Lager, klaute ihm jemand zwei schwere Maschinengewehre und vergrub sie später im Busch.

Am nächsten Tag hielt er eine Parade. Mit allen Männern gegenwärtig versprach der Oberstleutnant eine volle Begnadigung für den Dieb aus, aber niemand trat vor, um sie anzunehmen. Doch im nächsten Jahr wurden die Maschinengewehre gefunden, die Diebe zu Feldwebeln befördert und aus dem Oberstleutnant wurde ein voller Oberst. Einen Kommandojob bekam er aber niemals wieder.

In 1979 wurde ich 44 Jahre alt und war damit ein antiker und unbeförderlicher Stabsfeldwebel. Aber trotz meiner Unbeförderlichkeit sollte ich in Vieux Brisach an einem Deutsch/Französich/Kanadischen Kommandokurs teilnehmen. So nahm ich mit einer Handvoll kanadischer Soldaten auch daran teil.

Es war ein schwieriger Kurs und die Franzosen hatten kein Mitleid mit uns. Eine kleine 20-km-Tour war sehr üblich. Für eine Weile dachte ich war zurück an Jamaika, als man uns lebende Hühner zum Essen gab. So machte ich gekochte Hühnchen aus ihnen, die so gut waren, dass sogar die uns beobachtenden Kinder zum Kommandokurs gehen wollten. Danach kletterten wir auf den Kandel Berg, den höchsten Berg des Schwarzwalds.

Ich liebte die Art und Weise der Franzosen. Einst lud uns ein französisches Squadron zum Essen ein und wir speisten Spanferkel am Spiess. Dies war unmöglich in Kanada, da ja das Fleisch dort erst inspiziert werden muss. Aber vielleicht waren diese Einladungen nur ein Geschenk für die vielen zollfreien LKW-Whiskyfahrten, die ich für die Franzosen machte.

Drei wichtige Ereignisse passierten, nachdem ich von meinem Kommadokurs zurückkam. Die erste Sache war, dass 1 RCHA den Befehlshaber wechselte und Oberstleutnant McMaschinengewehr wieder nach Kanada versetzt wurde, Als zweite Sache übernahm es mein alter Freund, der *Battery Bully.* Und als drittes Ereignis verlor ich meine Arbeit bei der Z-Batterie und wurde Quartiermacher der A-Batterie.

Ich kannte den *Battery Bully* für ungefähr 25 Jahre und er war einst ein junger Soldat, der sich über die Jahre zu einem Oberstleutnant hochgearbeitet hatte. Und seine Kommandoübernahme vom Oberstleutnant McMaschinenkanone bedeutete auch viele Geschenke für den fortgehenden Offizier. Aber gute Geschenke sind schwer zu finden und den meisten Offizieren gefallen die deutschen Kuckucksuhren nicht. Sie bevorzugten gehobene Geschenke aus England, so wie schöne Porzellankrüge und das Geld dafür ist nie ein Problem, da es immer *freiwillige Geber* im Regiment gibt.

Deswegen war die Übernahme eine schöne Parade und der *Batterie Bully* wurde ein Kommandeur den die Jungs gerne sahen. Unsere Stimmung wurde auch sofort besser.

Und mein neuer Job als Quartiermacher bei der A-Batterie gefiel mir sehr. Ich musste auf den Nachschub und alle Einrichtungen der A-Batterie aufpassen, aber im Grund war ich nur der wunderbarste Schnorrer innerhalb der Batterie. Und die Batterie brauchte jemanden wie mich, da das Regiment eine sehr kleine silberne und sehr teure M109 Haubitze für ihren 100. Geburtstag bauen lassen wollte.

Das Geld dafür musste natürlich von Spenden der regimentalen Mitglieder kommen. Und da Offiziere traditionell geizig sind, bedeutete es, dass die einfachen Soldaten zahlen mussten.

So eine Quote wurde auf jede Batterie gelegt, um das Geld zu beschaffen, und natürlich waren die Quartermaster dafür verantwortlich.

Nun sind die Soldaten aller Armeen auch die größten Diebe, die es auf Erden gibt, da ihre ewige Langeweile es fördert. Und ich lernte auf den Zypern-Flugplatz, dass die britischen Soldaten die größten dieser großen Diebe waren, da sie den großen Zollraum komplett ausräumten. Wenn dies also die britischen Soldaten in Zypern tun konnten, dann konnte ich es auch in Deutschland tun.

Eine der besten militärischen Weisen, Geld zu sammeln, war, es von Soldaten zu nehmen, die etwas verloren hatten, aber das wollte ich nicht tun. Stattdessen nahm ich irgendetwas, von dem ich viel hatte, wie zum Beispiel Uhren. So nahm ich zehn Uhren, zerbrach einige von ihnen – sagen wir sechs –, gab sie zurück zum Versandsystem und fragte nach zwölf neuen. Die sechs neuen Uhren konnte ich verkaufen und die sechs alten Uhren gingen entweder auf mein Konto oder wurden wieder für neue Uhren benutzt.

Mein System für mehrere Objekte funktionierte wunderbar und so baute ich es aus, Wenn ein Soldat etwas zurückgab, dann gab ich es meinen Helfern, die es in kleine Teile zertrümmerten und dann die Uhren, Taschenlampen und Uniformen dem Versandsystem für neue zurückgaben.

Bald hatte ich neue Kunden, die etwas wünschten. Tarnnetze waren immer willkommen, da jede Armee sie brauchte. Sie verstecken Soldaten, Kanonen und Lastwagen und viele andere Dinge und das Geld, das ich für sie bekam, ging in die Batteriekasse für die Miniaturkanone.

Zollfreie Zigaretten waren auch gute Verkäufe für unsere NATO-Partner. Für Feldübungen bestellte ich ein paar Kisten Zigaretten vom regimentalen Konto und rief dann meinen deutschen Partner an. Dann fuhr ich meinen vollen LKW zur deutschen Kaserne und bestellte ein Bier. Als ich zurückkam waren die Zigaretten weg und ein Umschlag mit Geld da. Das auch ging in die Batteriekasse.

Einmal hatten wir ein Manöver im französischen Bitche und ich wusste durch meinen Kommandokurs, dass die Franzosen gerne Cognac tranken. So nahm ich ein paar Kisten davon mit und tauschte sie für militärische Mützen und Hüte ein. Auch hier ging das Geld in die Batteriekasse.

Die kleine silberne M109-Haubitze wurde schließlich zum 100. Geburtstag gekauft und ist jetzt unter einer Vitrine im CFB Shilos regimentalen Museum. Man benutzt die Haubitzen aber auch manchmal für ein festives Essen und in einer dieser Mahlzeiten wurde das kleine Maschinengewehr der Haubitze erst gestohlen, aber später zurückgegeben.

Die größte Hilfe meiner Geldanschaffungen war Les Skinner, der jetzt der Hauptfeldwebel der A-Batterie war. Er war ein ziemlich unflätiger Soldat, den seine militärischen Helfer schnell aufwärts trieben, bis er endlich Adjutant-Chef bei 2 RCHA in Petawawa wurde. Er war auch ein geselliger Säufer und ein lebendes Beispiel des Militärsprichworts, „entweder hast du Spaß beim Saufen oder du wirst Extra-Pflichten leisten“. Und unter ihm leistete niemand diese Extra-Pflichten, da sie alle Spaß hatten.

Unter Les Skinners Kommando befand sich auch Korporal Bautenheimer, unser Waffentechniker. Seine Arbeitsweise war alt, erfahren und manchmal auch etwas langsam. Aber Les Skinner gefiel das überhaupt nicht und seine Rufe, „wo ist dieser verfickte und Arschloch-fickende Bauten-ficken-heimer” durchfuhr oft unser Drillhaus. Aber niemand außer Bautenheimer fand das very spaßig – es war einfach Skinners Art und Weise und es schien auch Skinner mit seinen Beförderungen zu helfen.

Außer bei Manövern und den technischen Inspektionen trugen die Offiziere niemals ihre Pistolen. Sie trugen die Pistole an ihren Gürteln in Holstern und das ärgerte einen unserer Leutnants. Er wollte seine Pistole wie die Panzeroffiziere über die Schulter geschlungen haben und da ich als Quartermaster auf die Waffen aufpasste, kam er zu mir. So sagte ich ihm, dass die Panzeroffiziere es nur so tragen wollen, damit sie schnell aus einem brennenden Panzer springen können. Aber er glaubte mir das nicht und so sprach ich mit dem *Batterie Bully*, der dem Leutnant zehn Extras für seine Bemerkungen gab.

Die Russen überfielen Afghanistan Silvester 1979, während ich Plicht hatte, aber unsere Leute tanzten weiter und kümmerten sich den Teufel, der nun über Afghanistan herrschte. Und der *Batterie Bully* kam manchmal in meinen Laden, um seine Sachen umzutauschen und bei einer dieser Gelegenheiten sagte er mir, dass ich für einem Master-Gunner-Kurs nominiert wurde.

Als ich Susan und David davon erzählte, waren beide glücklich. David war jetzt fünf Jahre alt und er würde gerne seine Großeltern in Ottawa wiedersehen. Und Susan sagte, dass ihre besten Freunde auch Frauen von Offizieren waren und natürlich dachten, dass ich auch ein Offizier war, da ja im Allgemeinen nur Offiziere für zwei Jahre in Deutschland blieben. Und von diesem Augenblick an konnten diese Frauen nicht genug für Susan tun.

Meine letzte Übung war in Münster-Süd, wo unser Batterie-Kommandeur eine Truppe für den Nijmegen-Marsch ausbildete. An einem Sonntag hatte er einen Marsch für seine Soldaten geplant, aber der Deutsche Automobilclub hielt eine Rallye an diesem Tag und so fiel sein Marsch aus. Ich erinnere mich sehr gut an diesen Tag, da ich Joghurt für die Mahlzeiten plante, die ich jetzt irgendwie loswerden musste. Und eigentlich war das nicht schwer, da die britischen Soldaten gerne Joghurt aßen.

After ich nach Lahr zurückkam, verkaufte ich unseren Peugeot sowie unsere Möbel und Susan machte noch ein paar panische Einkäufe. Man gab mir die Spange zu meiner Canadian-Forces-Dekoration und danach saßen wir im Flugzeug und flogen zurück zum wundervollen Land des Maple Leaf Walzer.

Ich kaufte ein schlechtes, aber auch billiges Auto, einen Lada, in Ottawa und dann flogen wir nach Portland in Oregon zur Hochzeit von Susans Bruder. Und als wir zurückkamen, war es beinahe, als wären wir von New Brunswick für zwei Jahre nicht weg gewesen, da der Sommer noch schön, aber auch beinahe vorbei war.

Senk mir das Schiff, Master Gunner!

Senk mir das Schiff, Master Gunner!
Senk es, spalt es in zwei!
Lass es in Gottes Hände fallen,
Aber niemals in Spaniens Hände!

Alfred Lord Tennyson

Traditionell gab es zwei höhere Berufungen für Unteroffiziere in der kanadischen Artillerie. Einer von ihnen war der Regimentsfeldwebel oder RSM, der die Augen und Ohren des kommandierenden Oberstleutnants war und ist. Die andere Berufung war die des Master Gunners, der ein Experte der Waffentechnologie war, aber nicht mehr ist. Es ist schwer zu sagen, wer die bessere Berufung hatte; der Mann, der einen gültigen Korporal zum Oberst für einen nicht getanen Dienst schleppte, oder der Mann, der versicherte, dass jeder Soldat im Regiment die Fähigkeit hatte, alle Kriegswaffen richtig zu bedienen. Und da ich ein Master Gunner bin, bin ich auch überzeugt, dass ich die richtige Berufung habe.

William Fairbanks

Es ist gar nicht so lange her, dass der Master Gunner ein sehr respektierter Soldat war. Er war ein Abbild des britischen Master Gunners, der für mehrere hundert Jahre die britischen Waffentechnologien in allen Erdteilen verbreitete. Aber jetzt kam sehr wenig dieses Wissens auf den kanadischen Master Gunner zurück und so kappte das kanadische Militär diesen Rang. An seiner Stelle erzeugte man den neuen Rang eines Technischen Stabsfeldwebels, dessen Aufgabe es ist, die Wirkungs- und Arbeitsfähigkeiten aller Militärprodukte zu überprüfen.

Aber der Rang eines OBERSCHÜTZENHAUBITZENMEISTERS war immer mein Traum, seit ich zur Artillerie ging. Darum war ich ein bisschen traurig, als ich von diesem neuen Rang hörte. Aber ich konnte das Militär verstehen, warum sich der Master-Gunner-Dienstgrad änderte. Als ich später als ein Master Gunner bei DREV in Valcartier arbeitete, sagte ich zu einem besuchenden Artillerieoffizier, dass der Titel des Master Gunners idiotisch war, da jeder ausgebildete Korporal unsere Arbeit leisten konnte.

Und später, in 1986, sagte ich dasselbe zum 4-CMBG-Brigadegeneral, dass ich als Master Gunner bei 1 RCHA keine Verwendung hatte und lieber für ihn in einer technischen Stellung arbeiten würde.

Während der Neuziger-Jahre schrieb ich mehrere jährliche Artikel für das Royal Canadian Artillery Journal und in einem meiner Artikel erwähnte ich, dass das Master-Gunner-System veraltet ist, da keine der bestehenden Armeekorpse es richtig benutzte. Ich schrieb auch zu dieser Zeit, dass für einen Master-Gunner-Kurs die Kandidaten von allen Bataillonen gewählt werden sollten. Sowie dass ein Master Gunner nicht in die gegenwärtige Rangstruktur passt und dass er viel besser für kommende militärische Zukunftsstrukturen wäre.

Normalerweise wurden dort meine Artikel auch gedruckt, aber plötzlich war das Geschichte, die man nicht mehr drucken durfte. Offensichtlich trat ich auf schmerzliche Zehen und so schrieb ich auch nicht mehr nach Shilo.

Als ich 1980 in Gagetown ankam, las ich den Kurs-Studienplan und er war offensichtlich nur Müll. Unsere Lektionen und Tests waren dort ziemlich einfach mit ihren vielen Wiederholungen und in einem vorgängigen Kurs war ein Mitglied ein Säufer, trank die meiste Zeit im Kasino, lehnte alle Tests ab, aber trotzdem bestand den Kurs mit fliegenden Fahnen.

Im Grund war der Kurs nur eine Vertrautmachung bestehender Waffentechnologien und einschließlich unserer Beteiligung sahen wir nicht in die Zukunft, sondern zurück in die Vergangenheit. Es schien wichtiger zu sein, alte Waffen zu kennen, als neue zu erkennen, und das störte mich sehr. Wie beschäftigten uns auch nicht mit den russischen Waffen und das war für mich unverständlich. Wenn man einen Krieg gewinnen will, muss man doch auch die Waffen des Feindes kennen.

Die ganze Rüstzeugphase des Master-Gunner-Kurses war eine Wiederholung menschlicher Irrsinnigkeit. Ich kannte doch den Irrsinn, der in jedem Krieg geschah, warum also erzählte mir hier jemand das noch einmal? Und alle meine Klassenkameraden kannten doch die Bilder der toten Vietnamesen, warum mussten wir die noch einmal sehen? Damit wir wussten, wie eine Geschützladung funktioniert? Das war doch Irrsinn!

Manchmal dachte ich auch an das *Enola-Gay-Flugzeug*, das in 1945 die Atombombe auf Hiroshima abwarf und dabei 80,000 Menschen tötete. Anstatt es zu zerlegen, stellte man es als ein geniales Kriegsmahnmal in Washingtons Smithsonian Museum aus. Sind wir alle verrückt? Man sollte doch über die Opfer der menschlichen Dummheit beschämt sein, aber stattdessen bewundern Tausende Menschen sie täglich; außer am 25. Dezember, wenn die normale Besonnenheit dem üblichen Wahnsinn den Vortritt gibt.

Ich gebe Ihnen gerne ein anderes Beispiel des Irrsinns. In 1995 war ich der Manager einer Landminentruppe in Angola und mein Vorgänger hatte ein Museum alter Landminen hinter unserem Wohnraum. Er tat es, um Besuchern zu imponieren ,und manche der Minen waren sogar noch nicht entschärft. Als ich das sah und er weg war, sprengte ich das Museum, denn wenn Besucher Opfer sehen wollten, brauchte ich nur zur Straße zu zeigen.

In 1980 fingen Computer an, eine große Rolle in der Waffenentwicklung zu spielen. Eigentlich waren Computer nur für die Artillerie und für den Rest der Waffenindustrie entwickelt worden. Aber da keiner von uns Studenten etwas von Computern verstand, benutzten wir sie nur für ihre Prinzipien. War es ein Wunder, dass wir die

Computertests haushoch bestanden, ohne je einen Computer gesehen zu haben?

Plötzlich waren wir römische Legionäre, die ihre eingeborenen Feinde mit Holzschwertern erschlugen.

Ich wusste aber schon eine Menge über Computer und 1972 schrieb ich dem FBI-Direktor J. Edgar Hoover über die Computerbenutzung. Ich bekam auch eine schöne Antwort, die ich immer noch habe.

Eines der besten Ereignisse im Master-Gunner-Kurs war dieser heilige Trip ins schöne alte England. Ich war immer gerne dort und liebte die Flashman-Bücher und Agatha Christies komische Detektiv-Novellen. Und mitten im Zentrum meiner Erinnerungen war das National-Maritime-Museum in Greenwich, wo John Harrisons berühmte Uhren ausgestellt sind.

Unsere Fahrt dorthin startete auf die allerbeste Art und Weise eines Verlusts. Sechs Teilnehmer waren an meinem Kurs und vier waren schon Chefstabsfeldwebel, während zwei andere, einschließlich mir, nur Stabsfeldwebel waren. Natürlich hofften wir zwei auf eine baldige Beförderung und ehe unser Flugzeug Ottawa verließ, gab es auch das Gerücht, dass eine Beförderung anstand. Aber zwei Minuten, bevor wir in das Flugzeug stiegen, rief uns der Oberst und beförderte meinen Klassenkollegen. Während ich meinem Kollegen das Allerbeste wünschte, war ich trotzdem sauer und betrachtete die Beförderung als einen Teil eines schlechten Spiels. Warum beförderte man hier nur einen und nicht zwei Männer? Da ein Oberst mit uns kam, konnte ich natürlich nichts sagen, aber ich dachte, dass diese Beförderung absichtlich gemacht wurde, um mir zu schaden. Und ich dachte auch an Susan und David und wie sie mein Rücktritt von der Armee treffen würde. Und dann flog ich weiter nach London, da ich für Davids Geburtstag ein Spielzeug brauchte.

Doch von diesem Moment an existierten die rot-über-blau-gefärbten Mülltrommeln der Artillerie für mich nicht mehr. Ich gab sogar meinen Beitrag zur jährlichen und obligatorischen Artilleriezeitung auf und verzichtete damit auf meine zwanzig Dollar Ruhestandstafel, die mich über die Jahre schon zehnmal soviel Geld gekostet hatte.

Ich behielt aber auch eine kleine Missbilligung von dieser Enttäuschung und die ließ mich nicht entmutigen. In England durften wir nicht die High-tech-Firmen sehen, aber die normalen kleinen Firmen waren immer offen für Besucher. Als ein ehemaliger Maschinenschlosser interessierten sie mich nicht sehr, da ihre Arbeit genauso gut und schlecht war als die Arbeit der deutschen Firmen. Ich ging lieber zu Hamleys Spielzeugladen, der mehr neue Technologieerzeugnisse hatte als die internationalen Firmen. Und das Imperial War Museum wollte ich nicht sehen, denn ich wusste schon vorher, dass es einst eine Irrenanstalt gewesen war und ich schon genug Irre in der Artillerie kannte.

Was den Maschinenbau der offenen Firmen betraf, gab es keinen nationalen Unterschied. Egal, wer sie baut, eine Kanone ist nun mal eine Kanone und alle töten Menschen. Aber es gibt einen großen Unterschied zwischen einer guten technischen Ausstattung und schlechter Massenproduktion. Nachdem ich mit den Arbeitern dort geredet hatte, erzählten mir einige über ihre Arbeit sowie über ihre Bezahlungen. Sie sagten mir auch, dass ihre Arbeiten vorzüglich waren, aber ihr Gehalt zum Himmel stank.

Nun, normale Menschen in der Welt sind überall gleich. Engländer sind genauso so wie auch andere Leute nur Menschen und damit gefielen sie mir auch. Und unsere Reise war keine Ausnahme. Unsere Reise stoppte für ein paar Tage im Nottinghams Flying Horse Inn und nachdem wir eincheckten, suchte ich den Lichtschalter in unserem Zimmer. Es gab keinen und so rief ich den Hotelpagen. Wortlos sah er mich an und schien zu sagen: „Ich kann nichts dafür dass sie ein kolonialistischer Bursche sind, aber in England sind Lichtschalter in Schrank", und dann drehte er sich um, ging zum Schrank und schaltete das Licht an.

Nun, England wird immer etwas anders sein als andere Länder!

Wir übernachteten auch in der Royal-Artillery-Woolwich-Kaserne, die ein schönes Museum hatte. Dort sahen wir ein wunderbares weißes Eisbärfell, das einst der Königin in Kanada geschenkt wurde und nun den Boden verzierte. Es erinnerte mich an die Hauptstraße in Churchill, Manitoba, wo sich auch diese Bären immer tummelten, aber ein zweiter Blick auf die Bären machte mich ziemlich sauer. Warum war dieses Bärenfell überhaupt hier? Es war doch eine Beleidigung für die Menschheit, dass dieser wunderbare *nanuk* für einen Besuch der Königin erst geschossen wurde und nun den Boden dieses Museums zierte. Nur wahnsinnige Menschen tun so etwas und was für eine Schande für mich, dass ich auch ein Mensch war.

Aber dieses Eisbärfell war nur eins der Tausenden Andenken in diesem Museum. Hunderte Bilder antiker Generäle hingen an den Wänden und waren nun weniger wert als die Rahmen, die die Bilder verzierten. Es gab auch mehrere Kollektionen silbernen Tafelgeschirrs, das britische Regimenter mit sich brachten, als sie Indien verließen. Ich war vollkommen zufrieden, als wir das Museum verließen und hätte lieber Woolwhich selbst gesehen, da ich einst ein Theaterspiel darüber schrieb.

Woolwhich war einst ein großer militärischer Komplex für Kanonenschiffe gewesen, die hier ausschifften, um fremde Länder *zu zivilisieren*. Ich sah mir dort alle Gebäude an, konnte aber nie ein Monument finden, das die streikenden britischen Matrosen beschrieb, die hier im 18. Jahrhundert für ihre Freiheit kämpften. Es war beinahe so aus, als ob die unannehmlichen Geschichten der Vergangenheit unter den Teppich des Sieges gekehrt worden wären.

Dann sahen wir den Kommandeur der Königlichen Artillerie, der uns über die Zukunft der britischen Artillerie belehrte. Auf meine Frage einer Zukunft für britische Inseln wie Tristan de Cunha, St. Helena und den Falkland-Inseln sagte er nichts.

Einen Besuch zum Royal Artillery Camp in Aldershot hatten wir auch. Das antike Heiligtum Stonehenge war nicht weit davon entfernt, aber niemand wollte es sehen und so ging ich alleine dort hin. Der Rest meines Kurses blieb lieber im Kasino, stoppte aber dort am nächsten Tag, um ein Lüftchen vom antiken Geruch zu schnappen.

Der britischen Exhibition folgte eine kanadische Tour. Wir besuchten die kanadischen Arsenals bei Montreal, wo Munition hergestellt wurde. Dort sprach ich mit einem Direktor, der mir sagte, dass Kanada auch Munition an die Vereinigten Staaten sowie an die Vietcong-Bevölkerung lieferte. Ich fand das schwer zu glauben, aber es wurde mir in 1996 bestätigt, als ich in der Mondulkiri-Provinz Munition mit kanadischen Stempeln fand.

Meine nächste Versetzung wartete auf mic,h als ich von der Tour zurückkam. Für mich sowie auch Jack St. Laurent war es DREV in Quebec. DREV war Kanadas größtes militärisches Wissenschaftszentrum und beschäftigte normalerweise auch Master Gunners in ihren Versuchsabteilungen.

Susan und ich sprachen lange darüber, ehe ich die Versetzung annahm. DREV bedeutete ein zweijähriges finanzielles Problem, da in der Provinz Quebec die Steuern ziemlich hoch waren. Aber entgegengesetzt war eine Versetzung nach Deutschland wieder einfacher. Und David hatte nun einen kleinen Hund mit dem Namen Buster in Gagetown und wollte ihn nicht aufgeben. In Valcartier musste er auch Französisch lernen und seine Großeltern in Ottawa waren nicht mehr so weit entfernt.

Vielleicht hatten wir eine *Zuhause*-New-Brunswick-Stimmung, aber trotzdem stimmten Susan und David meiner Versetzung zu. Ich war nun älter geworden and da ich das Militär nicht mehr so richtig liebte, wollte ich auch kein Master Gunner mehr sein. Darum weigerte ich mich auch, die Master-Gunner-Krawatte zu tragen, und betrachtete den Master-Gunner-Kurs als einen bitteren Witz.

Aber nachdem wir aus dem Armeehaus in Gagetown auszogen waren und uns in ein kleines Fredericton-Hotel einquartierten, wurde

Susan etwas fröhlicher, als wir Lady Di und den pferdeköpfigen Charles während ihrer Hochzeit zusahen.

Und meine Susan war eine schöne und großartige Frau aber auch das typische Produkt einer englisch/kanadischen Vereinigung, Hochzeit und Zusammenarbeit. Rodney, Susans Vater, war ein wunderbarer Maler und Alice, ihre Mutter, eine patronisierte Frau die gut auf ihren Mann und Susan aufpasste. Und Susan änderte sich später auch etwas, denn nach dem Ende unserer Ehe verheiratete sie sich mit einem Salvadorian-Mann.

Es gab einmal ein Flugzeug, das sich weigerte zu fliegen

Es gab einen Berg, den niemand bestieg,
Es gab einen Vogel, der niemals flog,
Es gab einen Fisch, der niemals schwamm,
Es gibt eine Glocke, die niemals läutete,
Es gibt auch ein Flugzeug, das niemals flog.

Von Glasgows Stadtwappen

Von Oromocto nach Valcarier ist es nur eine 500-km-Fahrt aber es brachte viele Erinnerungen mit sich. Wir fuhren sie öfters, um Susans Eltern in Ottawa zu besuchen, aber nach dieser Fahrt wusste ich nicht, dass es die letzte Fahrt meines Lebens war.

Camp Valcartier war ungefähr 20 km nördlich von Quebec City und wurde im Ersten Weltkrieg gebaut. Dort vermietete man uns ein kleines Haus in dem Campstädtchen Courcelette, das nahe der DREV-Gebäude war und den Transport unserer Möbel dorthin vereinfachte. Das Haus selbst kam militärischerweise durch meinen Rang; ein Oberst bekam ein großes Haus und mir wurde nur eine normale Hütte für Stabsfeldwebel zugeteilt.

Das berühmte Van-Doos-Regiment dominierte Camp Valvartier und je nach den politischen Zeiten der Jahre, bestand es aus einer bestimmten Anzahl Bataillonen. Aber das Hauptquartier der Van Doos war schon seit dem Ersten Weltkrieg hier und mit den Quebec-Bezirken ökonomisch fest verankert,

Sobald ich Valcartier betrat, wusste ich auch, dass ich mich hier wohlfühlen würde, da die lokalen Armeeeinheiten hier viel besser organisiert waren als im Rest von Kanada. Die Menschen und Soldaten hier waren entspannter und leistungsfähiger als irgendwo anders. Plötzlich glaubte ich, dass ich ein Mitglied in einem Riesenteam war, in dem alle Menschen für ihre Provinz arbeiteten.

Das ist auch der Grund, warum diese *Meine Heimat*-Umwelt für die britische Armee und die amerikanischen Reserven so wichtig ist. Normalerweise besteht die Rekrutierung in England sowie einigen anderen Ländern auf dem bestehenden Klassensystem, wo die regionalen Strukturen des Geburtsorts wichtig ist. Zum Beispiel spielte das eine wichtige Rolle während des Ersten Weltkriegs, wo englisch-sprechende Immigranten nur wegen ihrer Zugehörigkeit zur britischen Loyalität, Motivation und Untertanenpflicht in die kanadische Armee gingen.

David fühlte sich auch hier wohl und zu Hause. Er war jetzt sechs Jahre alt und ging nun auch zur Schule. Aber wenn er spielte, war sein Spielplatz gleich neben unserem Haus, wo ein tiefes Tal seinen Abstieg beschleunigte, bis er in einem Feld voller Frösche und Kröten landete. Gagetown war für ihn ein Paradies gewesen, aber im Vergleich zu Valcartier spielte Gagetown eine negative Rolle und Valcartier was jetzt der siebente Himmel.

Natürlich mussten wir zuerst Quebec City entdecken. Schnell lernte ich auch die literarische und historische Gesellschaft von Quebec kennen, eine uralte Anstalt, die schon seit der Zeit existierte, als englische Soldaten noch die Macht hier hatten. Wir liebten auch unsere Sonntagsbrunches im Chateau Frontenac und danach die Spaziergänge auf dem Boardwalk, von dem wir den St.-Lawrence-Fluss übersehen konnten.

Danach fuhren wir wieder zu DREV oder CARDE, wie man die Gebäude einst nannte. Wie alle Forschungsinstitute bestand es aus mehreren Abteilungen für die verschiedenen Wissenschaften und was ich am meisten in DREV liebte, war ihre Bücherei, in der ich das einzige Soldatenmitglied war.

Die klügsten und am besten orientierten Wissenschaftler in unserer Abteilung waren Zivilisten und ich sprach gerne mit ihnen. Und da DREV dem Militär diente, hatten diese Wissenschaftler auch großen Respekt für uns. Offiziell hatten diese Wissenschaftler einen *Militärische-Wissenschaft*-Titel, der mir überhaupt nicht gefiel, da wir während unserer Gespräche manchmal auch über Giftgase und ähnlichen Sachen sprachen. So wurde es auch mein Grund, warum ich unsere Wissenschaftler nur mit ihren Namen und Titeln und nie persönlich ansprach. Natürlich erwiderten sie es immer auf dieselbe Art und Weise.

Können Sie sich vorstellen, dass der deutsche Bürger Fritz Haber ein *Militärischer Wissenschaftler* war, der 1919 den Nobelpreis in Chemie für die Entdeckung des Senf Gases erhielt; einem Gas, das während des Krieges Millionen von Menschen tötete. Und später entdeckte er Zyklon B, das auch Millionen von Juden in den Konzentrationslagern tötete. Und weil die meisten Wissenschaftler gleich denken, wie könnte ich solche Menschen persönlich ansprechen?

Meine Arbeit in DREV war ziemlich langweilig, Als ich ankam, war unsere ganze Abteilung in Tumult. Unser Major baute sich auf öffentliche Kosten einen kleinen Anhänger und man erwischte ihn dabei. Um seine Tat zu verdecken, versetzte man ihn nun schnell nach Montreal und wartete jetzt auf einen Ersatzmann. Dieser Mann war Hauptmann LeBreton, der einmal ein einfacher Soldat und jetzt auch ein Master Gunner war, Daraufhin wurde Andy Lavigne unser Hauptstabsfeldwebel sowie Jack St. Laurent und ich die mitarbeitenden Indianer. Und zu der Zeit wurde ich auch befördert.

Jack wurde später zum Hauptmann befördert und wurde ein lebendes Beispiel dafür, dass ein Offizier nicht immer auch ein Gentleman ist. Als er befördert wurde, gab man ihm ein paar zweistriped-Epauletten als Leutnant und er bestand darauf von uns als *Sir* angesprochen zu werden. Natürlich lachten wir ihn aus, denn es war interessant für uns zu lernen, wie ein guter Stabsfeldwebel nach seiner Beförderung plötzlich auch ein schlechter Hauptmann werden kann.

Oberst Braun war unser Kommandeur und er war nicht nur ein ausgezeichneter Offizier, sondern auch ein Mensch, der genau weiß wie gut und wie schnell man unerreichbare Dinge erreichen kann. Wir wollten nämlich Weihnachten in einem Feldwebelkasino feiern, aber der dortige Kasino-Sekretär lehnte uns ab. „Geht nicht", sagte er. „Das Kasino ist nur für Feldwebel und ihr habt einen Oberst mit euch."

Oberst Braun lachte auch, als wir es ihm erzählten. „Er muss uns dort feiern lassen. Wir feierten dort vor einem Jahr und das setzte ein Vorrecht ein. Und unser Recht ist auf Vorrechte aufgebaut und daher muss er uns dort Weihnachten feiern lassen."

In 1982 hörten wir mehr über den Falkland-Krieg. Dass Engländer den Krieg gewinnen würden, wussten wir schon im Voraus, da die Amerikaner die Engländer unterstützten. Aber trotzdem schmerzte mein Herz, als die Engländer das Schlachtschiff General Belgrano mit 323 Matrosen versenkten und die Argentinier die HMS Sheffield angriffen und 22 Matrosen ihr Leben verloren. Aber Krieg ist nun mal Krieg und mein Herz schlug ein bisschen leichter, als 29.700 Soldaten mit ihren baumelnden South-Atlantik-Medaillen nach England zurückfuhren.

Während die Engländer und die Argentinier ihren blanken Schwerter kreuzten, kaufte ich David einen karottenfressenden Maggie-Hasen. David liebte das kleine Tier und ließ es nie aus seinen Augen, außer einmal, als er Margaret Thatcher im Fernsehen sah und so aufgeregt wurde, dass er *seinen* Maggie im Bett versteckte.

Aber als Weihnachten kam und der kleine Maggie eine Riesenmargarete wurde, verschenkte David seine große Margarete an einen Klassenkameraden. Da Weihnachten in Quebec normalerweise ein schlimmer Tag für Hasen war und ist, fuhren wir schnell nach Ottawa, um Weihnachten dort mit Rod und Alice zu feiern.

Und um unser Weihnachten in DREV zu feiern, brauchten wir nur unsere Versuchsteste abzuarbeiten und dann was Feierabend. Und um diese Versuchstests unterzubringen, mussten wir sie auswerten, aber das dauerte nicht sehr lange. Und da wir jetzt so wenig zu tun hatten, arbeitete ich hin und wieder in unserem kleinen Versuchsladen und baute schöne kleine Messingkanonen, die ich an Besucher verschenkte. Und manchmal ging ich auch durch einen langen Versuchstunnel, der für das Avro Arrow CF 105 Flugzeug gebaut wurde. Dieses Flugzeug wurde 1959 von Kanadas Premier Diefenbacker storniert, doch sein Tunnel verließ Quebec nie. Und als ich durch den Tunnel ging, sah ich oft eine kleine unbeschriebene Tafel, auf der ich mit Kreide die Worte des Glasgowers Stadtwappen schrieb:

Es gab einen Berg, den niemand bestieg,
Es gab einen Vogel, der niemals flog,
Es gab einen Fisch, der niemals schwamm,
Es gibt eine Glocke, die niemals läutete,
Und es gab auch ein Flugzeug, das niemals flog.

Ich fügte die letzte Zeile der Tafel selbst hinzu, da die Avro Arrow CF 105 ein kanadisches Flugzeug war, wegen dem die Amerikaner soviel Druck auf Kanada ausübten, dass es am Ende auch nicht fliegen durfte. Und im Juni 1957 kam es in Kanada zu einem Regierungswechsel, der zwei Jahre später das endgültige Ende für das Flugzeug war. Und da viele Länder versuchten, ein Avro-ähnliches Flugzeug zu bauen, wurden aus Angst vor Spionage alle Avro-Bauteile auch schnell vernichtet. Nur die vordere Sektion blieb erhalten und man kann es noch in Ottawas Canada's Aviation and Space Museum sehen. Und für Kanada im Generellen führte der Stopp des Avro Arrow zu einer Riesenentlassung im Flugzeugbau und ungefähr 30.000 Arbeitsplätze gingen verloren.

Und weil ich in DREV arbeitete und nicht viel zu tun hatte, interessierte ich mich sehr für den schon erzeugten und bestehenden kanadischen Waffenausbau, bei dem DREV mitgeholfen hatte. Und da die vollen Theken der Bücherei mich beinahe erdrückten, war das sehr einfach für mich, über einen sehr berühmten Mann nachzuforschen, der vor mir ein Mitglied von DREV gewesen war. Und nachdem ich das herausfand, musste ich auch die Munition des abgereicherten Uran unter Beschuss nehmen, da wir sies zu dieser Zeit auch untersuchten.

Und die Information dieses berühmten Menschen war einfach zu finden, da unsere ältere DREV-Bibliothekarin ihn kannte.

Sie erzählte mir dann: „Dieser Mann war Gerald Bull und er war sieben Jahre älter, als Sie es jetzt sind. Er arbeitete für CARDE, genau, wie Sie es es jetzt tun und nur für Ingenieurprojekte, bis er 1960 gefeuert wurde. Er hatte auch eine Vision von Superkanonen, die sehr weit schießen konnten aber CARDE akzeptierte das nicht. Darum ging er zur McGill Universität und arbeitete dort am HARP-Projekt für die kanadischen und amerikanischen Regierungen. Nun baute er sich in Quebec seine eigene Space Research Corporation, um für die südafrikanische Regierung Munition und Superkanonen zu liefern. Aber in 1976 wurde er von der UN verhaftet, ging für vier Monate ins Gefängnis und baute dann für die Südafrikaner die berühmte G5-Howitzer auf, die zirka 45 km weit schießen konnte. Für seinen Erfolg mit der G5 Howitzer kam Gerald Bull auch mit dem Irak und China ins Gespräch und er lieferte Munition und Artillerieteile zu beiden. Und dann erfuhr er, dass der Irak eine Superkanone brauchte, um sich zu verteidigen. Also baute Gerald Bull auch im Irak eine Kanone, die 600 km weit schießen konnte, aber dann ...“ An der Stelle schüttelte die Bibliothekarin nur ihren Kopf. Dann sagte sie ganz leise: „Wenn Sie seine Adresse haben wollen, ich habe sie hier!” Sie zeigte an ihren Kopf. „Gerald bot mir einen Job, aber meine Enkel wohnen hier und ich will nicht von hier weg. So bleib ich eben hier.”

Jetzt war die Munition mit abgereichertem Uran an der Reihe. DREV hatte Berichte, wie diese abgereicherten Uran-Tests ausgeführt wurden und wie einige der noch in DREV arbeitenden Wissenschaftler daran teilgenommen hatten. Darum sprach ich zu zuerst mit den Wissenschaftlern und sie gaben mir die Information, die ich vielleicht brauchte, aber auch schon hatte, da ich sie ja im Master-Gunner-Kurs lernte. Wenn eine Kanone schießt, steht ihr die folgende Munition zur Verfügung. Erstens: ein solides Geschoss wie die runde Kanonenkugel; üblich für Schadensanrichtung, aber selten im Krieg verwendbar.

Zweitens: ein Geschoss mit einem Hohlraum für Sprengstoff; üblich zum Zerstören von Menschen und Gebäuden.

Drittens: ein solides Geschoss mit einem inneren und durchschlagenden Metall wie Wolfram oder Uran, das eine zerstörende Wirkung hat.

Es war diese Wirkung, die DREV jetzt testete. Trifft nämlich so ein Urangeschoss auf einen Panzer, dann wird seine Bewegungsenergie in eine Durchschlagskraft des inneren Urans umgebaut und der Panzer zerstört. Die sich im Panzer befindenden Soldaten sind natürlich tot, aber auf die sich im Freien befindlichen Menschen könnte durch die zusätzliche Belastung das ausstrahlende Uran eine gefährliche Wirkung haben. Und diese Wirkungen wurden auch bei DREV untersucht, da ja bis zu den Siebziger-Jahren nur die Wolfram-tipped Geschosse benutzt wurden, um Panzer zu zerstören. Aber Uran war besser, da eingebautes Uran ein besserer aber auch teurerer Penetrator oder Zerstörer als Wolfram war. Während Rommel sich durch Nordafrika im Zweiten Weltkrieg kämpfte, war Wolfram eines der wenigen Metalle die man in Kanada fand, aber später wurde es für das Uran in Panzergeschossen ausgetauscht. Natürlich aber hatte die Belastung des ausstrahlenden Urans eine schlimme Wirkung für die Öffentlichkeit.

Aber natürlich fragten sich die Amerikaner, wie zum Teufel ein dreihundert Meter entfernter amerikanischer Soldat das Zeug riechen konnte.

Aber um diese Angelegenheit noch schlimmer zu machen, arbeiteten die Sowiets auch an depleted Uraniumgeschossen. Aber das stand niemals in den Zeitungen und man hörte es nur von den Wissenschaftlern.

Da die DREV-Bücherei voll von alten Dokumenten war, las ich alles, das ich finden konnte über das Avro-Arrow-Projekt sowie über die von CARDE entwickelte 75-mm-Packhowitzer, die man später nach Indien verkaufte. Und während der 1970er-Jahre, entwickelten auch kanadische Wissenschaftler bei CARDE (später genannt DREV) die Phoenix-Landmine, die später als Claymore-Landmine in Vietnam benutzt wurde.

Einer der schönsten Plätze in DREV war ihre Imbissstube wo man mit allen DREV-Mitgliedern sprechen konnte. Da ich jetzt auch beinahe 48 Jahre alt war und längeres Haar trug, passte ich gut dort hinein. Ich sprach auch mit den älteren Jahrgängen, die einst an den chemischen Experimenten auf der Große-Ile-Insel während des Zweiten Weltkriegs teilnahmen. Zu der Zeit produzierten sie Tonnen tödlicher Anthrax-Keimzellen für ihre alliierten Kumpel mit tiefster Geheimhaltung.

Diese Anthrax-Geheimhaltung gab mir aber auch genug Zeit zum Nachdenken und so machte ich erst einmal Schluss.

Au Revoir, Quebec

Sei kein Laster und hilf den Blinden
Sprich kein Laster, aber sprich, was du denkst
Hör kein Laster, aber sei nicht unfreundlich
Fürchte kein Laster, aber sei nicht blind.

Sieh kein Laster und der Teufel sieht dich nicht
Sprich kein Laster und der Teufel hört dich nicht,
aber hör ein Laster und der Teufel wird dich fürchten.

Meine nächtlichen Laster-Sprüche

Die Anthrax-Bomben in Grosse-Ile hatten eine sehr lange und internationale Geschichte. In 1942 erzählte der britische Mikrobiologe Paul Fildes den Wissenschaftlern in Ottawa mehr über die Anthrax-Bomben, die er in Gruinard an der schottischen Küste entdeckt hatte. Diese Bomben gehörten zu den Anthraxgeschosse, die Gas freisetzen, und ein paar Tage nach ihrer Entdeckung durch Paul Fildes starben auch viele der Schafe. Natürlich brach sofort unter den Inselbewohnern eine Panik aus, aber Dr. Paul Fildes verriegelte sofort die Insel für 50 Jahre. Jedoch in Grosse-Ile geschah so etwas nicht. Die bewachenden Soldaten und kränkelnden Wissenschaftler wurden einfach zum Krankenhaus geschickt und da die Krankenschwestern nichts über die Anthraxgefahr wussten, deckte dann ein offizielles Stillschweigen alles ab.

Danach bauten die amerikanischen Käufer des Anthrax ihre eigene Herstellungsstätte nahe Washington D.C. auf und die Gebäude in Grosse-Ile wurden abgerissen und die Insel abgeriegelt. Aber da die Engländer eine neue Herstellungsstätte in Kanada brauchten, bauten sie in Suffield, Alberta, eine Gegend, in der normalerweise nur Brillenschlangen wohnten. Und um die historische Geschichte für die Kanadier klarer zu machen, wurde der Chef dort auch ein britischer

Bürger.

Ich fand auch sehr schnell heraus, dass die Anthrax-Zerstörungsmethoden sehr umweltfeindlich waren, da seit 1946, 10.982 Tonnen Senfgases nahe der Sable Insel in den Atlantischen Ozean geworfen wurden. Wie und wo alle anderen giftigen Gase zerstört wurden, wusste der alte Mann nicht. Aber was er wusste, war, das sGrosse-Ile in 1956 von Agriculture Canada übernommen wurde.

So ging ich zur Bücherei zurück, um mehr über Grosse-Ile zu erfahren. Ich fand heraus, dass im 19. Jahrhundert Grosse-Ile ein schlimmer Hafen für irische Einwanderungsschiffe und ihre Einwanderer war. Diese Schiffe landeten oft dort nach zwölf Wochen einer unruhigen Seefahrt und viele der meistens armen Passagiere litten die ganze Zeit an schlechtem Essen, stinkender Luft und zu wenig Bewegung. Und auf den Schiffen selbst kochten sie ihre eigenen Lebensmittel und die wichtigsten davon waren Haferflocken die wenig Nährstoffe besaßen. Und da die meisten Schiffe auch keine gebrauchsfähigen Toiletten besaßen, stanken sie zum Himmel. Das bedeutete in Allgemeinen, dass viele Menschen auch auf den Schiffen starben und daas danach ihre Leichen einfach ins Meer geworfen wurden. Und für die 12.000 überlebenden Menschen, die auf der Grosse-Ile starben, gab es nur einen einzigen Nationalpark, um sie zu ehren.

In der Bücherei fand ich auch viele Bücher, Themen und Besprechungen über militärisches Verhalten in einer unmilitärischen Gesellschaft. Es gab auch Bücher von Norman Dixon and Morris Anoints dort, die wissenschaftlich die militärische Gemeinschaft untersuchten und nach militärischen Werten suchte. Und so fand ich heraus, dass ich nach wissenschaftlichen Werten ein ziemlich guter Soldat war und mehr oder weniger tat, was man mir befahl. Aber ich wusste auch, dass ich nie richtig dafür belohnt wurde und manchmal auch schlechte Berichte bekam, die es laut Gesetz überhaupt nicht geben sollte. Darum dachte ich auch, dass Lügendetektoren und moralisch herabsetzende Beförderungen laut Gesetz verboten sein sollten!

Die DREV-Bücherei legte auch ihre Finger direkt an die Wurzel dieser Lasters – nämlich dass es menschliche Prahlerei war, die es schuf. Es lehrte mir auch, nicht meine Seele an das Konzept der militärischen Unfähigkeit öffentlich zu verkaufen, da es mir keiner glauben würde.

Daher musste ich erst einmal das Konzept der militärischen Fähigkeiten wissen, damit ich auch ihr Gegenstück – die Unfähigkeit – wusste. Und alle Militaristen wissen, dass militärische Fähigkeiten ausmacht, dass Untergebene ohne Bedenken allen Befehlen folgen. Doch die Menschen sehen das anders. Zum Beispiel sagen die Juden, dass Gott die Liebe sucht und gibt, während der Teufel die Ordnung bevorzugt. Und Oscar Wilde sagt auch, dass Ungehorsam der höchste Wert in der Menschheit ist und dass nur durch Ungehorsam und Aufstand bessere Fortschritte erzeugt werden können.

Was ist also Gehorsam wirklich? Ist es Gottes Liebe oder des Teufels Recht?

Wenn man die zwei ältesten Huren der Menschheit – nämlich Religionen und das Militär – betrachtet, dann kann man auch sehen, dass für beide die Loyalität den wichtigsten Wert hat. Im vhristlichen Glauben hat es die allerhöchste Bedingung und hier zitiere ich eine Textstelle aus Rotrous 1173s-Brief an die Königin von England, in dem Rotrou einen Bezug auf den Ungehorsam der Königin gegenüber ihrem König macht. Es könnte genauso der Brief eines Generals für die Untreue eines Soldaten sein.

Grüße in der Friedenssuche,

Ehen sind feste und unauflösbare Vereinigungen ... Und was auch immer eine verheiratete Ehe teilt, wird auch ein Missetäter eines himmlischen Befehls werden. Wenn eine Frau die Schuld hat und ihren verlässt Gatten und nicht ihre soziale Verpflichtungen einhält, dann ...

Aber sollte eine Frau nicht unter der Herrschaft ihres Gatten stehen, dann verletzt sie die Bestimmungen der Natur, die Vollmacht des Apostels und die Regeln der Heiligen Schrift. ‚Der Meister einer Frau ist der Mann', sie wurde von ihm erzeugt und sie ist ihm untertan.

Im diese Paragrafen in die Militärsprache zu übersetzen, braucht man nur die folgenden Worte einzusetzen:
a contract für Herrschaft
Meister für Armee
soldier für Frau
general für Gatten

… und Sie werden das Militärgesetz haben.

Aber Gehorsam muss auch existieren, Kinder müssen Gehorsam lernen, um durch das Leben zu kommen, und Öffentlichkeit braucht es für ihre Gesetze und Regeln. Aber ist auch sehr gefährlich, wenn es gesetzwidrig benutzt wird.

Als ich die Bibliothekarin fragte, warum Menschen gesetzwidrige Akte ausführen, hatte sie nur eine Antwort für mich. „Sie tun es meistens für ihre Pflichten and fragen nicht, warum." Fragen werden nie gestellt und sollten sie gefragt werden, dann enden sie meistens in einem richtigen oder angedeuteten Exekutionskommando.

Darum suchte ich auch Entschuldigungen dafür.

„War es richtig, dass ich eines Offiziers Befehl folgte und einen Hund erschoss?"

„Würde ich es fertigbringen, einen Kameraden zu erschießen, der für Feigheit verurteilt wurde?"

„Dürfen Piloten verurteilt werden, wenn sie keine Bomben auf Frauen und Kinder werfen?"

„Ist es menschlich richtig vor dem Verlust eines Krieges, Soldaten erschießen zu lassen?"

„Warum darf ein Polizist einen hilflosen Demonstranten schlagen, wenn er weiss, dass diese Person auch seinen Sold zahlt?"

Normalerweise akzeptiert die Gesellschaft die Worte der Gesetzgeber, da für sie Gehorsamkeit eine normale Entschuldigung ist. Und weil im Krieg bestialische Kriegsaktivitäten als eine normale und menschliche Schuld angesehen werden, ändert sich das nach dem Krieg nur für die gewinnende Nation und selten für den verlierenden Schuldner.

Vielleicht erzählte H.G. Wells die Stärke des Militärs als eine Stütze des Staats besser als jeder andere Autor. In seinem Aurelia-Roman war Esau der Held des Romans sowie auch die Verkörperung der normalen Menschen. Aber er lernte auch sehr schnell, dass er als gewöhnlicher Mensch auch zur niedrigen Kaste gehört und keine Freunde in der oberen Kaste hatte. Und da die Aurelianer nicht gut auf die Armee im Frieden zu sprechen aber stolz auf sie während des Krieges waren, hatte das Heer auch nur einige privilegierten Offiziere als ihre Führer. Sie waren *Gentlemen,* deren Aktivitäten normalerweise im Offizierskasino endeten. Jedoch für Esau war das Offizierskasino ein *geschlossener Laden,* da sie getrennt von normalen Soldaten lebten, die als einfachste Lumpen auf der niedrigsten Menschenklasse standen. Und da diese Soldaten als Status ihrer soldatischen Ungröße immer ihre Haare auf dem niedrigsten Schnitt hielten, übernahmen es auch die Soldaten kommender Länder als ein Zeichen soldatischer Kleinheit.

Obwohl Esau ein *Niemand* in der Aurelianer Gesellschaft war, war er trotzdem ein Patriot. Und als er versuchte, für sein Land zu kämpfen, versuchte ein feindlicher Agent, ihn anzuwerben. Der Mann kam von Marantha – einer libertarnischen Republik – doch Esau blieb Aurelia treu, bis der rekrutierende Maranthian-Agent verzweifelt schrie:

„Mein lieber Mann! Dein Land wird in kleine Stücke geschnitten und in einen tiefen Hut geworfen werden und dann – wird es seinen Rücken hoch ziehen und kein Dankeschön für Menschen wie dich haben. Sie werden eine Neunte-Klasse-Königreich wie Portugal aus diesem Land machen, ehe sie Menschen wie dich reinlassen. Sie werden lieber einen Juden und einen Gilchrist-Neger reinlassen ehe sie dich anfassen. Du bist ein tiefster Fremder: ein niedrigster mittelklassiger Aurelianer. Und du - Ugh."

Seit H.G. Wells das schrieb, haben sich moderne Militärarmeen nicht viel verändert. Na ja. Die niedere Adel öffnete sich für plebejische technische Offiziere aber alle Regeln und Entscheidungen wurden immer geschrieben und ausgeführt von Nachkommen alter nobler Familien. Traditionen, Vermögenswerte und Verbindungen waren die Ketten, die sie zusammenhielten. Das betrifft alle Länder, egal, ob Aurelia, Deutschland oder Kanada. Die einzige Grenze dieser Kastenbewahrung war der Grad, mit dem demokratische Gesellschaften es geschehen lassen konnte.

Aber hin und wieder musste ich zur Arbeit gehen und meine Recherchen vergessen. Als Versuchsoffizier musste ich die Vorbereitungen für Kanonengeschosse machen und für die gab es hin und wieder einige. Ich war auch verantwortlich für die Abschüsse und man brauchte nicht viel Gehirn um „5-4-3-2-1-Feuer" zu sagen. Ich wunderte mich nur, warum man DREV-Versuchsoffiziere dafür benötigte. Jeder Korporal konnte es doch tun.

Wir hatten auch einen deutschen *Leopard-1 Panzer* in DREV, der nicht richtig funktionierte. Dieser Panzer gehörte einem kanadischen Squadron und war so auch ein Problem für mich, da diese Panzer oft als Konkurrenten gegen die Panzer anderer Nationen fuhren. Natürlich war auch ein kanadischer Master Korporal bei dem Panzer und putzte ihn jeden Tag. Und ein paar Jahre später in NDHQ sagte mir Professor P. Partington, warum Kanada nicht immer in diesem Wettwerfen auch Trophäen gewann. Der Schaden für Kanadas schlechte Leistung waren normalerweise nicht die Soldaten, die die Panzer fuhren und mit ihnen schossen, sondern die Panzeroffiziere, die die Arbeit der Soldaten mit falschen Befehlen versauten.

Mein Weg von der Arbeit nach Hause war nur ein paar Kilometer lang und so war ich oft zu Hause. Im Winter war das ein Problem durch den tiefen Schneefall, aber der schöne normale Sommer vereinfachte es immer etwas und ließ uns auch im nahen National Park zelten. Gegenüber wohnte ein französischer Austauschoffizier und neben uns ein Master Bombardier, dessen Name auch mit einem „F“ startete. Und einmal verzweifelte mich dieser Mann auch, als der französische Exchangeoffizier zu mir kam und schrie, dass dieser Master Bombardier seine Tochter belästigt hatte. Und da unsere Namen mit demselben Buchstaben anfingen, hatte ich Angst, dass man uns verwechseln würde. Aber diese Angst legte sich bald, da der Master Bombardier nach Petawawa postiert wurde.

Susan arbeitete jetzt als Lehrerin und so fuhren wir oft spazieren in einem roten Lada, der die meiste Zeit in einer Garage zur Reparatur und nicht auf einer Straße verbrachte. Und da Quebec so schön war, verbrachten wir auch die meiste unserer Freizeit draußen und zelteten irgendwo. Nur in 1982 gab es ein kleines Problem, als uns drei meiner Verwandten besuchten. Der Mann war mein Neffe und er wohnte mit seiner Familie in Duisburg. Einmal kam er auch nach Lahr, um mich zu besuchen. Während eines Gesprächs sagte er mir, dass er mich gerne in Kanada besuchen würde und so stand er einmal in Courcelette vor mir und wollte drei meiner Betten für sich und seiner Familie haben.

Da meine Mutter ihn dreimal in Duisburg besucht hatte, konnte ich nicht nein sagen. Aber da wir nur ein Ehebett hatten, bekamen er und sein Junge die Couch im Wohnzimmer. Susan und ich zogen in den Keller und danach fuhren wir ihn, seine Frau, seinen Sohn und Maggie durch Quebec und zu den Niagara-Fällen. Die Niagara-Fälle gefielen ihm gut, aber er wurde böse als die Niagaraspritzer ihn nass machten. Und da ich später zu einem französischen Nachhilfekurs in Saint Jean gehen musste, ließ ich die drei reisenden Musketiere in Courcelette mit Susan. Aber das gefiel Susan überhaupt nicht, da Geschirrspülen und Kochen nicht ihr größtes Hobby war. Und als ich von Saint Jean zurückkam, waren alle Besucher weg und verkrümelten sich wieder nach Deutschland.

Aber über diesen Nachhilfekurs muss ich noch schreiben. Er war überhaupt nicht wie mein Kurs in Ottawa und hatte nur militärische Schüler. Er war in Saint Jeans 12-Etagen-Megakomplex platziert und in einem Gebäude, das wie der Mond hoch über die Stadt ragte. Das Gebäude wurde 1976 gebaut, kostete 110 Millionen Dollar und bis zu 2500 Menschen konnten darin leben, essen, trinken und huren.

Alle Zimmer des Megakomplexes waren unter einem Dach und für jede Einheit von vier kleinen Wohnzimmern gab es auch eine Küche und ein Fernsehzimmer, wo sich die Bewohner treffen konnten. Und da die Geschlechter der Zimmer meistens gemischt waren, war das Fernsehzimmer meistens leer, aber die Schlafzimmer immer voll, da sich ja die Bewohner dort mit anderen Beschäftigungen voll vergnügten die ihnen mehr Spaß machten. Und eines Tages traf ich den Hauptstabsfeldwebel der Schule und er antwortete, dass seine Soldaten immer beschäftigt waren, ihren Feind auszukundschaften. Darum waren sie auch immer in ihren Schlafzimmern, um sicherzugehen, dass es dort wirklich geschah. Und nachdem wir sprachen, flüsterte er zu mir, dass er einen Soldaten kenne, der für sechs Monate sein Schlafzimmer nicht verließ und dass ihn alle anderen Soldaten den *Saint Jean Zweisiedler* nannten.

Die Antwort des Hauptstabfeldwebels war kein Witz, sondern eine Tatsache. In 1912 schrieb mir jemand, den ich kannte, dass diese Schule einen Angestellten suchte, der Kaffee kochen konnte. Er musste diesen Kaffee nicht nur kochen, sondern auch das Geld dafür in einer Sparkasse deponieren. Und als Nachteil dieser Arbeit musste er wenigstens ein ehemaliger Korporal oder Feldwebel gewesen sein, der auch einen passenden Freund hatte. Und da ich keinen solche weiblichen Freund hatte und auch verheiratet war, warf ich diesen Artikel gleich in den Müll.

Was mir an der Schule nicht gefiel, war das System, in welchem jeder Schüler gleichwertig war und wo man die Antwort eines anderen Schülers als ein Fakt sehen musste. Wir hatten einen Artillerieoffizier in unserem Kurs, der, nachdem ein Ausbilder ihn dazu aufstachelte, sehr stolz antwortete, dass Adolf Hitler sein Vorbild ist. Es war eine furchtbare und demoralisierende Antwort für einen kanadischen Offizier in der Gegenwart anderer kanadischer Soldaten.

Ich bin ein Mann voller Prinzipien und so stand ich auf und sagte zu diesem wahnsinnigen kanadischen Offizier, dass Adolf Hitler nicht nur Millionen von Juden ermordete, sondern auch tausende kanadische Soldaten tötete, die gegen ihn kämpften. Und dass dieser Mann nun ein Vorbild eines kanadischen Offiziers war und ich nicht im selben Zimmer mit ihn sitzen möchte. Ich hätte meinen Atem sparen können, denn niemand verstand, was ich sagte. Außerdem war es dann auch Mittagszeit.

Ich war ein Kampfsoldat und Fallschirmjäger und verstand diese Welt nicht mehr. Ich sah einmal einen männlichen Korporal in diesem Kurs, der einen weiblichen Korporal während einer Pause mit „Komm her, du Schwein, ich will dir etwas zeigen" anredete, worauf diese weibliche Person dann auch zu ihm kam.

Nach drei Monaten ging ich zurück nach Valcartier und DREV und recherchierte einige Problembehandlungen und dann schrieb ich auch noch einige Beiträge für die Canadian Defence Quarterly. DREVs militärische Unterstützung neigte sich langsam dem Ende zu und das Gefühl des Endes des Eisernen Vorhangs lag schon in der Luft.

Im Frühjahr 1983 fuhren wir nach Brooklyn, um meinen Onkel Max in New York City zu besuchen. Er und seine Frau Dora wohnten dort bei seinem Schwiegersohn Carmine und unser Besuch machte David einen glücklichen kleinen Mann, da Carmine ein Polizist geworden war und David mit seiner ungeladenen Pistole spielen ließ. David dachte natürlich, dass er alle Mafiabanditen in New York vor sich hatte und nun abführen lassen konnte.

Dann fuhren wir zurück nach Quebec und packten unsere Sachen für unsere vier Jahre in Deutschland. Aber dazwischen lag noch ein

Besuch für die kommenden Master Gunner Kurs Teilnehmer und der machte mich ziemlich böse. Keiner dieser Leute wollte die DREV-Bücherei sehen und alle bevorzugten es, sich lieber im Kasino zu betrinken.

Es brach mein Herz, da die Bücherei DREVs Seele war und dass es niemanden der Teilnehmer interessierte. Was mich betraf, war diese Apathie nicht nur eine menschliche Dummheit, sondern auch eine offensichtliche Respektlosigkeit für die vergangenen, bestehenden und zukünftigen Wissenschaften.

Als ich herausfand, das meine Versetzung zu 1 RCHA in Lahr, Deutschland war, hatte ich auch das komische Gefühl, dass es vielleicht auch das Ende meiner militärischen Karriere bedeutete. Darum sprach ich auch ein leises *au revoir*, als als ich die Pierre-LaPorte-Brücke auf dem Weg zum Trenton Flughafen passierte. Und ich bin mir jetzt auch sicher, dass die neben mir sitzende Susan genau wie ich auch dachte.

Es gab einmal jede Menge SAABs in Lahr

Mit einer Schützenwolke im Angriff
und dem Klang eines Gewehrs wie eine Peitsche knallend
wird es plötzlich ein normaler Gewehrhagel,
und die schwärmenden Reihen pressen vorwärts und vorwärts,
mit den dicht gedrängten Brigaden weiter pressend,
und wenig Glanz, sich unter der Sonne abquälend –
diese staubbedeckten Männer,
die reihenweise zum Boden der Erde fallen,
mit der Artillerie zwischendurch schießen –
zwischen grollenden Rädern und erhitzten Pferden,
als das Armeecorps angreift!

Walt Whitman

Jetzt weiß ich, dass ich nie nach Deutschland hätte zurückgehen sollen. Ich war schon beinahe 50 Jahre alt war und nicht mehr bereit, dem Leben eines kanadischen Feldregimentes zu folgen. Es war sehr schwierig, sich über die Farben einer roten und blauen Mülltonne aufzuregen und dass ich sie nur für das benutzte, was sie war, nämlich eine Mülltonne.

Susan und David blieben in Ottawa, bis ich eine Wohnung in Lahr fand und so wohnte ich im Feldwebelkasino. Ich trug noch meine DREV-Uniform mit längerem Haar und als ich einmal mein Frühstück hatte, kam der 1-RCHA-Ordnungssergeant zu mir und sagte, dass der Regimentsfeldwebel ihm befahl, mir zu sagen, dass mein Haar für 1 RCHA viel zu lang war.

Ich konnte den Standpunkt des Regimentsfeldwebel verstehen, aber es gefiel mir überhaupt nicht, dass er mir einen Feldwebel, der im Rang zwei Stufen unter meinem war, dafür schickte. So ging ich zu seinem Büro und sagte ihm, dass mein langes Haar den Regeln der Königin entsprach und dass ich es nie für seine Regeln kürzen würde.

Meiner Meinung nach war dieser Regimentsfeldwebel nur eine nutzlose Niete, der sich durch sinnlose Befehle in seiner Stellung hochgearbeitet hatte. Und ich sah das auch sofort, als ich zum Regiment ging. Während meiner Abwesenheit hatte sich hier alles verändert. Kurze Haarschnitte waren wichtiger als gute Leistungen und so warteten die Soldaten stundenlang beim Frisör, während ihre richtige Arbeit war, an den Kanonen zu arbeiten.

Und da der kanadische Nationalfeiertag auf der ersten Juli fiel, feierten die Kanadier in Lahr ihn am zweiten Juli, da in Kanada jeder Feiertag, der auf einen Sonntag fällt, auch am Montag nachgefeiert werden kann. So schickte ich darüber einen Brief zur kanadischen Zeitung in Lahr, aber er wurde nie beantwortet. Ich erwähnte auch später, dass am 11. November, der britische Erinnerungstag für die Toten des Ersten Weltkriegs auf einen Sonntag fällt. Konnte man ihn in diesem Fall nicht auch am nächsten Montag nachfeiern? Aber hier wurde man böse mit der Antwort und schrieb mir, dass dieser Erinnerungstag weltweit bekannt und für das Militär sogar wichtiger als Weihnachten sei. Natürlich betrachtete ich das als eine dumme Antwort, da ich mir nicht vorstellen konnte, wie ein barbardierte Weihnachtsmann in einem dicken Armeemantel und glänzenden Medaillen aussehen würde.

In Flanders Feldern sieht man Mohnblumen wachsen,
Zwischen Gräbern, Reihen hinter Reihen,
um unsere Gräber zu markieren, und oben im Himmel
da singen immer noch die Lerchen, wenn sie fliegen,
aber nichts davon hört man in den Kanonen dort unten.

Ich kam zu einer schlechten Zeit nach Deutschland an. Einer unsere Soldaten beging Selbstmord während einer Lahr-Übung und die meisten seiner Kameraden dachten, er sei einfach abgehauen. Aber dann fanden deutsche Pilzsucher seine Überreste an einem Baum hängen. Für eine Weile konnte man diese Schuld an vielen der 1-RCHA-Gesichter sehen, aber nach einer Weile gab es neue Übungsaufgaben und damit wurden die Gesichter dann auch wieder etwas fröhlicher.

Per Telefon entschieden sich dann Susan und ich für eine militärische Wohnung und so kamen Susan und David auch mit dem nächsten Flugzeug. Man gab uns eine sogenannte zweifelhafte Wohnung in einem Block voller Hauptleute. Sie war nur zweifelhaft für uns, da sie eigentlich zu einem Hauptmann oder Rittmeister gehörte, um dort wohnten. Aber wir hatten dort nie ein Problem. Und unser Nachbar war ein Wartungshauptmann, der in seiner Freizeit Saab-Autos verkaufte. Da der kanadische Dollar damals viele deutsches Geld brachte, kauften meine Kameraden jetzt auch viele Saab -utos. In anderen Worten, was Geld betrifft, war der Hauptmann ein reicher Mann.

Diese Autos waren aber auch wirklich ein guter Kauf. Sie kosteten zirka 12.000 Dollar zollfrei und da die Regierung auch ihre Kosten und Steuern für den Heimweg zahlte, war es kein Wunder, dass viele Soldaten in Lahr auch Saab-Automobile hatten.

Es bedeutete für mich, dass des Hauptmanns finanzieller Erfolg eine große Überraschung für mich war, da normalerweise unsere Artillerieoffiziere Volvos bevorzugten. Aber da Susan auch einen Saab haben wollte, kaufte ich ihr auch einen. Susans Freundin in Edmonton hatte nämlich auch einen Saab und Susan wollte ihr schreiben, dass sie auch einen hatte. Persönlich bevorzugte ich aber einen Volkswagen; nicht weil sie deutsch sind, aber weil sie besser in den deutschen und französischen Verkehr in Lahr passten.

Es war schwer, neben einem gut-verdienenden Hauptmann zu wohnen, aber es war noch schlimmer, mit ihm zu leben. Susan erzählte mir immer über unseres Nachbarn wöchentliche Ausflüge zu berühmten Restaurants in der Gegend. Dort trugen sogar die Pikkolos weiße Uniformen mit aufgenähten grünen Krokodilen, wenn man Mahlzeiten im Restaurant aß. Und nach einer Weile hatten diese frustrierenden Geschichten von Susan auch die Botschaft für einen alten Stabsfeldwebel wie mich, dass ich mich bemühen sollte, mehr Geld zu verdienen.

Auf unserem regimentalen Übungsplan war immer noch SALY das Hauptereignis. Nichts hatte sich verändert in der Zwischenzeit. Unsere Vorübungen waren jetzt entlang des Neckars und um dort hinzukommen, mussten wir durch den Schwarzwald fahren. Ich fand es unglaublich, zu sehen, wie unsere 26 Tonnen starken Haubitzen durch dichtbewohnte und umweltempfindliche Schwarzwald-Gebiete fuhren, ohne dass sich jemand dagegen stellte. Ich entsinne mich, wie einer unserer Panzer keinen Treibstoff mehr hatte, auf einer Brücke anhielt und damit den Verkehr für mehrere Stunden lahmlegte. Viele der Bewohner dort dachten sogar, dass wir als kanadische Bürger auch der NATOs dumme Hunde waren.

Und das stimmte auch. Unsere Soldaten betrachteten ihren deutschen Standort als einen absoluten Witz, da nie ein wirklich positives Ereignis geschah. Jeden Herbst massierten sich die Armeen beider Seiten zu Manövern und danach was es wieder der gute alte SALY. Die schlechten Russen sowie die guten Amerikaner hatten genug nukleare Stärke, um solch ein Manöver unnotwendig zu machen, aber die Politiker liebten die schönen Atombomben und die Kraft, die sie ihnen gaben.

Ich spielte auch mit, da ja das Geld stimmte. Aber ich war nicht glücklich. Ich war ein Master Gunner, aber in 1 RCHA zählte das einen Dreck, trotz der üblichen regimentalen Messessen, denen ich und Susan beisitzen mussten, um ihnen ein bisschen Farbe zu geben. Ich hasste diese Messessen, die man mutmaßlich so arrangierte, dass man einfach mitmachen musste. Lange Kerzen brannten dann herunter, um die Gespräche über das Töten unschuldiger Kinder länger zu machen. Militärische Musik spielt,e um den Sieg über Feinde zu begrüßen und es war auch eine wunderbare Gelegenheit, um die Medaillen unserer Dienstboten zu bewundern, Medaillen der Tapferkeit sah man selten, da man keine hatte. Kasino-Essen! Was für eine Gelegenheit, um die Arschlöcher am Haupttisch des Militärs zu belecken.

Wir hatten viel zu viele von diesen sogenannten Militärs, die ich unsere Schickeria nannte. In 1 RCHA mit ihren 18 Haubitzen gab es ungefähr 30 Feldwebel, 8 Stabsfeldwebel, 12 Oberstabsfeldwebel und einen regimentalen Sergeant Major. Alle mit Damen, falls sie eine hatten, plus auch fremden Gästen. Und wie ich schon vorher sagte, war der regimentale Sergeant Major nur eine Fantasiesituation für Disziplin, da er ja eigentlich Munition handeln musste, es aber immer einem Ammo Wallah überließ.

Kein Wunder, dass ich nicht in dieses Regiment passte. Und als wir in Grafenwöhr waren, passte ich auch auf die kleinen Dinge wie Geschwindigkeitsbegrenzungen auf. Die amerikanischen Geschwindigkeiten waren sehr strikt, aber niemand beachtete sie. Dafür gab es dann Minuspunkte beim hiesigen Hauptquartier oder aber das Regiment zahlte extra. Was körperliche Eigenschaften betraf, hatte Grafenwöhr viele. Am meisten beliebt war der Entenspaziergang, wo sich die Soldaten in einer Reihe vor einer auf einem Hocker sitzenden Nutte mit ausgespreizten Beinen stellten und dann der Trommler auf seine Pauke schlug. Zum Schlagen der Trommel und mit drückenden Ellbogen marschierte dann jeder Soldat einen Schritt forwärts. Unter dem Geschrei von: „Quack, quack, ich bin eine Ente" stoppte der erste Mann zwischen den Beinen der Hure und küsste ihre Muschi. Danach zogen die Soldaten weiter, jeder küsste die Muschi, bis der letzte Soldat hinter dem ersten ankam und das Küsserei sich fortsetzte.

Ich hatte nichts gegen diese Küsserei und Männer werden immer Jungs bleiben und so machte ich ein paar dumme Bemerkungen darüber. Und als der Kommandant sie hörte, gab er mir eine andere Arbeitsstelle.

Als Master Gunner wurde ich des Befehlstandoffiziersarschtreter. Und als solcher musste ich auch einen Kurs der Inneren Führung für die Bunderwehr in Koblenz mitmachen. Dieser Kurs sollte die Konzepte der Bundeswehr mit denen anderer NATO-Nationen vergleichen. Für die Angehörigen der Bundeswehr sind diese Rechte und Werte des deutschen Grundgesetzes eine besondere Verpflichtung, hauptsächlich durch die Geschichte des Zweiten Weltkriegs, da sie auch aus der Würde, Freiheit, Frieden, Gerechtigkeit, Gleichheit, Solidarität, Demokratie sowie der Selbstdenkpflicht der Beteiligten und Opfer besteht.

Aber nach einigen heftige Diskussionen sah die Realität der Inneren Führung ganz anders aus. Und zwei Jahre danach führte ich eine Vermessungsübung in Immendingen aus, wo unser deutsches Partnerschaft Bataillon seinen Standort hatte. Wir wollten dort übernachten, aber die Grüne Partei hatte das Lager gesperrt. Und da der Lagerfeldwebel es dort seinen Kommandanten berichtete, waren innerhalb einer kurzen Zeit auch die deutschen Soldaten zu einer *Feldübung* weg und die *Realität der Inneren Führung war für mich in den Mülleimer geworfen.*

Während ich mit den Prinzipien der deutschen Demokratie herumgammelte, besorgte sich Susan die Arbeit eines *Stars-und-Stripes-Managers* in Lahrs Buchladen. Es war eine blöde Arbeit, da die Soldaten auch Bücher klauten und sie für den Verlust aufzukommen hatte.

Zu dieser Zeit bestand auch noch das deutsche *Drücken-System* bei Sparkassen, Flughäfen usw, das es für Susan so schwer machte. Sie zahlte immer ihre Überweisungen an einer Sparkasse in Stuttgart und als sie in Lahr an der Kasse zahlte, standen die wartenden Menschen nicht in einer abseitigen Wartelinie sondern direkt hinter ihr. Oft drückten sie dabei auch mit ihren Ellbogen in Susans Rücken und versuchten, die Summe an ihrer Überweisung zu lesen. Aber glücklicherweise scheint dieses uralte System jetzt in Deutschland verschwunden zu sein.

In 1984 wurde ich der Oberstabsfeldwebel in 1 RCHAs Hauptquartierbatterie und der Grund, warum ich den Posten bekam, war, dass ihn sonst niemand haben wollte. Die Kanonen sind Götter in der Artillerie und die Untergötter befanden sich in den Hauptquartier-Batterien. Und die an den Geschützbatterien dienenden Offiziere und Unteroffiziere wurden auch schneller mit Beförderungen bedient als ihre Ebenbilder im Hauptquartier.

Sobald mein Vorgänger der Chef als regimentaler Sergeant Major wurde, gab er mir seinen Stuhl und arrangierte ein Foto mit allen seinen Unteroffizieren. Gemäß unserer Dienstgrade stellte wir uns in mehrere Reihen und Größen, mit den rechten Händen und Füßen über die linken sowie mit allen versteckten Socken. Und am nächsten Tag kam unser Regimentaler Volksmarschtag. Der ehemalige Regimentale Sergeant Major hatte ihn geplant, aber ich musste ihn ausführen. „Tu'you", sagte er und gab mir ein Programm. So tat ich es und mit aufgerollten Socken war es ein Fehlschlag. Ich träumte schon im Schlaf davon, denn wer würde es nicht nach einem „tu'you" träumen.

Im Grunde genommen war meine Arbeit nur die Gemeinschaft vieler Soldaten, da das Hauptquartier 170 Soldaten beschäftigte. Wir waren das Zentrum der Wartungs-, Güter/Waren- und Kommunikationsabteilungen und kontrollierten auch die Luftwaffen-Truppe sowie die Z-Batterie. Aber man wollte auch, dass ich Soldaten für die Kasinos bereitstellte. Als ich die Liste davon sah, wusste ich auch, dass ich einen Kampf an meinen Händen hatte.

In Kanada beschäftigte CANEX alle Kantinen und zahlte einen bestimmten Prozentsatz des Profits an die benutzten Kantinen zurück. Das galt auch in Deutschland, aber unsere Brigade erlaubte den Einheiten auch, dass sie ihre eigenen Kantinen mit ihren eigenen Soldaten benutzen konnten. 1 RCHA liebte dieses System – damit konnten sie ja ihre 100 % Effizienz sowie auch ihrer Diener halten –, aber die Soldaten hassten es. Es bedeutete, dass sie in den Kantinen wie Sklaven schuften mussten, damit 1 RCHA nicht von ihren goldenen Eseln fiel.

Jedes Mal, wenn ich an das bestehende Offizierskasinosystem

dachte, fiel mir der Fall des Sergeant Roy Spencer ein. Ich kannte Roy persönlich und er war einst ein sehr guter Sergeant und erfahrener koreanischer Kriegsveteran mit einer Brust voller Kriegsmedaillen. Aber leider trank er etwas zu viel und durch sein Trinken verlor er auch seinen Dienstgrad. Als ein einfacher Soldat wurde er dann als Kellner ins 1-RCHA-Offizierskasino versetzt. Als guter Soldat konnte Roy seinen Feldwebelverlust verstehen, aber er war kein Offiziersdiener und so trank er eben noch mehr. Zum Schluss wurde er halb verrückt, aber ein Medizinoffizier rettete ihn vom Zorn der Offiziere und er nahm es auch unter seine Fittiche. Er kontaktierte das Ottawa Hauptquartier und danach quittierte Roy seinen Dient. Er bekam aber nur eine kleine Rente und so schrieb sein Mitglied des Parlaments zu den betreffenden Stellen und Roy bekam danach auch die volle Rente, die er sich durch seine Kriegsdienste erworben hatte.

Nun, in 1 RCHA, hatten wir vier Kantinen; je eine für die Offiziere, Feldwebel, Master-Bombardiere und die Kanoniere. Sie bekamen alle bestimmte Profite zurück, aber die Profite waren ungleich. Die Kanoniere tranken das meiste Bier aber ihre Profite waren nur 10% des Verbrauchs, während die Offiziere viel weniger alkoholische Güter verbrauchten, aber 90% der Profite zurückbekamen. In anderen Worten, die Offiziere, die sowieso schon gut bezahlt wurden, zahlten auch weniger für ihr Essen und ihre Getränke.

Anstelle eines Mitsaufens fand ich diese Profite vollkommen gemein. Das regimentale Guthaben war zirka eine Millionen Dollar pro Jahr, alle Profite waren steuerfrei und die Regierung zahlte für die Dienerschaft, in anderen Worten für unsere Kellner. Unser Oberstleutnant trug die volle Verantwortung dafür, übertrug aber den größten Teil einem Stabsfeldwebel. Da dieser Stabsfeldwebel zum Hauptquartier gehörte, überprüfte ich ihn manchmal und fand heraus, dass einer unser Soldaten einmal einen tödlichen Unfall hatte und der Verteidigungsminister einen Beileidsbrief zur Unterschrift für die Eltern an unseren Oberstleutnant schickte. Aber der

Beileidsbrief wurde nie abgeschickt und lag ungelesen beim Stabsfeldwebel herum. So sprach ich mit dem Adjutanten darüber, wusste aber nicht, was danach geschah.

Diese Mitgliedschaften galten für all 1 RCHA Mitglieder, aber die Soldaten gehörten auch zu den vier CMBG-Kantinen und mussten dafür eine Gebühr zahlen. Und um die Situation noch schlimmer zu machen, konnte der regimentale Sergeant Major auch Freitags die *Happy Hour* verpflichtend machen.

Meistens waren wir draußen auf Manöver und ehe sie anfingen, hatten unsere Oberstleutnants kleine Anfeuerungen für uns, um den *roten Teufeln von den fernen Seiten des Urals zu zeigen,* wie wir sie stoppen können. Stell dir mal vor, ob 500 heimwehhabende Männer das wirklich können?

Wenn 1 RCHA ihre Manövervorbereitungen traf, wurden zuerst die Howitzers auf Ladewagen der Eisenbahn gerollt. Dann kamen die Wagen auf Rädern, die sogenannte *Road Party,* und da das Hauptquartier die meisten Fahrzeuge hatte, leitete sie diese *Road Party* auch meistens – aber nicht immer – für den Konvoi. SALY trug auch unser Motto; da wir meistens gegen Mitternacht fuhren, da dann der Autobahnverkehr leichter war.

Und unsere Übungen, speziell wenn wir in Grafenwöhr waren, war auch ein großes Geschäft. Dort gab es eine oft zitierte Summe US$ 25.- pro Mann und Tag. Fünfhundert Soldaten, vier Eisenbahnzüge voller Waffen, teure Munition sowie das benutzte Petroleum brachte eine schöne Endsumme. Unser armes kanadisches System konnte da nicht helfen, da diese Summe von der NATO akzeptiert war.

Um ein Lager zu verlassen, war es genauso problematisch. Wir mussten es genau so verlassen, wie wir es gefunden hatten. In Grafenwöhr hatten wir das Problem der mobilen Hüttenbetten, die man jetzt billig kaufen kann. Die Soldaten liebten und klauten sie und so musste ich Grafenwöhr für sie entschädigen.

Und im Bayrischen Feld musste ich unsere Lage auskundschaften and militärisch mit Schützen ausstatten. Hier konnten wir etwas von der Bundeswehr lernen. Während wir in einer frugalen Umwelt lebten, mietete die Bundeswehr ganze Hotels und lebte besser als wir. Und am Ende zogen wir als ein volles Regiment in ein großes Lager, von dem wir dann entweder zurück zu einer Eisenbahnstation oder mit einen LKW nach Lahr fuhren.

Duschkabinen waren immer ein Problem. Wir lösten es am besten, indem wir das amerikanische Trennungssystem benutzten. Die Amerikaner hatten genau getrennte Hütten für männliche und weibliche Duscher aufgebaut, aber das liebten unsere Männer nicht, da wir einen Haufen Männer und keine Frauen hatten. Aber die Amerikaner hatten viele Frauensoldaten und daher wechselten unsere Soldaten gerne zu ihrem eigenen gemeinsamen Duschsystem, in dem alle Männer und Frauen zusammen duschten. Es funktionierte wunderbar und diente internationalen Beziehungen viel besser als alle Konferenzen der Politiker.

Ich machte einen Haufen Vorschläge, wie man die Welt ändern kann, und in 1985 kostete es michj meinen Job. Mein Oberstleutnant lachte überhaupt nicht, als ich ihm spöttisch sagte, dass sich sein Name mit Feldmarschall Görings Name etwas reimte. Und eines Tages setzte eine Verhandlung über einen meiner Mitarbeiter ein und machte meinem Job auch ein Ende.

Eine von Paul Hellyers Reformen war eine standardisierte jährliche Bewehrlichkeitsreform, die man dann PER nannte. Es war eine wunderbare Idee, aber es funktionierte nicht in 1 RCHA. Hier kamen der Kommandeur, die Chefs der verschiedenen Batterien sowie die leitenden Regimentsfeldwebel in einem Zimmer zusammen und bewerteten die Soldaten nicht nach Fähigkeit und Wissen, sondern nach jüngerem Alter, kommendem Potential sowie karriereplanenden Fähigkeiten.

Natürlich schadete diese Bewehrung nicht nur mir, sondern auch vielen meiner gleichgesinnten Kameraden und so widersprach ich dem PER. Ich wusste, dass es zum Schluss in der Regierung landen würde und dass mein Oberstleutnant auch versuchen würde, mich von hier abzuschieben. So sprach ich mit Susan und sie schrieb ihrem Mitglied des Parlaments, da es mir verboten war, selbst zu schreiben. Sie schrieb, dass wir nach Deutschland kamen, um Kanada für vier Jahre unseres Lebens zu dienen, und dass sie nicht sehen konnte, warum ich versetzt werden sollte. Sie liebte ihre Arbeit, David war zufrieden in seiner Schule und ich hatte immer meine Arbeit getan.

Ihr Brief schaffte die unmögliche Förderung und meine Versetzung wurde annulliert.

Wie man Befehle ändern kann

Ich musste tausend Träume haben,
wurde auch von 'ner Million Schreie gejagt,
kann die marschierenden Füße noch hören,
dort draußen auf der Straße.

Kennst du die letzten Nachrichten heute,
die sagen, dass die Gefahr weg ist,
dann sage ich dir, dass die Feuer noch brennen,
bis jetzt durch die ganze Nacht

Al Maillet übernahm meine Arbeit im Hauptquartier, Ich kannte Al durch gemeinsame Kasinobesuche und wusste schon im Voraus, dass er mich ablösen würde, da er jünger als ich war.

1 RCHA hatte zwei Partnerschaftsbataillone; einer gehörte zur französischen Artillerie im benachbarten Offenburg and die Zweite zur deutschen Bundeswehr in Immendingen. Und als Oberstabsfeldwebel im Hauptquartier war ich auch der Vermittler zwischen den beiden. Aber mit meinem Job verlor ich auch diese Vermittlerrolle. Auf eine Weise war ich darüber ein bisschen sauer, da man mich dort bei meinem Besuchen auch sehr gut fütterte. Dann aber zuckte ich meine Schultern darüber, da meine neue Arbeit auch viel besser als die alte war.

Nun wurde ich 1 RCHAs Vermessungsingenieur. Meine Arbeit war nun, den verschiedenen Batterien zu sagen, wo und wie sie die Haubitzen vermessen mussten, damit ihre Geschosse schnellstens und genau ihre Ziele erreichten.

Ich hätte diesen Job eigentlich nicht annehmen brauchen, da jeder als Vermesser ausgebildete Leutnant es tun konnte. Aber wir hatten weder solch einen Leutnant noch einen anderen Oberstabsfeldwebel mit solch einem Vermessungskurses. So nahm ich den Job an, um meinen Oberstleutnant zu ärgern. Der wollte mich immer noch loswerden und er hatte mir sogar einen Arbeitsplatz im NDHQ Ottawa angeboten.

1 RCHA hatte nie vorher eine Vermessungstruppe gehabt. Und um ehrlich zu sein, man brauchte auch keine. Darum gab es auch keine direkten Anweisungen für mich und mein einziger Bezug zu meinem Job stand im Vermessungsbuch, das ich leider nicht hatte.

Während des Ersten Weltkriegs war die Artillerievermessung sehr wichtig, da dieser Krieg eine ziemlich unbewegliche Auseinandersetzung war. Ein Kampf zwischen Mensch und Menschen war dort sehr oft, aber ihre Kanonen wechselten ihre Plätze sehr selten. Und eigentlich wurden Kanonen nur benutzt, um Feinde zu treffen und danach ihre Gebiete zu besetzen. Und da die Kanonen sich nicht oft bewegten, aber der Feind es oft tat, brauchte man eine Artillerievermessung, um den Feind zu treffen. Aber im Zweiten Weltkrieg – sowie auch später im Kalten Krieg – waren Kanonen sehr mobil und für mobile Kriege brauchte man keine äußerliche Artillerievermessung, da ja der Feind immer auf dem Weg war und die Feindesartillerie ihm nur folgte. Außerdem gab es während der 80er-Jahre auch schon die Anfänge einer Satellitenvermessung. Und Satellitenvermessungen machten meine neue Arbeit ziemlich überflüssig.

In den Achtziger-Jahren stufte man die Z-Batterie auch zu 1 RCHA und als die vierte Batterie würde es mir auch mehr Arbeit geben. Aber unglücklicherweise brauchten wir die Z-Batterie nicht, da wir nur drei Infanteriebataillone in unserer Brigade hatten, um sie zu unterstützen. Also unterstützte als gute Ausrede nun die Z-Batterie unser 444 Taktisches Hubschrauber-Squadron, eine Einheit, die keine Artillerieunterstützung brauchte, da ihre Helikopter nicht auf der Erde arbeiteten, sondern sie lieber überflogen. Darum saßen auch die 120 Soldaten der Z-Batterie nutzlos herum und als Unterhaltung boten sie uns Kaffee für unsere Lunchpause an. Eine andere Ausrede, die die Z-Batterie manchmal für ihre Existenz hatte, war, dass ihre Kanonen nur für eine superbelegte Rolle genutzt werden konnten. Aber diese Ausrede war noch aus dem im Ersten Weltkrieg, wo superbelegte Kanonen anderen Kanonen halfen, wenn sie ein größeres Rohrkaliber und damit auch größere Schussweiten hatten. Die Rohrkaliber aller 1-RCHA-Kanonen war 155 mm und damit war diese Ausrede nutzlos und die Z-Battery wurde in 1991 aufgelöst.

Der größte Stolz unseres Oberstleutnants war jedoch, dass er plötzlich sechs mehr Kanonen und 120 Soldaten unter seinem Kommando hatte. Natürlich stockte das auch seine Kasinoprofite erheblich auf.

Wenn sie nicht im Manöver waren, saßen unsere Soldaten aber nicht nutzlos herum, sondern putzten und warteten ihre Kanonen. Der größte Teil dieser Arbeit war die richtige Raupenspannung, auf der sich ja die Kanonen bewegten. Es war eine schwere und sehr langweilige Arbeit und unsere Kanoniere hätten viel davon bei den Soldaten des benachbarten Königlichen Kanadischen Dragonern lernen können. Die fuhren schon für viele Jahre raupenbewegte Panzer und der größte Unterschied zwischen M-109-Geschützen und den Panzern der Dragoner waren die Genauigkeiten und Kaliber ihrer Geschütze sowie die Bewegungen der Geschützkörper, Und diese Bewegungen der Panzer machten sie auch mobiler als unsere M 109s. Nur sie sowie vielleicht auch auf die inneren Räume und die größeren Munitionslagerungen der M 109 Geschütze waren die Unterschiede zwischen self-propelled Kanonen und Panzern.

1 RCHA war ein wichtiger Teil unserer Brigade und hin und wieder hatte unser Brigadegeneral auch Übungen, die nur Drillübungen der verschiedenen Brigaderegimenter waren. Und im Sommer 1985 arrangierte unser Brigadegeneral einen *SNOW BALL* für 1 RCHA in dem wir mit unseren Lastwagen, Geschützen und Munitionswagen auf einem holprigen Pferdepfad entlang des ältesten Hotels Deutschlands über die sanften Schwarzwaldhügel fuhren. Viele unserer Fahrzeuge gingen dabei natürlich kaputt, aber unserer Oberstleutnant lernte dabei, dass er einen Fehler machte und er es nicht

zweimal tun sollte. Also nahm er für die Rückreise einfach den glatten Weg entlang des Kinzig-Flusses und so brachte er uns auch viel einfacher und mit heilen Knochen nach Lahr zurück.

Das war natürlich gut für 1 RCHA, aber es folgte nicht den Ideen des Generals, denn der wollte ja wissen, wie sich die Artillerie auf schlechten Pfaden bewegt. Und das öffnete natürlich die Frage, warum wir in Deutschland waren? Wenn wir im Frieden es nicht einmal über die sanften Schwarzwaldhügel schafften, wie konnten wir es dann während eines Kriegs über die 400 km bis zur tschechischen Grenze tun?

Als wir einmal in Münster-Süd auf Übung waren, funktionierten alle 1-RCHA-Kanonen nicht. Unsere Mechaniker entdeckten eine schleimige Verunreinigung im Öl und das bedeutete für uns, dass alle unserer 24 Kanonen verkorkst waren! Ich dachte sofort an Sabotage, aber das war unmöglich da, ja alle 24 Kanonen auf demselben Parkplatz geparkt waren. Um die Kanonen wieder zu reparieren, bestellte man auch einen amerikanischen Ingenieur, der die Kanonen auch schnell reparierte. Mich, den klugen Master Gunner, rief niemand. Und während meiner Vorbereitungen für die jährliche Master-Gunner-Konferenz schrieb ich darüber auch einen Bericht. Als der Oberstleutnant davon hörte, konfiszierte er ihn sofort mit der Bemerkung, es wäre eine Schande, der Welt davon zu erzählen.

In Wirklichkeit war es vollkommen egal ob oder auch nicht unsere Kanonen funktionierten, da sie nur Statussymbole waren. Wir feuerten sie niemals unter richtigen Kampfkonditionen, sondern nur immer gemäß Ottawas *Guten Buch*-Bedingungen ab. Und das *Gute Buch* sagte uns, dass die Kanonenrohre immer zwischen den zwei Frontlampen abgefeuert werden müssen. In anderen Worten, wir mussten sie immer mit der größten Stabilität abschießen. Aber komischerweise schoss die britische Artillerie sogar die höchsten Pulverladungen *broadside* oder *seitwärts*. Aber in 1 RCHA glaubte mir das niemand.

Nur ein motivierter Offizier war auf meiner Seite. Sein Name war

Captain Andrew Leslie, ein Mann, der später auch schnell die Offiziersleiter zum General erkletterte.

In 1 RCHA war die M-109-Kanone unsere Hauptwaffe, aber wir hatten auch eine Luftwaffentruppe, die uns vor feindlichen Flugzeugen beschützte. In der Truppe war die englische Blowpipe ihre Waffe und weil ihre Soldaten nicht oft mit anderen Soldaten arbeiteten, war diese Luftwaffentruppe vollkommen nutzlos. Ich wachte oft nach einem fürchterlichen Luftwaffentraum nachts auf und dachte an sie mit den Worten: Lieber Gott, bitte beschütze 1 RCHA vor ihrer eigenen Luftwaffentruppe.

Da unsere Luftwaffentruppe zum Regiment gehörte, fiel sie auch unter die Beförderungskriterien. Und ich dachte immer, das war vollkommen falsch. Die Truppe hatte jeep-ähnliche Fahrzeuge um sie herumzufahren und Infanteriesoldaten waren dafür besser geeignet als Kanoniere. Ich dachte auch, dass sie lieber in Schützengräben neben Infanteriesoldaten sitzen und diese unterstützen sollten.

Ich beobachtete diese Soldaten einmal, als ihr Fahrer gegen ein Haus fuhr und eine Ecke von davon brach. Ein englischer Major war bei mir und schüttelte nur seinen Kopf, als er sah, wie der Fahrer und sein Kumpel sich mit dem Hausbesitzer stritten.

„Wie könnt ihr solche Soldaten behalten?"

Ich hatte nur eine Antwort. „Wir behalten sie nicht nur, wir befördern sie sogar."

Wie alle militärischen Probleme wurde auch diese Luftwaffentruppe in 1988 aufgelöst und die Mitglieder zum neuen Luftwaffenregiment übertragen.

Am 28. April 1986 brach das nukleare Chernobylkraftwerk in der Ukraine zusammen. Zu der Zeit waren wir auf Manöver in der nagelneuen Kaserne im Lager Trauen. Da der Unfall an einem arbeitsfreien Samstag geschah, ließen unsere Zaunwachen nur die Feldwebel zur benachbarten Kneipe durch. Alle anderen Ränge blieben im Lager und als unsere Postkorporal den Feldwebeln für ein Glas Bier folgen wollte, wurde er von den Zaunwachen gestoppt. Befehl war

Befehl, er war nur ein Korporal und durfte nicht mit Feldwebeln trinken.

Aber das jetzt ruinierte Chernobyl machte die Deutschen etwas verrückt, da sie eine totale Luftverschmutzung Europas befürchteten. Und dasselbe geschah fünfundzwanzig Jahre später am 11. März 2011 als ein Tsunami das nukleare Kraftwerk in Fukushima zerstörte. Zu beiden Zeiten lebte ich in Deutschland und es war hauptsächlich hier, wo die Regierung viele ihrer nuklearen Kraftwerke schloss, während man in anderen Ländern neue nukleare Kraftwerke baute.

Das Buch sagt, das man Führungsqualitäten nur durch gute Beispiele aufbauen kann. Und 1 RCHA hatte auch gute Offiziere, fähige Feldwebel und bereitwillige Kanoniere. Alles, was wir brauchten, war ein erstklassiger Führer und diese Leute waren schwer zu finden. Aus dem einfachen Grund, da man mit Führerschaften auch Fehler einzustehen muss. Und wer macht Fehler schon gerne? Zum Beispiel hatte ich einmal einen großen Fehler gemacht, als meine Vermesser die falschen Daten erhoben und ich als der Chef die Verantwortung dafür übernahm. Und mit meiner Verantwortung übernahm ich auch die Genugtuung, dass ich mir beim Rasieren noch ins Gesicht sehen zu können.

Was mich persönlich am Militär stört, ist der große Unterschied zwischen den verschiedenen Rängen. Zum Beispiel wenn wir von Manöver zurückkamen, übernachteten wir oft in deutsche Kasernen. Und in den Kasernen bekamen unsere Offiziere oft und manchmal auch die Feldwebel bequeme Betten, während die Mannschaften nur dünne Decken hatten. Und meine Vermessungstruppe hatte schöne Jeepanhänger für ihre Instrumente, bis einer unserer Offiziere einen dieser Anhänger haben wollte, um darin zu schlafen. Aber er bekam ihn nicht, da ich für den Anhänger bitterlich kämpfte. Oder dass unser Brigadegeneral einen mit Kühlschrank und Waschbecken ausgerichteten Munitionsanhänger hatte, der nur für Manöver seine Garage verließ.

Wir hatten zwei verschiedene Inspektionen für unseren General. Die erste davon war die jährliche technische Inspektion für alle Fahrzeuge, Waffen und andere Gegenstände, während die zweite Inspektion eine Soldatenparade für den General war. Die technische Inspektion bedeutete, dass wir alle Extra-Anhänger loswerden mussten, und so passierte es manchmal, dass mehrere Fahrzeuge zweimal mit gefälschten Nummernschildern inspiziert wurden.

Für die Inspektion der Soldaten wurden alle Soldaten mit ihren Fahrzeugen und Waffen um den Umkreis des Süd-Marguerite-Zirkels aufgestellt, um dort vom General inspiziert zu werden. Natürlich waren alle Fahrzeuge und Kanonen olivfarben bemalt und als der General seinen Rundgang machte, sprach er auch mit den Soldaten. Persönlich gefiel mich dieser Rundgang viel besser als die normalen Soldateninspektionen in Kanada.

Nach des Generals Inspektion wurde meine Vermessungstruppe aktiv. Alle Soldaten wünschten sich wenigstens eines der amerikanischen Feldbetten. Darum arrangierte ich mit einem Arbeiter in Grafenwöhr den Feldbettentausch. Es war ein Tausch der Betten – von denen er viele hatte – gegen Zigaretten – von denen ich viele hatte. So fuhren innerhalb einiger Wochen viele meine Fahrzeuge mit Zigaretten beladen nach Grafenwöhr, um mit Betten wieder zurückzukommen. Es war ein wunderbarer Traum, diese Betten zu verkaufen, da jedermann eines haben wollte. Und der Profit war mehr als beträchtlich und ging natürlich in die Kasse der Vermessungstruppe.

Ich versuchte immer, meine Soldaten aktiv zu beschäftigen, da ich aus Erfahrungen wusste, dass müßige Hirne gut in den Laden des Teufels passen und ich keine müßigen Soldaten haben wollte. So ließ ich den regimentalen Zimmermann Kisten für Anhänger bauen, passte auf, als die Luftwaffentruppe die Muttern ihrer Jeeps weiß malte und war glücklich, als der Frisör Überstunden machte und damit sein Gehalt etwas aufbesserte. Ich schlug auch dem Regimental

Sergeant Major vor, Blumentöpfe zu bauen, um die South-Marguerite bunt zu halten, aber er lehnte es sofort ab. „Soldaten hassen Blumen und nur Frauen und Schwule lieben sie", sagte er. Und nachdem ich ihm sagte, er solle dann einen Schwulen einstellen, wurde er böse auf mich.

„In unserem Regiment gibt es keine Schwulen und wird es auch nie geben, darauf kannst du dich verlassen. Ich übernehme bald die Stelle eines Karrieremanagers und werde dann nie einen solchen in die Artillerie lassen."

Kurz danach wurde er auch nach Ottawa versetzt und Benny übernahm seine Stellung. Seine Frau arrangierte einmal einen Tripp nach Berlin und Susan fuhr auch mit. Als sie zurückkam erzählte sie mir eine Geschichte über diese Frau. Nach dem obligatorischen Ausflug zum Brandenburger Tor hatten alle Frauen ein Kaffee im Kempinski-Hotel und da die Kellnerin langsam war, wurden die Frauen ungeduldig. Dann stand Bennys Frau auf und sagte sehr laut und hörbar: „Liebe Frauen, steht auf, lasst eure Unterhosen fallen und furzt ins Gesicht der Kellnerin."

Mehr will ich nicht über Benny und seine Familie erzählen.

Das bringt mich zum Titel dieses Kapitels: *Wie man Befehle verändern kann.* Darüber gibt es nur eine Meinung; nämlich dass man die Person, die den Befehl ausgibt, entweder feuern sollte oder aber ihn zu einem anderen Ort versetzen muss. Darum auch und nicht nur für die kurze Zeit der Beförderungsmöglichkeiten, die ich einmal erwähnte, war die Dauer eines Oberstleutnants im Regiment nur zwei Jahre.

Und diese Versetzungen beschäftigen ja auch das Regiment oder das Bataillon sehr, da jeder verlassende sowie ankommende Oberstleutnant oft individuell vom Regiment salutiert werden muss. Der verlassende Offizier und seine Gemahlin bekommen auch wertvolle Geschenke als Dank für ihre abgelaufene Zeit und der Wert dieser Geschenke wird vom stellvertretenden Kommandeur bestimmt.

Diesen Wert in Geschenke umzusetzen, ist die Aufgabe der Mannschaften und wird meistens von einem vorher bestimmten Stabsfeldwebel durchgeführt. Manchmal fragt man auch andere Offiziere oder Feldwebel und so wurde ich einmal gefragt, es für einen Oberstleutnant zu tun, den ich gut kannte. Und da ich ihn von meinen Rekrutentagen her kannte, kam ich auf die Idee, ihm ein Vermessungsprisma zu schenken. Solch ein Prisma war das wunderbarste Geschenk, das es überhaupt gab. Es datierte zurück zum Ersten Weltkrieg und war ein Präzisionsinstrument, das auf genaue Dimensionen gesetzt wurde, um das Licht vom Ziel zurück zur Quelle zu schicken. Ich hatte sechs davon unter meiner Unterschrift und die Prismen waren im Allgemeinen sehr teuer, aber ich hatte sie irgendwie ererbt. Hier war es eine gute Gelegenheit, zwei dieser Instrumente von meiner Unterschrift abschreiben zu lassen und so zertrümmerte ich ein paar alte Glasscherben und schob sie zur Verschrottung vor.

Natürlich wurden sie abgeschrieben und ich behielt eines dieser Instrumente für mich selbst als Andenken. Nach der Parade präsentierte ich es dann dem Oberstleutnant. Die ganze Geschichte kostete mich sehr wenig, hatte aber mehr Wert als der Rest der Geschenke. Als ein persönliches Präsent der Vermessungstruppe war es auch ein schönes Geschenk an einen beliebten Oberstleutnant.

Mit meiner Vermessungstruppe zog ich auch oft durch die verschiedenen Gegenden. Nahe Lahr fanden wir in Schmieheim auch einen eingezäunten jüdischen Friedhof mit gut gepflegten Gräbern. Niemand in Lahr hatte mir jemals von diesen Gräbern erzählt und keiner der Soldaten kannte sie. Ich war erstaunt, dass niemand etwas von ihnen wusste.

Auch nahe Grafenwöhr fanden wir das Flossenbürg-Konzentrationslager, es war das Lager, in dem Admiral Canaris in 1945 von der SS erschossen wurde. Es war mit Blumen verziert, aber die Last der Schuld blieb bestehen. Es erinnerte mich an das Belzen-Konzentrationslager, wo einst eine alte Straße vom Ladeplatz zum KZ-Tor lief.

Einige der Anwohner erzählten mir dort, dass vor vielen Jahren man diesen Weg die *Anne-Frank-Straße* nennen wollte, um dem Mädel, das dort einmal starb, einen ehrenvollen Namen zu geben. Aber der Bürgermeister ließ das nicht zu, da ja diese Benennung auch der Stadt Bergen/Belsen schaden könnte.

Oft bekam ich andere interessante Arbeiten. Einmal wurde ich aufgefordert die richtige Lage der Schnalle für die regimentalen *Garder Crest* oder *Bewaffnungsabzeichen* zu finden. Als ich deswegen nach England schrieb, bekam ich als Antwort, ob ich nicht noch eine andere blöde Antwort brauchte. Wir hatten auch eine uralte 25-Pfund-Kanone für die wir keine Munition hatten und so wurde mir befohlen, diese Munition zu machen. Natürlich war das gegen alle militärischen Regeln und ich beschwerte mich. Die Antwort war ganz kurz. „Mache es oder du bleibst bis zum Jüngsten Tag der Wachhabende Offizier."

Manchmal feuerten wir auch Ehrengeschosse für die ruhestandgehenden Generäle ab. Wir taten das einmal für einen beliebten General, aber unsere kleineren 105-mm-Kanonen waren *flashpotting* in Trauen und so schlug ich vor, englische und französische Kanonen zu borgen und zu benutzen. Mein Vorschlag wurde angenommen aber die englischen Kanonen mussten von britischen Soldaten im 700 km entfernten Bergen geborgt werden und wurden danach mit unseren kanadischen Farben gestrichen. Die Salutierung war natürlich kein Problem aber ich dachte auch, dass dieser chinesische Feuerdrill eine Beleidigung für diesen altgewordenen General war.

Als wir einmal auf Manöver in Bayern waren, fuhren wir durch den Ort Neufahr. Dort wollten wir einmal ein Bier haben und so fand einer meiner Vermesser einen versteckten Platz für meinen Jeep, warf ein Tarnnetz darüber und dann gingen wir zur Kneipe. Dort fanden wir auch Otto, einen Zitherbesitzer, und er wollte diese Gelegenheit nutzen, um für uns seine Zither zu spielen. Wir gingen zu seinem Haus und er spielte Orson Welles Zither für uns. Das Zitherspiel kam aus einem alten Film und sobald er es spielte, war mein

Gehirn auch zurück in Berlin, wo ich einst geboren wurde. Und der Schwarzhandel, na ja, ich kannte ihn gut, spielte in Berlin wie in Wien dieselbe Rolle wie auch sonstwo in der Welt. Und da meine Vermesser auch mehr hören wollten, spielte Otto für uns die ganze Nacht. Und da meine mitgebrachte *Canadian-Club*-Flasche schnell leer war, schliefen wir auch bei Otto und fuhren erst am nächsten Morgen zum Regiment zurück.

Fick sie alle

Fick sie alle,
Die Langen, Kurzen und die Großen,
Fick die Feldwebel und die Stabswebel,
Fick die Korporale und ihre Scheißkerle,
Da wir sie nie hier wiederseh'n werden,
Gib ihnen des Obersts Arsch zum Lecken,
Da wir sie hier nie wiederseh'n werden,
So lacht, Kameraden, und fick sie alle!
Ein altes britisches Marschlied

Nicht nur meine Mitkameraden, sondern auch der Oberstleutnant betrachtete mich als einen griesgrämigen Hurensohn und der Grund, warum sie so dachten, war sehr einfach. Ich funktionierte nur so für Soldaten, die nichts anderes als nur die Armee hatten. Die meisten dieser Soldaten waren junge Kerle, die nur eine Soldatenkiste für ihre Lumpen hatten and sonst nichts. Und manchmal, wenn sie zum Oberst für eine kleine Bestrafung einer dummen Scheißtat gingen, hatten sie niemanden, der ihnen beistehen konnte. Niemanden außer mir und dafür hassten mich die Offiziere.

Was die betroffenen Soldaten betrifft: Auch wenn sie freigesprochen wurden, konnte 1 RCHA sie dennoch bestrafen. Man schickte sie einfach zu einem Lebenskompetenzkurs und wenn sie den nicht schafften, schmiss man sie aus der Armee. Diese Lebenskompetenzkurse sollten eigentlich bestehende Probleme lösen, aber 1 RCHA benutzte sie auch als ein Vergeltungswerkzeug im Fall für unerwünschte Probleme.

Ich sagte schon einmal, dass mich einmal mein Oberstleutnant zu seinem Büro rief, um mir zu sagen, dass er mich nicht in seinem Regiment haben wollte. Ich hätte ihn auslachen können, tat es aber nicht. Und in meinem jährlichen Bericht von DREV stand, dass ich befördert werden sollte, aber an Stelle dieses Berichts wollte der

Oberstleutnant mich degradieren. Für einen Laien wäre das absolut sinnlos und so sollte der Oberstleutnant mich mit einem schlechten Schwimmer vergleichen den man in einen gutfließenden Fluss setzt. Dort ertrinkt dann der Schwimmer und sieht nicht sein sicheres Ufer. Und wenn er wie ich zum sicheren Ufer schwimmt, dann versinkt auch des Oberstleutnants Gelegenheit für eine Beförderung zum General und damit auch die Chance für eine schönere Rente.

Es wäre viel einfacherer für den Oberstleutnant, mich zu Kanadas Spionsnest Alert im hohen Norden oder zum NDHQ Hauptquartier in Ottawa zu versetzen, aber loswerden konnte er mich nicht. Dafür war ich jetzt zu gut mit meinem militärischen Wissen sowie auch zu nahe an meinem Ruhestandsalter, dass es passieren konnte.

Und für mich war 1 RCHA nicht nur ein täglicher Frust, sondern manchmal auch ein Schatz gut getaner Arbeit. Viele unserer Soldaten blieben viel länger als vier Jahre in Deutschland und für einige war unsere Feldberg-Skischule der Gipfel ihrer geborgten deutschen Heimat. Dort brauchte man sich nur anmelden, um angenommen zu werden. Danach fuhr man sie in einem Bus nach Feldberg für das Skifahren. Ich nahm an diesem Kurs dreimal teil und es gefiel mir so gut, dass ich einen Sommerkurs am Konstanzer See vorschlug, wo man kostenlos baden konnte. Mein Vorschlug wurde aber abgelehnt, obwohl ich dafür auch viel Beifall bekam.

Wir hatten auch Passagierflugzeuge, die unsere Soldaten für Kurse nach Kanada mitnahmen. Und einmal wollte auch einer meiner Soldaten nach Kiel für eine Regatta, aber leider wurde er krank. Und ein anderer meiner Soldaten machte auch einen Fortbildungskurs für sein Abitur. So konnte man auch sagen; wenn eine Person sich wirklich fortbilden wollte, dann fand man auch immer die Mittel, es zu tun.

Was unsere Luftwaffe betraf, half sie uns immer dort, wo es notwendig war. Darum schickte ich auch meine Vermesser an einen 1000 km langen Trip, um zollfreie Schwerter von einem Solinger

Schwertschmied abzuholen, und gab sie dann einem Luftwaffenpiloten, der sie dann in Kanada zollfrei weitergab. Und der Grund dieser Schwerter waren die historischen Paraden, indem unsere Offiziere immer Schwerter benötigten.

Öfters schrieb mir meine Mutter auch von Ost-Berlin. Da sie die Briefe nicht an meine Armeeadresse schicken konnte, benutzte ich immer ein Postfach in Kanada. Aber altersbedingt wurden ihre Briefe immer kürzer und das machte mich natürlich sehr traurig. Einmal weinte ich sogar, als ich ihre *Zwei-Königskinder*-Zeilen las.

Es waren zwei Königskinder
Die hatten einander so lieb,
Sie konnten nicht zusammenkommen,
Das Wasser war viel zu tief.

„Ach Liebster ,könntest schwimmen,
So schwimm doch herüber zu mir!
Drei Kerzen will ich anzünden,
die sollen leuchten zu dir.“

Das hörte eine böse Nonne,
die tat, als wenn sie schlief;
Sie tat die Kerzlein auslöschen,
der Jüngling ertrank so tief.

„Ach Fischer, liebster Fischer,
Willst du verdienen groß Lohn?
So wirf dein Netz ins Wasser
Und fisch mir den Königssohn!“

Er warf das Netz ins Wasser,
Es ging bis auf den Grund;
Er fischte und fischte so lange,

Bis er den Königssohn fand.

Sie schloss ihn in die Arme
Und küsste seinen bleichen Mund
„Ach, Mündlein, könntest du sprechen,
So wär mein jung Herz gesund."

Sie schwang um sich ihren Mantel
Und sprang wohl in die See:
„Ade, mein Vater und Mutter,
Ihr seht mich nimmer mehr!"

Da hörte man Glocken läuten,
Da hörte man Jammer und Not:
Da lagen zwei Königskinder,
Die waren beide tot.

Natürlich wussten die DDR-Post Spione in Berlin auch genau, wer mit den Kindern gemeint war. Und egal ob es Arbeit oder Spaß war; ob es Messessen, Manöver oder SNOWBALLS waren, unsere militärischen Aktivitäten waren öfters schlimme Zeiten während unseres Ehestands. Viele Scheidungen geschahen dann und eine Scheidung geschah auch mir. Natürlich brauchte Susan auch gute Ausreden dafür und da sie mir die richtigen Gründe nicht sagen wollte, war ihre Ausrede, das sie als Managerin in einem Buchladen arbeitete und pleite machte, da die Soldaten täglich Bücher stahlen. Sie sagte mir auch während unseres Wegs nach Freiburg, dass sie in Lahr ein Sabbatjahr verbringen möchte, während ich mit David zurück nach Ottawa für meine Versetzung flog.

Ich fiel vollkommen auseinander denn ich hatte erwartet, dass der richtige Grund ein ganz anderer war. Als ich Susan kennenlernte, waren wir Liebhaber, aber nach einigen Jahren fehlte diese innige Freundschaft, da unsere früheren Lebenserfahrungen vollkommen anders waren. Aber Susan hatte sich fest zu einer Scheidung entschlossen. Wahrscheinlich hatte ihre Mutter Alice dabei geholfen, denn plötzlich hatte Susan auch einen britischen Reisepass. Diesen brauchte sie ja auch, um das Buchgeschäft weiter zu führen.

Als gute Hausfrau war Susan auch immer lieb zu mir und wir hatten unseren Sex nur nach dem alten Hausgebrauch, der ja nur wenige Abarten kannte. Aber später, als ich sie wieder als ledige Frau kannte, hatte sie Sex mit arabischen Männern und so war ich vielleicht daran Schuld, da ja dort viele sexuelle Abarten üblicher sind.

Nachdem Susan von einer Scheidung sprach, hatte ich noch zwei Manöver auszuführen und musste auch eine neue Wohnung für Susan finden. Dafür planten wir nun unsere Zukunft zusammen. Wir würden zusammen mit David nach Ottawa fliegen, wo ich mich zum NDHQ meldete. Susan würde dann nach Lahr zurückfliegen, weil David bei seiner Oma und seinem Opa blieb. In anderen Worten, sollte Susan die Scheidung wirklich durchziehen, dann würde David der endgültigen Verlierer sein.

Alle diese Scheidungsvorgänge geschahen ziemlich schnell. Am Anfang sagte Susan immer: „Ich liebe dich immer noch", aber das Ende schloss mit Susans Bemerkung: „Hau ab und hol dir einen runter."

Obwohl Susans Entscheidung mich ärgerte, musste ich trotzdem meine Arbeit in Lahr noch abschließen. Zum Beispiel: Als der kommandierende General der kanadischen Intelligence nach Lahr kam, hörte ich ihn dort auch sprechen. Seine Rede betraf die Bestimmungen aller kanadischen Diplomaten und ihrer Frauen, die durch ihre Arbeit in Deutschland gezwungen waren, feindliche Spionktivitäten nach Ottawa zu berichten.

So sagte er uns auch, dass die Frauen der kanadischen Diplomaten auf russischem Gebiet auch spionieren mussten. Das machte mich wütend. Wir konnte das die kanadische Regierung von diesen Frauen verlangen? Seine Rede zwang mich, an Rudyards Buch *Kim* zu denken, in dem ein Waisenknabe britische Soldaten traf und hörte:

Wir schulterten unser Gewehr
und marschierten – marschierten weit weg.
Von Phönix Park nach Dublins Bucht,
mit Trommeln und Pfeifen.
Angenehm spielte man sie,
als wir marschierten – marschierten – und marschierten,
mit der Mulligans Wache.

Im Buch wurde dieser Waisenknabe später ein britischer Spion und Partner eines tibetanischen Mönches in der Suche nach einem heiligen Fluss. Trotzdem vertraute er auf die Stabilität der britisch/indischen Welt. Und unser General vertauschte einfach die Frauen der Diplomaten mit dem Leben des tibetanischen Mönches, der auch einen heiligen Fluss im Leben der kanadischen Diplomatie suchte.

Nach ein paar Tagen in Lahr verschwand der General und ich musste zu einem Messmeeting zu gehen. Und nach dem Meeting schüttelte ich meinen Kopf. Da wir jetzt eine Menge kanadischer Feldwebelinnen in unserer Messe hatten, sprach eine davon über ein Thema, das sie gelöst haben wollte.

Jeans wurden jetzt auch von Männern und Frauen getragen, waren aber immer noch vollkommen verboten im militärischen Bereich. Und natürlich auch in unserer Brigade Messe. Und neben unserer Getränkebar gab es dort auch eine Schlangengrube mit einem Pooltisch, wo Feldwebel und Feldwebelinnen Jeans tragen durften. Die Schlangengrube hatte eine kleine Ein- und Ausgangstür und leider war nur eine Männertoilette vorhanden. Die Damentoilette befand sich neben der Hauptbar und so wollte die Frau wissen, wenn sie Jeans trug für einen Schlangengrubenbesuch, konnte sie dann nicht auch die Haupttür zur Damentoilette benutzen? Es war doch die einzige Damentoilette in der Messe, aber verboten für Jeansträger. Sonst musste sie auf den Parkplatz pinkeln und eine bepinkelte Feldwebelin war doch eine Schande für die Stadt Lahr.

Ich trank mein Bier jetzt ganz schnell für eine eilige Flucht und schlug vor, die Männertoilette in der Schlangengrube zweigeschlechtlich zu machen. Es war doch schon beim Manöverbaden erlaubt, also warum nicht in unserer Messe? Natürlich brach nach meinem Vorschlag sofort ein bombastisches yakketty-yak-Gequatsche aus, vor dem ich aber schnell flüchtete.

Dumme Probleme gab es auch im normalen Arrbeitsbereich für mich. Da wir immer auf Manöver waren, wollten viele Soldaten umgeschult werden in andere Gewerbe. Und im Vermessungsbereich wollten schon die Hälfte meiner Leute weg. Obwohl sie wussten, dass meine Versetzung es noch schlimmer für sie machen würde.

Laut Bestimmungen hatten meine Soldaten aber auch das Recht auf eine Umschulung. Doch meine Vorgesetzten gönnten ihnen das nicht. Wie könnte denn ein Oberstleutnant sagen, dass er ein erstklassiges Regiment führt, wenn 50% seiner Soldaten in ein anderes Gewerbe flüchten wollen? Seine jährliche Bewertung würde dann keine Pluspunkte für ihn haben. So blieben diese Umschulungsprozente sehr geheim, damit die untere Ebene nicht für ihre eigenen Arsche kämpften musste. Aber der Fakt war klar für alle; offiziell wurden diese Umschulungen den Soldaten entweder ausgeredet oder verweigert.

Wir hatten auch einen exzellenten Brigadegeneral namens Pierre Lalonde als unseren Führer und der wollte, dass seine Soldaten genug Zeit für ihre Familien hatten. Darum befahl er seinen Bataillonen, die kürzeste Zeit für Manöver einzuhalten. Für die Soldaten bedeutete es, dass sie alle Wochenenden mit ihrer Familie verbringen würden.

Aber der General pisste in den Wind, da die Chefs der Regimenter und Bataillone es nicht taten. Zum Beispiel hatten wir unsere nächste Klein-Waffen-Übung in Vogelsang, einem alten SS-Lager an der belgischen Grenze. Nun war das Vogelsang-Lager weit entfernt von Lahr, aber Aber Gewehr-Übungsplätze waren selten in

Deutschland und so dachten wir auch, dass unser nächstes Wochenende wieder in Lahr sein würde. Es brachte unsere Moral sehr hoch, doch sie war auch falsch.

Unser Major war derselbe Mensch, dem einmal in Grafenwöhr eine hübsche amerikanische Frau in einem dünnen T-Hemd zeigte, wie man physische Übungen richtig ausführt und dabei auch tolle Muskeln gewinnt. Aber bei dieser Gewehrübung wollte er nicht Armmuskeln, sondern schnelle Beine mittels eines Wettkampfs trainieren. So wollte er entgegen des Befehls des Generals seine Soldaten an einem Samstag ausbilden.

Er plante es auch als solches. Wir hatten mehrere Gruppen von je zehn Soldaten und jede dieser Gruppen musste einen Jeep zwei Kilometer zum ersten Teilpunkt schieben, ihn dann dort lassen und zehn Kilometer marschieren, bis sie den zweiten Teilpunkt erreichten. Danach mussten sie eine Hindernisgruppierung durchkreuzen und sich beim Schiedsrichter melden, der die gesammelten Punkte auflistete. Die Zusammenstellung aller Zeiten und Punkte ergab endlich den Gewinner.

Ich lachte, als ich seinen Plan las und sie meinen Kameraden mitteilte. Die lachten genauso, als ich den Plan des Majors ins Feuer warf und ihnen meine Idee sagte.

„Wir werden den Jeep nicht schieben und für die verlorenen Punkte dann bessere Marschzeiten gewinnen. Was dann das Hindernis betrifft, haben wir sowieso mehr Punkte.“

Das war genau, wie wir es auch taten. Und nach dem Übungsende gingen wir zur Kantine, wo ich zehn Bier für meine Jungs kaufte.

Das schönste Erlebnis am Vogelsang war der Urft-See, der unter dem Lager lag, sowie das bildschöne Städtchen Monschau, wo man einen berühmten Senf kaufen konnte. Und als wir in Vogelsang waren, brauchten wir auch nicht für den Frisör zahlen, da es die belgische Regierung machte.

Natürlich zahlte ich für die gewonnene Übung mit einem schlechten militärischen Jahresbericht. Aber das störte mich wenig, da ich ihm ja sofort widersprach.

Für meine letzte Übung ging ich wieder nach Trauen und hatte auch einen letzten Blick auf 1 RCHA. Nicht viel hatte sich hier in den letzten fünfundzwanzig Jahren geändert. Die Lageradministration schloss immer noch die Schussgebiete an Wochenenden, Unsere Kanoniere arbeiteten immer noch zu derselben Zeit und weil die britischen Soldaten an Wochenenden nach Hause fuhren, hatten wir in Trauen einen Sporttag. Alles, was sich in Trauen verändert hatte, waren die Gebäude. Anstatt in Zelten wohnten wir nun in Kasernen und aus den Gebäuden zu gehen war dumm, denn das Bier in der Kneipe im entfernten Wald war viel zu teuer. Sogar ein Trip ins Fassberg-Lager war nur noch ein Traum, da man uns dort nicht mehr reinließ.

Als ich nach Lahr zurückkam, musste ich einmal meine Ausgehuniform mit allen Medaillen tragen. Ich hasste es, da ich nicht das neue System der aufgespießten Medaillen liebte. Mir gefielen die Medaillen, wie man sie mir gab, nämlich in einer losen Art und Weise, sodass sie klimperten, als man sie trug. Vielleicht hatte der Autor George MacDonald vollkommen recht, als sein erfundener und halunkenhafter Held Harry Flashman einen heroischen und mit medaillenbeladenen Veteranen als einen verkleideten und feigen Schnorrer bezeichnete.

Meine letzte Parade in Lahr war in Wirklichkeit ein Laufrennen, in dem der Oberstleutnant mir eine gewonnene Medaille verlieh. Das ganze Regiment klatschte, als ich mit der Medaille in Airborne-Schritten zu meinem Platz im Regiment zurück lief.

Und dann, in Juni 1987, musste ich zurück nach Ottawa fliegen. Eigentlich hätte ich im Juli fliegen sollen, aber ein paar Freunde arrangierten meinen Frühflug. Der Grund dafür war die versteckte Nachricht, dass ein junger Offizier mich ersetzen sollte und ich das als eine Beleidigung betrachtete. Für meinen Rückflug musste ich auch alle extra-Kleidung und zwei meiner Kombatjacken abgeben. Aber ich wollte eine davon nach Ottawa mitnehmen und das war eigentlich einfach, denn zuerst gab ich alle ab. Dann wartete ich einen Tag, ging zum Vermüllungsofen und sah eine meiner abgegebenen Jacken im Müll. Mein Name war immer noch aufgenäht, ich gab dem Müllmann ein paar Zigaretten und tauschte das alte Jackett für ein nagelneues ein. Ich hatte nur eine einzige Frage, nämlich: Warum tat die Armee solch eine dumme Sache? Warum musste ich es abgeben, wenn man das Jackett sowieso verbrennen wollte? Machte das überhaupt Sinn?

Ein paar Tage ehe David und ich von Lahr wegflogen, mussten wir unsere Wohnung räumen. Wir säuberten alles mit Zahnbürsten und Wattestäbchen, bis es blitzte. Denn die Wohnung musste sauber sein oder ich konnte nicht fliegen. Und sobald die Wohnung sauber war, kamen die Maler, um sie noch sauberer anzumalen. Und was ich nicht putzen konnte, ließ ich in Stücke. Und Stücke akzeptierten die Inspektoren.

Weil Susan und ich uns in der Wohnung nicht mehr verstanden, hatte die US-Army in Karlsruhe eine bessere Lösung. Und im Grunde genommen war die amerikanische Lösung besser als unsere. Normalerweise schliefen unsere Soldaten und ihre Angehörigen in Hotels, als sie ihre Wohnung säuberten, und die Armee zahlte dafür. Aber die US-Armee hatte ein besseres System und kürzere Ablösungszeiten für die Soldaten und zahlte private Arbeitsgruppen zum Wohnungsputzen. Dieses System verlängerte die Arbeitszeit der Soldaten und entnahm den Stress von ihren Angehörigen. Doch die kanadische Armee akzeptierte es damals nicht.

Die saubermachenden Aktivitäten in Lahr betrafen auch die CANEX und die BMO, Bank of Montreal. Beide Firmen waren kommerzielle Gesellschaften und dem Militär sehr nahe. Ich erinnere ich mich auch an das Jahr 1979, wo die CANEX separate Parkplätze für Oberstleutnante direkt vor ihren Türen hatten, sodass diese Offiziere nicht zu weit zu laufen brauchten. Und da diese Offiziere auch ihren Dienstgrad am Nummernschild ihrer Autos hatten, wurde diese Berechtigung später abgeschafft, damit Attentäter es nicht als Ziel benutzten konnten.

Und CANEX war auch immer dicht an den Fersen unserer heimkehrenden Soldaten, da sich viele Soldaten Geld dort borgten. Und aus demselben Grund musste auch BMO meinen Rückkehrschein unterschreiben. Ich schuldete ihnen noch Geld für meinen SAAB, konnte es aber in Ottawa zurückzahlen.

Als ich aus dem Fenster meiner rückkehrenden Boing 707 blickte, sah ich auch ‘rüber zur South-Marguerte und wie es schnell aus meinen Blickfeld verschwand. Danach war das Flugzeug über den Wolken und 1 RCHA endlich aus meiner alten Geschichte. Ich war jetzt ein freier Mann, frei von der Krippe bis zum Grab und frei von diesem Liebe/Hassgefühl, das ich dreißig lange Jahre ertragen musste.

Alte Soldaten sterben niemals

Alte Soldaten sterben niemals,
sie verblassen einfach.

Adaptiert von General MacArthur bei seinem 1951 Rücktritt

Die meisten Feldsoldaten nennen NDHQ einfach das *Stümperfort* und ignorieren es, da es selten gute Nachrichten für sie hat. Man muss das verstehen, da ja die meisten Soldaten Papier hassen und NDHQ einige Kilometer davon in sich versteckt hat. Und weil NDHQ einen schönen und leicht aussprechbaren Klang hat, ist es trotzdem eine ungewöhnliche Organisation, da man dort zu viele Menschen arbeiten hat, die man überhaupt nicht braucht. Es ist der kanadischen Armee, und damit auch der kanadischen Regierung, ganz egal, was sie tun. Für junge Offiziere ist NDHQ ein sehr interessanter Standort, aber für ältere Soldaten bedeutet es, dass sie mit einer Versetzung dort auch bald das Gnadenbrot bekommen werden. Daher wusste ich auch, dass meine Karriere mit einer NDHQ-Versetzung beschlossen war.

Wie ich es sah, war schon der name NDHQ, oder National Defence Headquarters, eine Beleidigung. Natürlich ist es korrekt, dass Soldaten ihr Land verteidigen müssen, da sie ja dafür bezahlt werden. Aber ich denke auch, dass vielleicht der Name *Kriegsministerium* ein besserer Name ist. Und persönlich und aufgrund meiner deutschen Herkunft nannte ich es auch oft das *Führerhauptquartier*.

Ich kam zur NDHQ während einer sehr interessanten Zeitspanne. Laut unserer Regierung sollte Kanada in den nächsten Jahren die Peitsche knallen und Russland sagen, was es zu tun hat. Darum wollten unsere Admiräle auch mehrere nukleare U-Boote bauen sowie den Ort Nanisivik hoch oben auf der Baffin-Insel in ein strategisches Befehlszentrum umbauen.

Eigentlich hatten die Admiräle recht damit. Die russischen U-Boote dominierten ja das Eismeer und ein kanadisches Befehlszentrum könnte sie wahrscheinlich mit kanadischen U-Booten auch in Schach halten. Fuhren nicht deutsche U-Boote während des Zweiten Weltkriegs auf dem St.-Lawrence-Strom für viele Kilometer ins kanadische Land? Aber vielleicht war Nanisivik keine kanadische, sondern eine amerikanische Idee. Hatten die Russen nicht ihr Unterseehauptquartier auf der Kola-Halbinsel und nicht weit von Nanisivik entfernt? Und unter amerikanischer Leitung wäre doch Nanisivik nicht der ideale Ort, russischen U-Boote zu kontrollieren.

Ich dachte aber auch, dass es besser für die Admiräle wäre, ihre goldenen Messingknöpfe glänzender zu putzen, als U-Boote zu bauen. Kanada hatte gar nicht genug Geld, um nukleare Unterseeboote zu bauen. Ihr meistes Geld verbrauchte die kanadische Marine sowieso nur mit sinnlosen Trips von Halifax am Atlantik zu Esquimalt an Pazifischen Ozean.

Und während die kanadische Marine über tiefliegende Gründe für diese Trips grübelte, war die kanadische Armee viel realistischer. Das hatte nichts mit mir, sondern Hauptmann Floyd Low zu tun, da wir zwei zusammen in der CLDO Abteilung arbeiteten. Floyd machte dort die meisten Recherchen, während ich nur auf meinem Stuhl herumsaß.

Und Floyd sagte mir, dass die Armee keine milliardenteuren U-Boote, sondern nur neue Panzer, Kanonen und neue Artilleriesimulatoren brauchte. Und das machte zu 100% Sinn für mich, da wir beide in der Simulatorenabteitung arbeiteten. Ein Simulator ist ein Instrument, das anzeigt, dass etwas falsch ist, wenn es richtig sein sollte. So zum Beispiel ein Flugzeugsimulator, der auf dem Weg nach Paris ein Flugzeug abstürzen lässt, wenn der Pilot auf ein paar Knöpfe drückt und es trotzdem weiter nach Paris fliegt. Darum klingt der Name *Simulator* auch kompliziert, weil die Arbeit dort auch sehr einfach ist. Und da ich die Arbeit dort als sehr einfach verstehe, gab man mir auch eine sehr einfache Arbeit.

Vergessen Sie bitte nicht, dass ich *zu früh* zum NDHQ versetzt wurde. Und da es dann auch wenig für mich zu tun gab, machte man mich zum Chef-Feldwebel, wo ich eine Menge meiner Airborne-Kumpel traf, die auch weniger zu tun hatten als auf Scheiben zu schießen.

Die Königinnen Medaille für Meisterschützen wurden immer noch jährlich im Sommer ausgetragen und da meine Airborne Kumpel immer nur an ihre Schießerei dachten, hatte ich viel freie Zeit, um andere Dinge zu tun. Und so sprach ich öfters mit der Tochter meines Obersts. Sie war in ihren frühen Zwanziger-Jahren wunderbar gebaut und konnte auch sehr kurvenreiche Zeichnungen erstellen. Da sie auch am Computer für ihre Kurven arbeitete, war sie natürlich auch fähig, den Gewinner der Königinnen-Medaille vorauszusagen. Und da die Tochter auch Französisch sprach, sollte dass natürlich auch ein Soldat der Van Doos sein. Seit ihr Vater später nach Belgien versetzt wurde, nahm er sie natürlich auch mit.

Als sie uns später auch verließ, machte es mich auch etwas traurig da wir zusammen auch mein bisschen Französisch üben konnten. Und da ich auch ein alter Knochen war, wusste ich auch, dass ihr Französisch ihr helfen würde, einen jüngeren Mann als Hörer zu finden. Leider würde ihre Reise nach Belgien aber auch die letzte bunte Farbe aus unserem farblosen NDHQ-Gebäude nehmen.

Als mein Oberst seine Tochter mitnahm, brachte es den interessanten Punkt einer zweiseitigen Armee auf. Nämlich das *Buch-Recht* des normalen Soldaten und das *Innovativen-Recht* der höheren Offiziere. Wie schon gesagt, das Mädel war eine hübsche Frau und vielleicht auch ohne Taschengeld und damit etwas abhängig von ihren Eltern. Sie studierte on Ottawas Universität und seitdem ihre Eltern dort meistens zahlten, nahm der Oberst sie auch mit nach Brüssel.

Dieser Fall hat natürlich ein Vorläufer. Einmal las ich, wie der kanadischen General Mackenzies in seinem *Erinnerungen*-Buch schrieb, dass er für seiner zentralamerikanischen Mission auch seine erwachsene Tochter Kimm mitnahm.

So wundert man sich wirklich, wie oft so etwas geschieht, dass militärische Eltern ihre Kinder mitnehmen, damit sie die Steuern für die Kinder von ihren eigenen Steuererklärungen absetzen können.

Nach ein paar Wochen mit den königlichen Medaillen war ich zurück im NDHQ. Ein guter Platz dort war die Kantine, wo man jede Menge alter Kameraden treffen konnte. Ich war erstaunt den *Battery Bully* hier wiederzusehen. Er war jetzt Chef der kanadischen Artillerie, hatte sich aber sonst nicht verändert und war noch genau so *sparsam* wie vorher.

Sparsam war das Wort, das ich später als *geizig* kennenlernte, als ich Studentenberater in Inuvik wurde. Man hatte dort eine Geschäftsführung die so *sparsam* war, dass die sogenannten Studenten, oder besser gesagt Jugendliche, oft hungrig zu Bett gingen.

Ich dachte auch viel über meine Arbeit nach. Artilleriemunition ist ein sehr teurer Spaß und ein guter Simulator würde sich innerhalb einer kurzen Zeit selbst bezahlen. Und Simulatoren halfen nicht nur, Munition zu sparen, sondern man konnte auch durch *Playback* geleistete Übungen zu einer augenblicklichen Wiederholung zwingen. Die Artillerie hatte einen sehr guten Simulator in Camp Gagetown, aber einer war nicht genug für die vielen Anwärter dieser Schule. Und die üblichen Schießübungen wurden auch immer schwerer, da die normalen Übungs- und Trainingsflächen durch übergreifende Städte und Straßen immer kleiner wurden. Und da betroffene Menschen auch Bürger und Wähler sind, halfen sie natürlich ihren Bürgermeistern, diese Übungsflächen klein zu halten.

Hier muss ich sie auch zur Auswertung eines sehr teuren Multiple Round Simultaneous Impact (MRSI) System zwingen. Es bezeichnet die Fähigkeit eines einzelnen Geschützes, mehrere Geschosse abzufeuern, die gleichzeitig im Ziel einschlagen, Zum Beispiel, wenn ein Geschütz zwei Geschosse zu verschiedenen Zeiträumen und verschiedenen Flugbahnen an dasselbe Ziel feuert, dann werden sie sich dort auch treffen und das Ziel mittels eines einzigen Einschlags vernichten. Die Forschungsarbeit an einem solchen Geschosssystem ist sehr teuer, kann aber durch einen Similatoren verbilligt werden.

Um solch ein System aufzubauen, braucht man die gegenwärtigen und zukünftigen Technologien, um die Auftragsdarlegung der Geländesaufklärung zu finden sowie die Überprüfung der Ziele, die Vorbereitungen und das Schießen der Geschosse und die Waffenvorbereitungen. Meistens geschieht das aber nicht. Man spricht nur darüber und hofft, dass es ein anderer Mensch einmal tun würde.

Um etwas vorzubereiten braucht man aber auch einen Platz zum hinsetzen und in NDHQ hatte man nur diese modernen Schwenkapparate, die man auch Bürostühle nennt. Mir gefielen diese Stühle nicht, da ich beim Schlafen immer aus meinem Schwenkapparat herausfiel. So durchsuchte ich das ganze Gebäude, bis ich endlich einen ehrlichen und vierbeinigen alten Holzstuhl fand, auf dem ich mich zur Ruhe hinsetzen konnte. Und als ich NDHQ nach einem Jahr verließ, um ehrliche Arbeit zu finden, steckte ich einfach einen roten Zettel mit *Verfallen* an den Stuhl, warf ihn ins Auto und fuhr am Wächter vorbei nach Hause.

Eines Tages, als ich zur Arbeit kam und mich auf diesen Holzstuhl setzte, kam Floyd Low vorbei und sagte mir, dass die Amerikaner nun Farbbälle als Gewehrsimulatoren entwickelt hatten. Die Farbbälle waren eigentlich gute Simulatoren, die man auch innerhalb Gebäuden benutzen konnte und die, falls man sie an unerwartete Gäste feuerte, blutige Flecke an ihrer Kleidung hinterließen.

Unsere Offiziere liebten diese Farbbälle und während Mittagspausen bespritzten sie sich oft mit diesen Bällen. And soweit ich weiß, wurden sie auch im Jahr 2001 oder 14 Jahre, nachdem ich NDHQ verlies, bei den Bataillonen und ihren Schulen in Betrieb genommen.

Wie schon gesagt, diese *ich-habe-dich*-Bälle waren eigentlich ein gutes System, da sie ziemlich billig und realistisch waren und wenig

Übungszeit brauchten. Aber wir hatten auch Simulatoren die beinahe utopisch waren und von unerfahrenen Verkäufern angeboten wurden. Eine amerikanische Firma hatte einen Gewehrsimulator, der auf riesengroße Ziele schoss und von einem Toronto-Laienverkäufer angeboten wurde, der vorher ein Wartungsoffizier gewesen war. Wie konnte dieser Mann hoffen, seinen Simulator an einem Infanterieoffizier zu verkaufen, der lebenslang Gewehre abgeschossen hatte und der vom Einschlag des Geschosses wusste, ob oder auch nicht man das Ziel getroffen hatte.

Dieser Mann hatte nicht nur die falschen Verkaufstalente, sondern verstand auch seinen Verkaufsmarkt nicht. Unsere Abteilung spezialisierte sich nicht nur auf Simulatoren, sondern war auch das Zentrum der Infanterietaktik. Jeder Offizier hier konnte zu seinem Oberst gehen und ihm sagen, ob das angebotene Produkt gut oder schlecht war.

Und die Waffenfabrikanten erzählten uns immer, wie gut ihre Produkte waren. Ich erinnere mich an einen Verkäufer der aus California kam. Er dachte, sein Produkt war das allerbeste in der NATO, aber als wir nach einem Muster fragten, flog er dafür nach California zurück. Als er wiederkam, hatte er Kanadas Landkarte mit sich und als er über Wainwright, Alberta, sprach, zeigten seine Finger auf Goose Bay, Labrador. Selbstverständlich verlor er uns als Kunden. Wie kann man einem Verkäufer trauen, der so unfähig in des Käufers Geografie war? Schade, eigentlich hatte er ein gutes Produkt.

Die Verkäufer versuchten auch immer, uns über unsere Chefs zu verkaufen. Sie verstanden einfach nicht unsere militärische Methode, Produkte nur über die vergleichsweise Art zwischen *gut* und *schlecht* zu kaufen. Stattdessen arrangierten sie immer *Leih-Anleihen* und benutzten sie dann später als *Zeugenaussagen.* Natürlich funktionierte das nicht mit uns.

Wir hatten auch einmal eine Zusammenkunft über Gewehrsimulatoren, in welcher ein ehemaliger kanadischer Oberst uns seinen britischen Verkäufer vorstellte. Der Verkäufer zeigte uns unter anderen seine Statistiken auf DIAS, während der ehemalige Oberst sie zur selben Zeit an der Wandtafel erklärte. Dann tauschten sie die Tafel und die DIAS und als der alte Oberst die Daten an der Tafel falsch aufzeigte, wussten wir, dass er betrunken war. Der englische Verkäufer schob den alten Oberst auf einen Sessel hinten im Büro, schloss die Zusammenkunft und verschwand dann. Wir hörten später, dass beide zuvor in der Nacht gezecht hatten.

Die NDHQ-Haushaltsplanung funktionierte auf einer 5-Jährigen Vorausschätzung. Wenn das Geld dafür erlaubt war, wurden die Projekte dafür bei den Bearbeitern in Hull, Quebec bewertet, die den Projekten Dienstleitungspunkte gaben. Die Hull-Bearbeiter zusammen mit den Versuchs- und Prüfungsleuten in Gagetown and dessen Ingenieure testeten alle Projekte als Prototypen, aber niemals als Produktionsmodelle. Nach ihren Auswertungen wurden ihre Vorschläge zu den Waren und Dienstleistungen Kanadas geschickt, um sie für einen möglichen kommerziellen Abtausch zu überprüfen.

Das bedeutete, dass unsere Abteilung wenig Autorität und ein großes Kreditproblem hatte.

So dumm, wie es klingt, ein großes Problem bestand darin, dass NDHQ keine richtige Autorität hatte. Der höchste kanadische Militäroffizier war und ist immer noch der Chief of the Defence Staff oder der CDS. Seine Aufgabe war, Strategen auszuarbeiten und dem nationalen Verteidigungsminister zu beraten. Der CDS trug 4 Sterne auf seinen Schultern und mehrere 3-Sterne Generäle arbeiten für ihn und waren für die Marine, Armee und Luftwaffe verantwortlich. Es sah wie ein gutes System aus, war es aber nicht, da zwei 3-Stern Generäle für NDHQ verantwortlich waren und unser höchster 3-Stern General saß in St-Hubert, Quebec and sah oft Dinge anders als wir.

Ich sah unseren CDS oft in unserer Kantine und mit seinen Hauptberater Chief Warrant Officer John Marr spach ich öfters, da ich ihn von meinem Sprungkurs kannte. Er wollte kein Offizier werden, denn als einfacher Hauptmann hatte er auch nur eine winzige Autorität. Aber als der höchste Chief Warrant Officer im Land war er der Soldaten, Matrosen und Luftmänner letzte Quelle und Hoffnung.

Obwohl ich öfters zum Chief Warrant Officer vorgeschlagen wurde, war ich nur ein Master Warrant Officer. Aber als Chief Warrant Officer hatten wir *Bud Jardine* bei uns. Er wurde später der regimentale Sergeant Major des kanadischen Airborne-Regiments und diente dort auch als solcher während der verhängnisvollen Somalia-Expedition.

Meine Aufgabe war die Waffensimulation, aber ich arbeitete auch als Fragenbeantworter. Wenn ein Minister oder Bundestagsabgeordneter eine Beschwerde bekam, beantwortete er die nicht selbst, sondern leitete es entlang der Kommandokette zu einem Hauptfeldwebel. Und als Hauptfeldwebel war ich der einzige in unserer Abteilung. Und da wir auch noch nicht computerverbunden waren, kamen diese Briefe ziemlich oft.

Die Beschwerde kam zuerst zum Oberst, er schickte sie dann zu einem Oberstleutnant, der zu einem Major, der zu einem Hauptmann und der zu mir. So schrieb ich den ersten Entwurf und schickte ihn zum Hauptmann, der korrigierte ihn und schickte den Entwurf zurück. Ich korrigierte seinen Entwurf noch mal, schrieb meinen zweiten Entwurf und schickte ihn zum Hauptmann, der machte seine Korrektur und schickte sie weiter zum Major. Der machte seine Korrektur und schickte sie zurück zu mir.

Ich bin mir sicher, dass jetzt unser Beschwerdesystem funktioniert und so will ich Schluss damit machen.

Als ich einmal in meinem Holzstuhl über die äußerst wichtige Entscheidung des Zuckerinhalts in meinem Kaffee nachdachte, lag ein dringendes Telegramm auf meinem Tisch. Er betraf Gunner Hughes, meinen Fahrer in Lahr, den man für Besitz von *waccy baccy* ins Gefängnis steckte. Er brauchte jetzt ein helfendes Charakterzeugnis. Und so fragte man mich, ob ich ihm helfen konnte.

Natürlich konnte ich ihm helfen! Gunner Hughes war ein guter

Junge und ich wusste auch, das er Marijuana rauchte, da ja öfters mein Jeep danach stank. So schickte ich ein Telegramm nach Lahr mit der reinen Wahrheit, dass Gunner Hughes zwei Jahre für mich arbeitete und ich ihn niemals in dieser Zeit mit einer Marijuana-Zigarette gesehen hatte. Und es war für mich auch sehr wahrscheinlich, dass Gunner Hughes unter emotionalem Stress stand, da sein bester Freund vor Kurzem in einem Unfall getötet wurde und er dadurch auch seine Freundin verlor.

Ich hoffte, dass mein Brief Gunner Hughes half, da ich zu oft Soldaten gesehen hatte die für winzige Kleinigkeiten in ihrer Arbeit aus der Armee geworfen wurden. Ich erinnerte mich an den hungrigen Airborne-Soldaten, der in Shilo mit seinen Kameraden Poker spielte, dann aber etwas zu viel Wein trank, in die Küche einbrach und eine Pute klaute. Er wurde dort erwischt und danach sofort aus der Armee geschissen. Und das Gleiche passierte dem Soldaten, der einst Steine aus meiner Kanone schoss, und …, und ... und noch viele mehr.

In meiner Verzweiflung fand ich aber eine hilfreiche Heilstätte. Es war die NDHQ-Bücherei tief unten im Keller. Diese Bücherei war die normale Plackerei des militärischen Mülls, aber auch eine kleine Sektion der Verhaltensforschung, in der ich eine Leseratte wurde. Die Bücherei war ziemlich unbekannt in der Öffentlichkeit, aber trotzdem offen für alle Bürger, und sollte ich jemals nach Ottawa zurückkommen, wäre es auch der erste Platz, den ich besuchen würde.

Ein anderer großartiger Platz für mich war die Sammlung der administrativen Befehle, oder CFAO, die man normalerweise in Büros und weg von Soldaten versteckt hielt. Die einfachen Soldaten sahen sie kaum, da man in diesen Befehlen auch sagte, was sie nicht zu tun haben.

Sollte das militärische System jemals eine Panne haben, brauchten die Offiziere nur zu sagen, dass Unwissenheit keine Entschuldigung für sie ist, da ja das Wissen von ihnen immer in den CFAOs existiert.

Ich dachte natürlich viel über meine Zukunft im Zivilleben nach nach und nahm sogar an einem Immobilienkurs teil. Aber Kunden lieben bequeme Autos und sollte ich so eine Immobilienarbeit haben, dann brauchte ich auch ein neues Auto, da mein SAAB schon fünf Jahre alt war. So schmiss ich die Immobilienarbeit in den Mülleimer und entschloss, das kanadische Militär für Arbeitsmöglichkeiten zu überprüfen. Aber zu der Zeit waren sie, und sind wahrscheinlich noch immer, die Einzige der vielen weltweiten militärischen Organisationen, denen es egal ist, was ihre ehemaligen Mitglieder als Zivilisten tun. Das könnte besonders für NDHQ gelten sein, wo viele der älteren Angestellten hoch besoldete Offiziere sind und später auch dementsprechende Rentenbezahlungen bekommen.

Es stimmte aber nicht, wie ich vorher schrieb, dass das kanadische Militär nichts für ihre Soldaten tat. Wir hatten auch SCAN oder das the Second Career Assistance Network. SCAN versuchte wenigstens, uns zu helfen, und das war mehr als die hunderten Generäle und Obersten taten. Eine der Organisationen, die uns wirklich halfen waren die *Commisionaires,* die einst in England und nach dem Krimkrieg für Soldaten und Matrosen gegründet wurde, als es noch keine Rentensysteme gab. Und *Commisionaires* wurden die Portiere der hohen Gesellschaft genannt, daher dieser Name.

The Korps weitete sich später auf die britischen Kolonien aus und nimmt jetzt auch ehemalige Polizisten und Handelsmatrosen auf. Und die Erinnerungen an die alte Vergangenheit wurde verewigt in Rudyard Kiplings Ode *Ein Shilling pro Tag*:

Es macht mich halb verrückt, an den Tag zu denken
als ich kämpfte für die Ghazi, mit dem Schwert an der Hüfte,
als wir ritten für einen blutigen Kampf
mit beiden Schwadronen Seite an Seite
und vollkommen egal, ob wir lebten oder starben.

Es ist nutzlos, jetzt zu verzweifeln, also putzt meine Frau nun,
Und mein portiering bringt auch etwas ein
So solltest du doch denken,
dass im Nassen und Kalten dort draußen
du mir im Grand Metropol den Brief dort geben könntest?

Eines Tages fasste ich mein Leben zusammen als ich auf meinem harten Stuhl saß. Ich war jetzt 53 Jahre alt und hatte noch zwei Jahre bis zum Armee-Rentenalter zu arbeiten. Susan lebte noch in Deutschland und ich musste David unterstützen. Zusammen konnten wir nicht von meinem Armeesold oder der Militärrente leben. Es gab für mich keinen anderen Ausweg, als die Armee zu kündigen und eine andere Arbeit suchen. Sollte Susan wirklich die Scheidung einreichen, dann würde ich auch mit der Armeerente und meinem neuen Gehalt überleben.

Es war kalt und nass draußen auf der Straße and so nahm ich meinen Regenschirm mit seinen roten und blauen Streifen mit zur Arbeit. Aber das Militär liebt Regenschirme überhaupt nicht, da sie uns einen zivilen Anstrich geben. Und darum bekam ich auch immer böse Blicke von meinen Vorgesetzten wenn ich ein Schirm trug. Aber das war mir vollkommen egal. Ich hatte ja schon eine Arbeit in Toronto gefunden und am letzten Tag meiner Arbeit im Büro gaben mir meine Infanteriefreunde in NDHQ ein schönes Wappenschild sowie auch ein letztes Mittagessen. Es rührte mein Herz etwas da ich dem Royal Regiment of Canadian Artillery dreißig Jahre gedient hatte und nicht einmal einen Abschiedsbrief bekam, jedoch jetzt mit Infanterieoffizieren herumsaß die mir beinahe das Gefühl gaben, zu Hause zu sein.

Als ich in meiner Wohnung ankam, schrieb ich zwei Briefe. Der erste Brief ging zu Paul Hellyer, um ihm für seine militärische Vereinigung der kanadischen Armee im Jahre 1968 zu danken. Und den zweiten Brief schrieb ich an Rabbi Gunther Plaut, da mir die Worte meines Freundes Fread immer noch zu schaffen machten. Fread war

Jude und in 1963, ehe ich nach Deutschland versetzt wurde, sagte er mir diese Worte, die ich dem Rabbi schrieb: *dass alle Menschen der Welt sich die Hände reichen sollten ehe sie zu ihrer haushältigen Kirche gehen.*

Bill Baxter, der auch Chef der Baxter Publications in Toronto war, gab mir Arbeit als Koordinator für sein neues Verlagsgebäude, aber es dauerte nicht lange, bis ich ihn verließ. Warum, steht im nächsten Kapitel.

Ich sehe selten auf die Vergangenheit zurück und immer auf die Zukunft. Die Welt ist voller Herausforderungen – man muss sie nur suchen. Und ich fand sie als technischer Schriftsteller in Toronto, cooperative Manager to Inuits, Studentenberater für Jugendliche, ökonomischer Lehrer in Deutschland und als Landminenchef in Ruanda, Angola, Mozambik und Kambodia. Was auch immer ich tat, wo immer ich war, denke ich zurück an meine Tage in Camp Shilo und an die Zeit, als ich noch jung war. Wie kann ich jemals diese irischen Worte vergessen, die für immer mein Leben veränderten:

Ich hab die Schnauze voll als Zivilist,
vom Tag, an dem ich geboren wurde,
So hau ich ab zur RCA[1]*.*
Morgen früh nach dem Essen.
So hau ich ab nach Shilo, wo grünes Gras noch wächst.

---

[1] Die Abkürzung RCA = Royal Canadian Artillery

Der Ruf der Arktis

Ich wollte Gold, und suchte es;
Ich grub und schaufelte wie ein Sklave,
Ob Hunger oder Skorbut es war – ich wehrte mich;
Meine Jugend verschwand im Totenschleim,
Wollte Gold und hielt es in meinem Händen -
Endete mit Überfluss im Herbst spät –
Aber irgendwie ist mein Leben nicht, wie es sein sollte,
Und irgendwie hat das Gold daran auch keine Schuld.

Nach Robert W. Service in seiner Ode
„The Spell of the Yukon"

Es war einfacher, die Armee zu verlassen als in sie hereinzukommen. Nachdem ich mit Bill Baxter über meine Arbeit gesprochen und sie angenommen hatte, gab ich der Armee dreißig Tage Zeit und fragte nach meiner Entlassung. Aber es war schwer, in Toronto eine Wohnung zu finden, da ich ja auch eine in Ottawa hatte. Daher brauchte ich zwei Tage, um eine Kellerwohnung nahe meiner künftigen Arbeitsstelle zu finden.

Bill Baxter war Baxters Publications Boss und verlegte viele kanadische Reisejournals. Als kleine Nebenbeschäftigung druckte er auch Kanadas Defence Quartely und managed, die ARMEX-Waffenmesse. Ich kannte Bill Baxter durch meine Artikel in seiner Defence Quartely Zeitung und da er sein Geschäft erweitern wollte, bot er mir eine Koordinationsarbeit an.

Obwohl ich jetzt wieder ein Zivilist war, gehörte ich trotzdem auf die militärische Zahlliste da ich noch sechs Monate Rehabilitierungsurlaub und einen Monat angesammelte Feiertage bekam. Es waren meistens höhere Offiziere die diese angesammelten Feiertage ausnutzten, die sie über viele Jahre angesammelt hatten. Sagen wir als Beispiel, dass ein Leutnant nur einen kleinen Zeil seines Urlaubs nahm und den Rest sammelte, und das jedes Jahr machte, bei der Zeit, in der er sich als General zur Ruhe setzte, hatte er viele Monate angesammelter Feiertage auf seinem Konto. Natürlich wurde er dann auch als General bezahlt und wie gesagt, meistens nahmen die höheren Ränge das in Anspruch. Warum? Da es keinen einzigen Büroschreiber in der Armee gab, der es wagen würde, die Urlaube seines Chefs aufzuschreiben.

Mein ausgezahltes Urlaubsgeld war ungefähr 20.000 Dollars and Susan bekam das meiste davon. Ich kaufte mir von meinem Geld nur so eine altmodische Bomberjacke, die die Piloten im Zweiten Weltkrieg trugen. Dann war mein Geld weg, da David zu Ottawas Ashbury College ging und Susan dafür viel Geld brauchte. Das einzige Geld, das ich hatte, war Bill Baxters Gehalt und ein kleiner Rest meiner Armeerente. Ich konnte nicht einmal die roten Äpfel bezahlen, die ich liebte, und an ihrer Stelle aß ich die billigeren Karotten. Trotzdem kaufte ich mir einmal im Monat ein wahnsinnig großes gepökeltes und im eigenen Saft gebratenes Rindfleischsandwich im Katz Delikatessen Laden, komplett mit einen Haufen Pommes und Gurken.

Manchmal wusste ich nicht, was eigentlich mit mir los war. Ich war jetzt 54 Jahre alt und hatte eine gute Karriere hinter mir und jetzt – plötzlich – war war ein lausiges Rindfleischsandwich eine königliche Mahlzeit für mich.

Da normale Wohnungen in Toronto viel teuer im Vergleich zu meiner billigen Kellerwohnung waren, fühlte ich mich manchmal wie ein vergessener Held nach einem erfolgreichen Krieg. Das hatte wahrscheinlich mit den Kakerlaken zu tun, die morgens immer in meiner Küche nach ihrem Frühstück jagten. Sie erinnerten mich immer an die Kakerlaken in Fort Prince of Wales und wenn ich an ihre oft ausgestreckten Beine auf meinem Küchentisch sah, wusste ich auch, dass es ein Resultat des schwindenden Tageslichts und selten meiner eigenen Kraftanstrengungen war.

Eines Tages bot die Militias-Bürgertruppe eine Arbeit mit guter

Bezahlung im Verkehrs-wesen an. Ich lehnte es sofort ab. In meinem Kopf schwirrte immer noch Sir Harry Flashman als mein Idol herum. Auch er hätte diesen Job abgelehnt da er nicht genug Respekt für ihn zeigte. Unglücklicherweise bedeutete diese Abfuhr für mich aber auch, dass ich Bill Baxters kleingläubiger Koordinator blieb.

Aber eines Tages machte ich doch Schluss mit Bill Baxter, da er ja sowieso keinen Koordinator, sondern einen Burschen und Diener brauchte. Und da ich jetzt als Zivilist dachte und handelte, gefiel mir auch sein militärisch ausgestattetes Büro nicht. Und arbeiten wollte ich auch für ihn nicht bei der ARMEX. Ich hatte die Schnauze voll vom Militär und da die schwarzen Wolken schon über dem Balkan hingen, wollte ich auch nichts mit den dort dienenden Militärs zu tun haben.

So sah ich mich nach einer anderen Arbeitsstelle um und fand einen Job als Technischer Autor bei Atlantis Aerospace. Unglücklicherweise war es auch nur eine andere militärische Arbeit. Atlantis Aerospace baute wartungsfreie Luftwaffensimulatoren und ich schrieb die Handbücher dafür.

Aufgrund eines schlimmen militärischen Unfalls hatte ich dort ein furchtbares Argument mit einem anderen Schreiber betreffs bestehender militärischen Werte. Kanada hatte Schluss mit dem unbeliebten CF 104 Starfighter Kampfflugzeug in 1987 gemacht und ersetzte es mit der CF 18 Hornisse. Und während des Umstellungsprozesses dieser Flugzeuge in Deutschland bemerkte einer der Piloten, dass seine Flugzeit im Starfighter genau dasselbe war als eine Liebesaffäre mit einer heißblütigen Zigeunerin. Wahrscheinlich war diese Bemerkung nur fällig, da 39 kanadische Piloten ihr Leben im *Witwenmacher* verloren hatten und er den *Witwenmacher* mit einer Zigeunerin verglich. Aber in der 1988-Weihnachtszeit donnerte dann dieser Pilot mit seiner CF 10 ins Meer. Und als wir über diesen Unfall sprachen, waren alle Teilnehmer traurig darüber.

Alle außer mir. Ich sagte meinen Mitarbeitern, dass es nur traurig für die Familie des Piloten war, aber nicht für den Piloten. Er starb nur für seine Aufgabe, das Flugzeug zu fliegen, und für diese Pflicht wurde er ja auch gut bezahlt. Und nachdem er starb, würde er ja auch niemals einen Herzschrittmacher, eine Brille oder falsche Zähne und Hörgeräte zu tragen haben. Lass uns lieber darüber nachdenken, dass der Tod nur ein Teil unseres Lebens ist.

Vielleicht sind Kanadier falsch erzogen, wenn sie sich über einen toten Piloten so ärgern? Es war ein Stich ins Wespennest als ich das sagte. Aber warum nicht? Es war doch die Wahrheit! Aber dann sagte mir der Chef, dass der Pilot ein Flugzeug flog, in dem ein Atlantis Instrument eingebaut war. Und dass der Ärger meiner Mitarbeiter darin bestand, dass dieses Instrument wahrscheinlich verloren war und nicht ausgewertet werden konnte.

Vielleicht hatte er Recht aber ich war auch erstaunt, dass die meisten unserer Ingenieure in Atlantis-Aerospace aus Indien kamen. Vorher hatte ich ja immer gedacht, dass Indien eigentlich zur dritten Welt gehörte.

Meine Arbeit in Atlantis war sehr interessant und vielleicht hätte ich dort bleiben sollen, aber Susan schrieb mir, dass sie die Scheidung eingereicht hatte. Es machte mich auch sehr traurig, nicht dass ich Susan so vermisste, aber dass David für mich nun verloren war. Und so suchte ich der dunkelsten kanadischen Ecke nach einem Versteck. Und die dunkelste Ecke Kanadas war die Arktis.

Natürlich war dieser Wahn auch blöde. In 1988 war Susan achtunddreißig Jahre alt und brauchte einen Mann. Und da ich weg war, hatte sie keinen. Aber es gab in Ottawa jede Menge Araber, die geile Frauen liebten. Und einige meiner Kumpel hatten Susan mit einem Araber gesehen, als sie zusammen Händchen hielten.

Ich kannte auch das Städtchen Frobisher Bay in der Arktis, wusste aber nicht, dass es seinen Namen in Iqaluit geändert hatte. Hätte ich es gewusst, wäre ich dorthin nie geflogen, und die Arbeit, die ich dort bekam, war als Managers Assistent im Frobishers Inn Hotel,

Ich blieb Assistent dort nur für einen Tag, wurde dann heraus geekelt und bekam den Job als Rezeptionsmitarbeiter. Es war eine Arbeit, die mir gut gefiel, da das Hotel auch eine Kneipe hatte, wo alle Kneipenbesucher an meinem Tisch vorbeigehen mussten. Außer unserer Kneipe war die *Legion* der einzige Ort im Dorf, wo Gäste Bier trinken konnten. Und unser *Zoo* war auch der beste Ort, Japaner zu treffen, die Inuiten beim Biersaufen fotografieren wollten.

Der Manager im *Zoo* war auch die bekannteste Person, die es fertigbrachte, betrunkene Inuiten aus seiner Kneipe herauszuwerfen, indem er sie bei den Ohren packte, die Ohren umdrehte und sie dann dann in die kalte Arktis warf. Niemand beschwerte sich darüber, denn jede Beschwerde wurde auch mit einem Kneipenverbot des Managere geahndet.

Manchmal besuchten auch Militärgäste unser Hotel. Mir wurde gesagt, dass diese Gäste immer auf der ersten Etage wohnen mussten, da die Versicherungsraten des Hotels zu hoch waren, um diese Gäste betrunken aus der zweiten Etage fallen zu lassen.

Manchmal bekam ich auch Post von Susan aus Ottawa. Einmal schrieb sie mir, dass die Personen in NDHQ nichts mit ihr zu tun haben wollten, wenn es mein Geld betraf. Für sie war Susan eine geschiedene Frau und geschiedene Frauen bekamen auch keine Antworten in NDHQ.

Nach einer Weile wurde mir mein Hoteljob zu langweilig. Ich hörte auch, dass die *nördlichen Eisinseln* einen Projektmanager suchten, und so flog ich nach Ottawa für ein Vorstellungsgespräch. Aber ich wurde abgelehnt, als ich den Fragevertretern mehrere Male sagte, dass ich finanzielle Probleme immer erst mit meinem Hauptquartier in Ottawa lösen muss. Als Antwort wurde mir gesagt, dass es als Manager auch meine Arbeit sei, Probleme selbst zu lösen.

Jedoch ich bezweifelte das. Fünf Jahre später und in Rwanda wartete General Dallaire immer auf Entscheidungen, die vom UNO-Hauptquartier in New York kamen. Alleine durfte und konnte er sie nie treffen. Und er sagte auch dasselbe in seinem Buch über die Ruanda-Mission. In anderen Worten, es war Unentschiedenheit, die man ihm eingepaukte, und damit waren wir zwei Opfer derselben Armeegewohnheiten.

Im Herbst 1989 kündigte ich das Frobisher Hotel und wurde Manager einer Eskimo-Kooperative in Broughton Island. Broughten Island war halbwegs nördlich auf der Baffin Insel und in Folge der kanadischen *Nativisierung* lokaler Gemeinden änderte der Ort später seinen Namen zu *Qikiqtarjuaq*. Ich sagte einfach *Gesundheit,* als ich diesen Namen zum ersten Mal hörte.

Mein Winnipeg-Boss sagte mir, dass ich einen kleinen Laden, eine Benzin-Tankstelle mit Riesengastank, ein uraltes Hotel sowie eine Menge anderer Unternehmen leiten sollte. Eine dieser Unternehmen war die *Seifenstein*-Schnitzerei, in der ich geschnitzten *Seifenstein* kaufen musste, um ihn zum KO-OP Verkauf in Winnipeg zu schicken. Ich fand später heraus, dass dieser Verkauf ein Verlustgeschäft für mich war. Wahrscheinlich genauso groß wie der Verlust, den ich durch lokalen Diebstahl bekam.

Ehrlich gesagt, der lokale Diebstahl war furchtbar. Es gab zum Beispiel eine Gebäudefirma, die ihre Geräte in einem großen Stahlbehälter abends einschweißte und dann die Türen am Morgen aufschnitt, um zu sehen, ob nachts etwas gestohlen wurde. Und ich konnte die Einbrecher nicht von meinem Safe abhalten. Da ich in einem anderen Gebäude wohnte, war es unmöglich für mich.

Dass ich der Manager der KO-OP war, bedeutete nicht, dass ich sie auch leitete. Es gab zirka fünf Inuiten, die es in Wirklichkeit taten. Ich war der Mann, der die Verantwortung trug, aber die fünf anderen kassierten das Geld, das ich für sie erarbeitete.

Die bestehenden Vorurteile der Inuiten machten das Leben der Nicht-Inuiten zur Hölle. Ich sah einmal einen Inuiten, der erst auf den Fußboden spuckte und dann den Polizisten mit den Worten anschrie, dass der Polizist den Schleim aufheben sollte, da er ja nur ein fremder Besitzer im Lande seiner Vorfahren war.

Ich fand auch heraus, dass Broughton Island zwei militärische Elemente hatte. Eine davon war die DEW-Line-Einheit, die russische

Bombenflugzeuge auf ihrem Weg in die USA aufspürte. Und die andere Einheit war eine Gruppe lokaler Arktischer Rangers. Die Menschen der DEW-Line-Einheit blieben immer in ihren warmen Wohnungen sitzen und man sah sie nur hin und wieder in meinen Kaffeeladen. Und die Arktischen Rangers waren lokale Jungs, die Regierungsmunition an Seehundjagen verschwendeten und nie die befürchteten russischen U-Boote fanden.

Der Bürgermeister war ein Nicht-Inuit, der sein Bestes tat, den Inuiten zu helfen, aber niemand hörte auf ihn. Darum bevorzugten es die Inuiten auch, lieber nach Fleisch zu jagen, als es in meinem Laden zu kaufen. Und als der Bürgermeister ihnen sagte, dass das meiste wilde Fleisch vergiftet war, glaubten sie ihm nicht. Ich lernte auch ganz schnell, dass ein Mann niemals eine Frauenarbeit tat. Wie ich es lernte, war für mich unbegreiflich. Denn eines Tages hatten wir nicht genug Leute für unser Hotel und als ich unseren Zimmermann bat, den Hotelfrauen zu helfen, kündigte er sofort seine Arbeit.

„Ich bin ein Mann und ein Jäger“, sagte er mir. „Manchmal arbeite ich auch als Zimmermann, aber niemals für eine Frau. Wenn du keine andere Frau findest, dann kannst du es ja machen.“ Er sah mich spöttisch an. „Du passt ja sowie so nicht in unsere Welt und Geld zählen können wir auch.“

In anderen Worten sagte er mir, dass ich zum Teufel gehen sollte. Ich konnte das auch verstehen, aber ich musste auch ein Exempel statuieren und da seine Arbeit schon gekündigt war, konnte ich ihn nicht feuern. Aber ich stellte ihn niemals wieder ein und schrieb das auch in unser Tagebuch.

Ich war nicht vollkommen verrückt über die Broughton Island, da wir eine Hudson’s-Bay-Konkurrenz hatten, die alle Einwohner und nicht nur Inuiten bediente. Und da keine Nicht-Inuiten mit mir sprachen, war ich ein ziemlich einsamer Mensch. Darum akzeptierte ich auch Camiq – und Camiq war auch ein einsames Geschöpf, nämlich ein kleines Eskimohündchen und meine größte Freude im Leben.

Nun ich kam ja in den Norden, um komplett Schluss mit Susan zu machen und vielleicht auch um mehr Geld zu verdienen. Aber Geld war in der Arktis nichts wert, da alles eingeflogen werden musste. Aber trotzdem hatte Geld noch eine gewisse Verlockung. Und die beste Art und Weise, um Geld zu bekommen, war die Eskimoschnitzerei.

Als ich nach Iqaluit kam, beschäftigte das dortige Artic College den berühmten George Pratt als ihren Schnitzer, um den Inuiten zu zeigen, dass man auch Marmor als Schnitzerei verkaufen kann. Und ich wusste auch schon, dass viele Inuiten Marmorschnitzereien für gutes Geld verkauften. Aber in Broughton Island hatte ich auch eine Menge Seifenstein und Elfenbein im Lager. Das Elfenbein kam von den Walen, die man entweder fand or tötete. Und mit dem Seifenstein kam auch meine Winnipeg Verpflichtung, angefertigte Schnitzereien nach Winnipeg zu schicken. Aber wer konnte das wirklich überprüfen? Die Inuiten kauften ja das raue Seifenstein von mir auf Kredit, aber oft verkauften sie dann die fertigen Schnitzereien selbst und bezahlten mir nur für ihren angenommenen Kredit.

In anderen Worten, wenn ich extra Geld verdienen wollte, musste ich zuerst den Durchschnitt herausfinden, den meine KO-OP monatlich nach Winnipeg lieferte. Dann musste ich diesen Durchschnitt halten und den Rest auf eigene Kappe verkaufen.

Natürlich überprüfte ich erst einmal meine vorhandenen Schnitzereien, danach meine nach Winnipeg geschickten Seifensteine und dann zuletzt die rauen Vorräte. Im Allgemeinen stimmte alles, aber ich zog auch in Betracht, dass nicht nur viele Inuiten, sondern auch weiße Händler ihre Schnitzereien selbst verkauften. Und einen Riesenverlust hatte ich auch durch Diebstahl in unserem eigenen Laden. Ich erinnere mich immer noch an einen wunderschönen Eisbären, den ich selbst kaufen wollte, der mir aber vor meinem Kauf gestohlen wurde.

Aber wenn ich diese Schnitzereien selber verkaufen wollte, brauchte ich auch mehr raues Seifenstein sowie, wenn möglich, auch raues Elfenbein. Und irgendwie musste ich den lokalen Verkauf auch stoppen. Außer wenn meine Käufer mir auch rauen Seifenstein für neue Schnitzereien liefern würden.

Um rauen Seifenstein zu bekommen, musste ich es ihn im Voraus bezahlen und dann bei einem Händler bestellen. Rauen Seifenstein gab es in Kanada nahe der Andrew-Gordens-Bucht, aber manche Händler bestellten ihn auch in Brasilien. Und nachdem er endlich kam, wurde er auch von der Regierung subventioniert, da er ja sonst zu teuer für die Schnitzer war. Und seit er nun billig genug für den Schnitzer war und die CO-OP genug Geld darin investiert hatte, wollte man zuerst den ausgegebenen Kredit wiederhaben.

Nachdem dieser Kredit wieder in meiner Kasse war, erst dann konnte ich den Kredit für eine neue Schnitzerei ausgeben

Diese ganze Schnitzereisache würde den ganzen Winter dauern und so legte ich es erst einmal zur Seite. Nur was mich daran störte, war, dass mein Hauptquartier in Winnipeg einen Haufen Geld daran verdiente und meine Schnitzer nur 25% des Endpreises bekamen.

Es war eine kalte Winternacht, als ich zu meinem Haus nach Feierabend zurückkam und mein Fernseher mir die gefallene Mauer in Berlin zeigte. Ich sah den Anfang der Mauer, als ich 1961 von Banff nach Winnipeg per Anhalter fuhr, und jetzt, im Herbst 1989, sah ich auch das Ende. Dazwischen lebte meine Mutter aber jetzt war sie tot und es war nur zu schlimm, dass sie das Ende nicht mehr sah.

Meine Gedanken drehten sich jetzt um die Welt und um Deutschland. Was würde jetzt geschehen? Würde Deutschland jetzt wieder die Welt dominieren? Würde die Bundeswehr sich jetzt wieder Wehrmacht nennen? Oder würden deutsche Politiker versuchen alte deutsche Ideologien in der Bundeswehr auszumerzen?

An Heiligabend 1989 haute Camiq ab von mir und wahrscheinlich verkrümelte er sich bei seiner Freundin, da ich ihn die ganze Nacht vergeblich suchte. Aber als ich aufwachte stand er vor meiner Tür und wollte wieder hereinkommen. Das war aber gegen das lokale

Gesetz, wo man nicht erlaubte, dass Hunde innerhalb eines warmen Gebäudes leben durften. Der Grund dafür war die existierende Tuberkulose. So fütterte ich Camiq schnell mit Big Macs von meinen Montreal-Lieferanten und dann rannte ich mit Camiq zu meinem Büro, wo man wieder einmal eingebrochen hatte.

Ich rief die Polizisten und dann hatten wir ein geschlossenes meeting. *Geschlossen,* da nur der Polizist, der Pfarrer und ich da waren. Ich sagte den zwei Leuten, dass ich jetzt mit einem Gewehr hier schlafen würde und der Polizist dachte darüber nach und dann zuckte er nur mit seinen Schultern. Der Pfarrer aber war dagegen, denn er dachte, es könnte die Gemeinde zerstören. Danach predigte er in meinen Laden und ging zufrieden nach Hause ,weil ich zu meiner Hütte zurückging.

Ich hatte ein altes Hotel mit zwei ekelerregenden Toiletten sowie ein neues Hotel im Aufbau, das 1990 fertig sein sollte. Natürlich schliefen die Zimmerleute des Hotels in der alten Bude, wo alle auch Frühstück aßen. Dann hatte ich mein eigenes Quartier, das eine riesige Blechbüchse mit einen hochgebauten Schafzimmer sowie einer kleinen Toilette war, von dem entweder kaltes Wasser oder Eiszapfen nach draußen liefen. Daneben waren meine zwei großen Liefergebäude, die alle Einbrecher und Diebe ihr Eigen nannten.

Im Februar flog ich einmal nach Winnipeg zu einem Firmenmeeting. Ehe ich abflog, gab mir einer meiner Kunden ein Paket mit Seehundfleisch. Um ihm nicht wehzutun, akzeptierte ich es auch und gab es dann in Iqaluit zu einem wartenden Kunden. Danach sprach mich ein Polizist an und fragte, wer mir das Paket gegeben hatte. Es war nämlich Marijuana drin. Seit dieser Zeit akzeptiere ich nie Pakete für andere, was manche Leute immer sehr böse macht.

Winnipeg hatte sich in den letzten 25 Jahren nicht verändert, abgesehen davon, dass es noch grösser wurde. Und unsere Zusammenkunft war auch sehr interessant, da sich dort auch ein chinesischer Käufer einschmuggelte, der Wildtierreste kaufte. Zum Beispiel: Bärengallen, Seehundfelle und Karibuhörner für hohe Preise. Und dort traf ich auch meinen neuen Großeinkäufer, der mich – so sagte er – in Zukunft mehrmals im Jahr besuchen würde.

Und nachdem ich zurück nach Broughton Island kam, brach ein Feuer in meinem Laden aus und zerstörte viele meiner Waren. Und da ich neue Waren brauchte, kam auch der Botschafter einer Untersuchungskommission zu rechten Zeit, da die Preise in der Arktis nicht nur zu hoch war, sondern die Ware selbst auch vergiftet war. Neun Jahre später fand man heraus, dass Broughton Island die am meisten vergiftete Gemeinde in der kanadischen Arktis war.

Andererseits war mein Leben ziemlich monoton geworden. Eben, als ich versuchte, dass Leben für die Inuiten so einfach wie möglich zu machen. So zum Beispiel verkaufte ich auch farbige Fischernetze, da ja auch manchmal die Meere sehr bunt sind. Und ich hatte auch drei 60 PS Außenbordmotoren in meinen Laden, die je Motor 5.000 Dollar wert waren und die ich nicht verkaufen konnte. Darum versuchte ich zwei dieser Motoren zum Rathaus im Tausch zu meinen Schulden zu verhökern.

Es war ein gutes Geschäft für mich, da ja bei mir diese Motoren nur herumlagen. Aber für die Inuiten waren diese Motoren Statussymbole, die sie gerne haben wollten, aber nicht haben konnten, da sie kein Geld dafür hatten. Es bedeutete für mich auch, dass ich mich in die lokale Politik einmischte und ich dafür bestraft werden musste.

Darum beschwerten sich meine fünf Mitarbeiter in Winnipeg und ich wurde gefeuert. Natürlich war ich glücklich, Broughton Island zu verlassen, aber leider musste ich Camiq dort lassen. Die Polizistin dort nahm ihn zu sich, aber ich war mit Tränen begossen, als ich an ihn vorbei zum Flugzeug ging und er anfing, sein *Wiedersehen* zu heulen. Haben Sie schon jemals einen Huskywelpen heulen gehört? Für mich klingt es immer so, als ob ein kleines Menschenkind nach seiner verlorenen Mama ruft.

Meine Grollier-Hall-Episode

Die Großäügige Eule ist ein Kinderspiel

Es gibt eine großäugige Eule, (mit dem Daumen und Fingern auf die Augen)
Mit einer langen und angespitzten Nase, (spitze Finger zeigen runter)
Zwei spitze Ohren, (Spitze Finger hoch an Ohren)
Und Klauen für die Zehen, (Alle Finger zeigen wie Klauen)
Er sitzt auf einen Baum, (Arme miteinander und Augen vorwärts)
Und sieht dich an, (mit dem Daumen und Fingern auf die Augen)
Er schlägt seine Flügel, (Arme seitwärts – klappern langsam)
Und sagt „TWOO ... TWOO ...”

Für den Sommer 1990 wurde ich ein Commissionaire in Ottawa. Es war eine verteufelte Zeit für mich, da ich in einer Bruchbude wohnte und mit einem Fahrrad zu Arbeit fuhr. Ich sah Susan nur selten und schenkte ihr auch meinem SAAB, aber einmal, als ich mir das Auto leihen wollte, hatte sie es ihrem arabischen Freund geborgt. David kam nur hin und wieder, da ich ihn nicht meine grässliche Wohnung zeigen wollte, und so war ich meistens allein. Und ich hütete auch mein gespartes Geld und wollte es nicht für einen Umzug ausgeben. So schrieb ich jede Menge Lebensläufe, bis es einmal doch klappte und Grollier Hall in Inuvik mich als Studentenberater einstellte.

Ich war schon vorher einmal mit der Airborne-Batterie in Inuvik gewesen und für mich war es nur ein Ort, an dem ich nicht lange bleiben wollte. Aber mein Titel imponierte mir, da ich noch nie mit jungen Schülern gearbeitet hatte. Ich wusste nur, dass hier in der Vergangenheit junge Indianer und Inuiten von Missionaren erzogen wurden. Was sie danach machten, wusste ich nicht. Und in der kanadischen Artillerie hatte ich nie einen davon gesehen.

Inuviks Anspruch zur Berühmtheit ist ein sehr kurzer Satz. In 1989/1990 war es die einzige kanadische Gemeinde nördlich des

Arktischen Kreises, die auch eine Verkehrsampel hatte. Auch *jaywalking* oder *bei Rot über die Straße gehen* war in der Arktis unbekannt und nur eine Spezialität der Stadt Edmonton in Alberta.

In den Jahren 1989/90 hatte Inuvik eine Bevölkerung von ungefähr 3.000 Menschen. Vorher war es ein kleines militärisches Städtchen für die Überwachung der russischen Kommunikation. Aber im Laufe der Zeit verschwand das Militär und alles, was davon übrigblieb, war ein Zweig der Royal Canadian Legion. Ich erinnere mich oft an diese Niederlassung, da sie immer voller zivilen Rambotypen war, die nicht nur sehr laut Saddam Hussain verspotteten, sondern auch im Stillen hofften, dass er nicht die Benzinpreise zu hoch drücken würde.

Inuvik kann mit entweder mit dem Flugzeug, der Autostraße, dem Schiff oder zu Fuß besucht werden. Früher kamen die Besucher auch mit Hundeschlitten an, aber diese Zeit war nun vorbei. Und obwohl die meisten Besucher mit Flugzeugen ankamen, reisten andere Leute und viele Lasten auch mit Lastwagen oder Schiffen an. Und wenn sie mit dem Auto oder Lastwagen kamen, dann war das erste Gebäude, das sie sahen, das Iglu-formierte Dach der Katholischen Victory Kirche. Nicht weit davon entfernt war auch die Grollier-Halle, eine langgestreckte und zweistöckige Holzstruktur für eingepferchte Jungs und Mädchen. Als Jugendresidenz war es das Überbleibsel eines einst blühenden Erziehungssystems, das von Evangelischen und Katholischen Kirchen geregelt wurde. In der letzten Zeit kam dieses System unter Druck, da viele der ausführenden Pfarrer und Mönche auch homosexuelle Menschen waren.

In der Arktis geschah das natürlich auch und Grollier Hall war ein gutes Beispiel dafür. Aber die Mönche waren 1990 verschwunden. Anstelle der Mönche wurde Grollier Hall unter einen nicht-denominalen Vertrag mit der lokalen Schulbehörde gesteckt und Tryaction Management übernahm den Vertrag, weil Eddie Lavoi ihn danach ausführte.

Hier ist eine kurze Beschreibung dieses Wohnsitzsystems. Da es mit dem kanadischen kolonialen Erbschaftsgut verbunden war, hatten auch alle europäischen Kolonialmächte das Recht, die gerichtlichen, militärischen und kirchlichen infrastrukturellen Gewalten in ihren Kolonialländern zu übernehmen.

„Übernimm die Macht weil die Menschen noch jung sind", sagten die Könige und damit wurde das Wohnsitzsystem auch das Schulungsprogramm der europäischen Arbeitsweise. Und alle Wohnsitzsysteme – mit kleinen regionalen und kirchlichen Änderungen – richteten sich nach den Regeln der römisch-katholischen Kirche.

Die regionalen und kirchlichen Änderungen waren teilweise eine Anpassung an das amerikanische Schulsystem, das akademische und häusliche Fähigkeiten erlaubte. Und in Kanada folgten die Mönche auch den Spuren ihrer Handelsgesellschaften; in anderen Worten, die katholischen Mönche den Spuren der North-West Company und die evangelischen Pfarrer den Spuren der Hudson's Bay.

Die Anwesenheit der Schüler in ihrer Wohnsitzgemeinde war immer ein Problem, da viele Eltern es nicht erlaubten aufgrund der dortigen sehr regimentalen Umwelt. Darum schaffte die Regierung einfach ein Gesetz, das es erlaubte, Kinder zu lehren. Und da die Kinder jetzt lange weg von ihren Eltern waren, wurden sie ermutigt, auch ihre alten Sitten und Gebräuche zu vergessen. So lernten im Lauf der Zeit die Jungs nutzvolle Gewerbe wie Schreiner und Gärtner und die Mädels Kochen und Stopfen und vergaßen die alten Fähigkeiten, zu fischen und zu jagen. Und die allermeisten Fähigkeiten, die sie lernten, waren Höflichkeit zu ihren Königen, zum Christentum, zur europäischen Moralität, zur Hygiene und zur europäischen Arbeitsweise.

Zwei dieser Wohnsitzgemeinden existierten schon für viele Jahre in Carcross und Aklavik. Und während der Fünfziger-Jahre bekam Inuvik auch zwei solcher Schulen; nämlich die Oblate-Grollier-Halle und die Anglikan-Stringer-Halle. In 1961, als Inuviks Bevölkerung 2.000 Menschen zählte, besuchten 500 Kinder diese zwei Schulen.

In 1985 schloss man die Stringer Hall und Grollier Hall nahm danach den Rest der Kinder an. Und als ich in im Sommer 1990 dort ankam, hatte ich keine Ahnung über die ehemaligen Vorgänge in der Grollier Hall. Zwei der Beaufsichtiger, Jerzy Maczynski und Jean Comeau, waren da schon für sexuelle Vorgänge verurteilt und ein dritter, Paul Leroux, erhielt zehn Jahre Gefängnis in 1998.

Eddie Lavoi bat mir ein *Willkommen,* als ich ankam, danach stellte er mich den anderen Mitarbeitern vor und dann zeigte er mir das Gebäude. Grollier Hall war ein zwei Etagen hohes und voll renoviertes Gebäude mit zwei eingebauten Gymnasien und einem angeschlossenen Quonsettyp Hockey Rink.

Nach dem Abendbrot in einem riesigen Speiseraum ging ich in mein Zimmer und legte mich auf mein Bett. Ich dachte nach; Schülerschlafräume und Wohnsitzorte konnte ich schon verkraften, da die Welt voll von ihnen war. Und in Allgemeinen bestand ja noch das alte Thema, dass man Schläge *im Namen des Herren* vergeben durfte. Aber ich wusste auch, dass hier kein solides Plansystem existierte. Ich war am Anfang eines Schuljahres angekommen, hatte keinen Einstellungsvertrag unterschrieben und viele Stellen waren jetzt noch unbesetzt. In anderen Worten, ich konnte jederzeit gefeuert werden. Und da Eddie Lavoi eine bestimmte Anzahl von Schülern haben musste, um seinen Vertrag zu erfüllen, gab es auch keine Sicherheit für ihn.

Ich wurde als Schülerberater angeheuert, aber meine Arbeit hatte nichts mit der Beratung von Schülern zu tun. Tatsächlich war ich nur ein Ordnungskorporal, der dreißig einheimische Kinder zu beaufsichtigen hatte. Und mein Vorgänger war ein gutes Beispiel der Macht dieser Kinder, da er gefeuert wurde.

Das war genau das, was mir heute Elisabeth, die Köchin, sagte, und ich gab ihr einen fetten Kuss dafür.

Die Schüler waren in vier Gruppen aufgeteilt; je 1x Junior- und Senior-Mädchen und je 1x Junior- und Senior-Jungs. Die Trennungsgruppe für beide waren 14 Jahre. Die Jungs und Mädels wohnten in gegenüberliegenden Teilen des Gebäudes und alle jüngeren wohnten unter und die älteren über den Etagen des Gebäudes. Die Schüler waren in akademische Gruppen integriert, in denen die Akademischen Schüler 40 Punkte haben mussten, weil die handwerkliche Gruppe nur 35 Punkte brauchte. Jede Gruppe hatte vier Berater und eine allgemeine Unterstützungsgruppe von fünfzehn Leuten.

Die Schüler kamen von den umliegenden Gemeinden wie Fort Franklin, Aklavik und Sachs Habour. Und die Dene- und Inuit-Schüler mischten sich in Grollier Hall beim Essen und ich fand das wunderbar. Plötzlich sah ich in meinem Leben vier junge Menschen; einen Tischler aus Sachs Harbour, einen Thrasher aus Paulatuk, einen Gruben aus Tuktoyaktuk und einen Edward aus Aklavik, zusammensitzen und über vier junge Mädchen an einem anderen Tisch reden.

Außer zwei Erziehern waren alle Arbeiter in Grollier Hall eingeborene Indianer oder Inuit. Manchmal natürlich auch Mischlinge. Wir mussten alle Schüler morgens aufwecken, sie für ihre Schule vorbereiten, später ihre Arbeiten überprüfen und sie zuletzt für ihren Schlaf vorbereiten. Und unsere Schichten waren auch so vorbereitet, dass wir jedes Wochenende arbeiten mussten. Das gab uns große Probleme, da viele Schüler an Wochenenden nach Hause fuhren und dann betrunken zurückkamen.

Für die Schüler war Gollier Hall ein Gefängnis, dem sie schnell entkommen wollten. Und konnten sie nicht entkommen, dann gab es große Schwierigkeiten für uns. Dora Weiss zum Beispiel war auch einer der zwei Nicht-Inuiten/Dene-Schülerberater, sie war zirka sechzig Jahre alt und hatte lebenslang in einer Wohnsitzgemeinde gearbeitet. Sie war nicht sehr beliebt in Grollier Hall und da die Schüler keine Bestrafungen erwarteten, rief man sie bei den schlimmstmöglichen Namen. Manchmal barrikadierte man sie sogar in ihrem Zimmer. Eddie Lavoi wusste das auch und tat nichts dagegen, da jede seiner Maßnahmen eine Schülerflucht erzeugt hätte.

Als ihre einzige Disziplinarmaßnahme hatten die Erzieher ein bisschen Extra-Arbeit, die man den Schülern geben konnte und die man Dienststunden nannte. Auf dem Papier waren Alkohol-verbundene Vergehen immer ein Grund für ein Disziplinverfahren, obwohl es selten in Betracht kam. Ich bin, oder war, nie ein Befürworter militärischer Disziplin, aber befürworte ihre Werte, und so sprach ich darüber mit Eddie Lavoi. Er lachte mich einfach aus seinem Büro.

Es gab auch eine große Lücke zwischen den akademisch und handwerklich orientierten Schülern, da beide in derselben Gruppe ihrer Wohnungsabteilungen lebten. Viele Schüler der handwerklichen Gruppe waren nicht die klügsten aber sie schliefen trotzdem mit Studenten, die höchstwahrscheinlich die Führer der Zukunft waren. Einmal beobachtete ich diese Gruppe, als sie zusammenarbeiteten und dabei das dumme Lied ihrer Babyvergangenheit sangen und dabei ihre Finger und Ärmel bewegten:

Es gibt eine großäugige Eule,
Mit einer langen und angespitzten Nase,
Zwei spitze Ohren,
Und Klauen für die Zehen,
Sie sitzt auf einem Baum,
Und sieht dich an,
Sie schlägt ihre Flügel,
Und sagt „TWOO ...TWOO..."

Für die in der Arktis erwachsenen Menschen waren die Arbeitslosigkeit und die mit ihr oft verbundene Apathie, Trunkenheit und der hoffnungslose Winter oft nur eine Entschuldigung für die vielen Selbstmorde, die dort passieren. Für die Jugendlichen war es vielleicht noch schlimmer, da für sie Drogen eine große Rolle spielten. Darum sprach Eddie auch mit einem Team von Selbstmordverhinderungsexperten, die für ihn ein passendes System aufbauen wollten.

Und alle Mitarbeiter wurden aufgefordert, daran teilzunehmen.

Normalerweise betrachtete ich Selbstmorde nicht als eine schlimme Tat oder ein Verbrechen, sondern als einen Abbruch eines Lebens, das sinnlos geworden war. Aber im Falle eines hoffnungslosen Lebens in der Artik oder Antarktik war es anders, da hier nicht das einzige Umweltleben, sondern die ganze Umwelt eine große Rolle spielten. In anderen Worten, wenn ein Jugendlicher Selbstmord verübt, dann hält er sein ganzes Denkvermögen an und tötet die Knospe, ehe die Blume blühen kann.

Man sollte auch daran denken, dass Selbstmord in vielen Gesellschaften eine ehrliche Tat war und ist. Denke bitte an die Japanischen Kamikaze-Piloten, an die britische *Operation Chariot* und an die muslimischen Terrorist Bombers im Nahen Osten, denen ihr Glauben es erlaubt, mittels Selbstmord in den Himmel zu gehen.

Ich sagte jedoch nichts darüber, als ich in drm Meeting war. Meine Schüler waren junge Menschen und als junge Menschen hatten sie das Recht, ihr volles Leben zu genießen. Und das Leben ist doch wunderbar, wenn man fünfzehn Jahre alt ist!

Um meine Apathie zu überwinden, ging ich oft zur Bücherei, die natürlich auch meine Zufluchtsstätte wurde. Ich traf jede Menge Leute dort und einer dieser Besucher war Bonnetplume. Er zeichnete wunderschöne nördliche Bilder und verkaufte sie dann für ein Hungergeld. Bonnetplume verkaufte aber seine Meisterwerke in der falschen Stadt; in New York City hätte er ein Vermögen verdient und leider auch ausgegeben.

Es gab viele künstlerische Talente in Inuvik. Ich kaufte einen nummerierten Druck von P.J. Andrew, der fliegende Gänse in der Arktis zeigte. Der Druck überlebte die letzten 32 Jahre, da er jetzt unsere Wohnung verschönert und immer von Besuchern bewundert wird.

Da unsere Jungs und Mädel oft dieselben Klassen besuchten, gab es natürlich auch einige knospenden Romanzen. Und Jungs und Mädel halfen sich mit ihren Hausarbeiten, was einfach war, da sie ja alle im selben Haus wohnten. Und für mich war es interessant, zu sehen, dass die Mädel immer den Jungs halfen und nie andersherum. Die Mädel waren viel motivierter als die Jungs, wo die meistens ja nur ihren Körper und selten ihr Gehirn pflegten.

In Grollier Hall hatten wir meistens eingeborene Schüler; und mit eingeboren meine ich hier Indianer oder Inuit-Schüler. Aber wir hatten auch einige nicht-eingeborene Studenten, in anderen Worten: weiße Kanadier. Und die eingeborenen Schüler machten uns auch die größten Probleme. Da wir im Laufe des Tages oft zusammenarbeiteten, sprangen sie herum, furzten in meine Richtung, versuchten, aus dem Fenster zu springen. usw. Ich dachte, das war vielleicht ihre Beschränktheit, eine unerzogene Kindheit oder unentwickeltes Wissen. Aber wenn das täglich bei allen geschah, dann wusste ich auch, das etwas mit einer gemeinsamen Kinderstube falsch war. Und natürlich schrieb ich das auch in das jährliche Zeugnis.

Wenn es zu ihrem jährlichen Schulzeugnis kam, da wusste ich auch, dass die Lehrer mitspielten. Dort war 50% die Passierungsgrenze und plötzlich hatten viele Schüler 50,5 oder 51%. Das machte es für uns unmöglich, die Schüler richtig zu bewerten, da sie wussten, dass sie trotz schlechten Verhaltens trotzdem durchkommen würden.

Während des Winters wurde ich ein bisschen mehr mit meinen Schülern verwickelt. Warum auch nicht, ich war doch ihr Ersatzpapa. Ich wusste jetzt ihre gesamte Kindheit, schrieb ihren Eltern und kannte auch die Produkte, die sie produzierten. Im Allgemeinen waren diese Jungs Produkte zerbrochener Ehen und obwohl sie mir das nie sagten, wusste ich, dass Grollier Hall mit seinem Schutz, Sicherheit, Ruhe und Verpflegung ein himmlisches Heiligtum für sie war.

Ich lernte auch eine Menge von diesen Jugendlichen. Wenn sie etwas wollten, das ich nicht hatte, dann war ich *cheap* oder *billig*. Ich war auch *cheap,* wenn sie zu Bett gehen mussten und ich war *cheap* wenn sie nur 5 Dollar die Stunde für Schneeschaufeln bekamen. *Kleenex* war das allgemeine Küchenpapier, aber die Studenten kauften niemals *Kleenex* zum Einwickeln sondern benutzten einfach das schon bestehende Küchenpapier dafür. Darum, wenn sie Toilettenpapier brauchten, wurde ich nach *Kleenex* gefragt.

Eine der schwersten Angelegenheiten war, unsere Jungs mit der bestehenden Inuvik-Gemeinde zu verbinden. Niemand wollte sie haben, da sich das freiwillige Konzept noch nicht herumgesprochen hatte. Ich hatte zwei dieser Sesselpupser in meiner Gruppe, die an den Wochenenden immer herumhockten und niemals Grollier Hall verließen. Darum sprach ich mit den Wohlfahrtsleuten, die mich zur Royal Canadian Legion schickten, aber die wollten meine Jungs auch nicht haben. Danach ging ich zur Baptist Kirche, sprach mit Inuviks Freizeitdirektor und als letzte Chance sah ich die RCM-Polizei. Und die lachten mich aus. „Wir nehmen nur Kandidaten, die eine makellose Vergangenheit haben."

Und als sie mir das sagten, wurde ich sehr böse.

„Ihr solltet eigentlich nicht in der Polizei sein, denn nur die Probleme der Jugendlichen und nicht die makellosen Kinder könnten euch in der Polizei helfen!"

Zum Schluss nahm der Fernsehchef einen der zwei Jugendlichen aber ich fand es sehr schwer eine Stelle für den zweiten Jungen zu finden. Alle Arbeitgeber suchten Leute, aber niemals einen *freiwilligen Helfer*.

Aber wenn Grollier Hall Spaßveranstaltungen hatte, dann halfen alle Jugendlichen mit. Einmal hatten wir eine Dosensuche, in der die Jungs mit den Mädels konkurrierten. Hier sollte der Endpreis zu der Gruppe gehen, der die meisten Dosen hatte. Aber ich fand heraus, dass die Gemeinde den Mädchen zwei cents pro Dose zahlte, um die Mehrheit der Dosen zu haben. Und da ich ein alter Hund war, gab ich den Jungs 40 Dollars um 1.000 Dosen vom Verteiler zu kaufen.

Unglücklicherweise hatten die Mädel aber mehrere tausend Dosen und gewannen den ersten Preis. Aber ein paar Stunden vor dem Ende des Wettkampfs wussten die Jungs auch, dass sie verlieren würden. Darum versteckten sie meine 1.000 Dosen, um sie dann bei der nächsten Konkurrenz wieder einzusetzen und damit zu gewinnen.

Ich machte mir auch viele Gedanken über das bestehende Wohnsitzsystem. Ich dachte, dass es klüger wäre, anstelle von großen Gruppen wie Grollier Hall kleine gemeinsame Gruppen mit nur einem Berater zu haben. Ich stellte sogar solch einen Plan auf und schickte es zum territorialen Schulrat in Yellowknife.

Als nichts geschah, blieb ich in Inuvik für den Rest des Winters. Ich lernte nämlich schon vor 35 Jahren in Salmo, dass es dumm ist, im Winter zu kündigen, da dann die Mülleimer zugefroren sind. Und damit wurde auch mein Leben in Inuvik die Hölle. Die Jugendlichen hatten in Allgemeinen nichts anderes zu tun als herumzusitzen und ihre Wärter zu ärgern. Und auch das Schulgehen war ärgerlich für uns, da die Jugendlichen oft keine Kleidung zum anziehen hatten.

Wir hatten einmal einen sehr fleißigen jungen Mann, der nicht zur Schule gehen wollte. Er blieb einfach im Bett und als ich ihn fragte, warum er nicht zur Schule ging, sagte er mir, dass er keine trockenen Hosen hatte. Er wusch seine einzige Hose am Abend zuvor und sie war noch nicht trocken geworden. Für mich war das unvorstellbar: *Wir lebten in Kanada, einem sehr reichen Land und der Junge hatte nicht einmal eine extra trockene Hose*!

Aber die Diebstähle ärgerten mich am meisten. Alles wurde gestohlen. Wirklich alles; Schnürsenkel in den Stiefeln, Batterien aus den Radios und auch Geld verschwanden spurlos. Und am Ostern 1991 hatte ich genug davon, verließ Grollier Hall und flog nach Edmonton.

Hier möchte ich nur noch sagen, dass alle Menschen in Kanadas hohem Norden wussten, wie schlimm die eingeborenen Kinder der Indianer von den Missionaren behandelt wurden.

Und damit sollte die Anpassung der europäischen Einwanderungsgesellschaft auf die Indianer auch erzwungen werden. In den Büchern, die ich dort las, wurde es auch klipp und klar beschrieben. Und diese Torturen der Kinder gab es auch überall in der Welt, wo christliche Missionare existierten. Oft sogar in christlichen Ländern und sehr oft hatten sie auch sexuelle Beziehungen. In Inuvik gab es einst zwei dieser Einrichtungen: nämlich Grollier und Stringer Hall aber öffentlich wurden sie nur erwähnt in 2019, als Kinderleichenteile in Kamloops und Cranbrook gefunden wurden.

Mit diesen Kindertorturen im Kopf hätte ich eigentlich nach Calgary fliegen sollen, da Edmonton auch die Hölle sein konnte. Es erinnerte mich an den furchtbaren 1968-Winter, wo es dreißig Grad unter null war und eine riesige Eiswolke einen ganzen Monat über den Häusern hing.

Da ich aber mit meiner Armeerente Susan und David unterstützte, musste ich auch arbeiten. Diesmal arbeitete auch wieder mit dem Commisionairen, aber in Canada Place, einem großen Regierungsgebäude an der Ecke von Jasper Avenue und der 97. Straße. Hier lernte ich Annemarie kennen, als sie im Urlaub in Kanada war, und natürlich war es auch eine schöne Romanze für uns zwei. Später streikten dort auch die Regierungsfrauen und ich musste die Türen für die Polizisten offenhalten, damit sie mit ihren Knüppeln besser auf die Frauen einschlagen konnten. Ich übergab mich beinahe, als ich sah wie dies kaffee-saufenden und Donut-fressenden 120 Kilo schweren Polizisten auf kleine Damen mit ihren Stöcken schlugen. Die Demokratie sollte doch verdammt werden, wenn man diese Kerle als Polizisten einstellte. Kein Wunder, dass die Hippieflickers sie einst *Schweine* nannten.

Während ich für die Commissionaire arbeitete, fragte man mich, ob ich als Hauptmann für die Airborne-Kadetten arbeiten würde. Ich lehnte es sofort ab. Eines Nachts nämlich sah ich mir unseren Treffpunktsort einmal an und bemerkte mehr gackernde Mutterhühner als werdende Kadetten. Das war ein schließender Endvorhang für mich. Ich konnte jede Menge Militärscheiße verstehen aber niemals verdammte militärische Mütter.

Man feierte immer auch immer schöne Klondike-Tage in Edmonton. Sie waren eine Erinnerung an das Jahr 1900, als viele arbeitslose Menschen zum Klondike im Yukon für die Goldsuche fuhren. Aber in 1991 zeigte man nur die Flughelden, die vom 100-stündigen Golfkrieg zurückkamen. Nichts wurde von Klondike Mike gezeigt, der vor Kurzem starb, und auch nichts von den armen Eseln von Klondike Mike, die im kalten Winter auf ihren Tod warteten.

Warum war ich überhaupt in Edmonton? Wahrscheinlich aus demselben Grund, in dem alte Pferde familiäre Wege nach Hause laufen. Paul Theroux nennt in seinem Buch *Den eisernen Hahn reiten* Edmonton sowie die Stadt Harbin in China sehr nahe Verwandte in ihrer Strenge und spaßlosen Nächte. Ich machte das aber nicht mit. Es gab eine Menge Spaß in Edmonton und Harbin, wenn man Whiskey ohne Eis trinkt, das kostenlos von Oktober bis April vom Himmel fällt, dank der nicht-tobenden Schneestürme.

Als ich einmal an der Jasper Avenue stand und auf eine Taxe wartete, gaben mir zwei unausgebildete Polizisten eine 20-Dollar-Verwarnung, da ich bei roter Ampel über die Straße lief. Denn meiner Meinung nach konnte jedermann in Nordamerika bei einer roten Ampel über die Straße laufen, aber nicht in Edmonton.

Darum packte ich meinen Koffer und fuhr in meinem uralten Van nach Ottawa. Annemarie hatte mir schon mein Visum für Deutschland besorgt und David wartete auch schon auf mich. Und Ottawa gab mir ein herzliches Willkommen, als ich in Rodneys Garten zum Himmel blickte und die Gänse südwärts fliegen sah. Dann sagte mir David ganz schnell, dass ich besser gehen sollte, da Susan kommen würde und jetzt auch einen südamerikanischen Freund bei sich hatte, der sie Spanisch lehrte.

So flog ich nach Leipzig, wo Annemarie auf mich wartete. Ich wusste auch, dass sie zum Flughafen kommen würde, um mich abzuholen. Und als ich im Flugzeug herunter auf Toronto blickte, erinnerte es mich an meinen Blick auf Lahr, als ich es verließ. Beide Blicke waren Aussichten auf eine neue Zukunft und so hob ich mein Glas als Salut, wenn die Stewardess kam.

„Es lebe die Zukunft und die Zeit die sie bringt."

Und ruhig fließt der Rhein

Ich weiß nicht, was es bedeuten soll,
dass ich so traurig bin;
ein Märchen aus alten Zeiten,
das geht mir nicht aus dem Sinn.

Die Luft ist kühl und es dunkelt,
und ruhig fließt der Rhein.
Der Gipfel des Bergest funkelt
im Abendsonnenschein.

Heinrich Heine, 1824

Annemarie holte mich am Frankfurter Flugplatz ab und zusammen fuhren wir dann nach Leipzig zurück. Auf dem Rückweg sah ich die graue Mauerrolle der Grünauer Häuser, aber Annemarie legte ihre Hand auf mein Knie und lächelte nur.

„Wir sind bald zuhause und ich wohne in einem schönen Häuserviertel!“

Sie hatte auch Recht. Ihr Haus in der Kant Strasse 5 war nicht gerade wunderschön, aber sehr nett. Wir feierten dort auch meine Ankunft und mit Annemaries Kindern auch eine kleine Willkommensparty. Uli hielt sich fest an den Händen seiner Freundin, Wolfram, der noch ein Teenager war, kam alleine und schließlich schlüpfte auch Annemaries Tochter Beatrix mit ihren Feund Victor durch die Tür. Wir hatten ein paar Gläser Sekt als unseren gemeinsamen Willkommensgruß, aber endlich legten wir uns schlafen. Es war eine lange Reise für mich von Toronto und nebenbei, Leipzig war auch nicht die schönste Stadt in der Welt. Auf meinem Weg vom Bahnhof sah ich viele alte Trabiautos herumstehen und als unser Taxi an uralten Gebäuden herumfuhr, sah ich viele Einschusstrichter an ihnen, die wahrscheinlich vom Zweiten Weltkrieg stammten.

In den nächsten paar Tagen sah ich mich um und der viele Straßendreck ließ mich an Iqaluit denken, wo genau so viel herumlag. Und dann erzählte Annemarie mir die letzten zwei Jahre seit Deutschlands Zusammenschluss.

„Natürlich setzten sich die Minister Deutschlands zusammen, um einen Zusammenschluss auszuarbeiten. Aber die Boten von West-Deutschland überrumpelten schnell die Boten der DDR. Plötzlich lebten wir nicht mehr in der DDR mit unseren eigenen Gesetzen, sondern mussten die westdeutschen Gesetze annehmen, auch wenn sie schlechter waren. In anderen Worten, wir wurden eine geduldete Kolonie Westdeutschlands. Und die Experten die uns Westdeutschland für einen Wiederaufbau schickte, waren nichts anderes als drittklassige westdeutsche Dilettanten."

Natürlich glaubte ich ihr das nicht. Die Fachleute, die ich in Lahr kannte, waren immer richtige Könner. Aber später, nachdem ich für eine Weile in Leipzig war, musste ich ihr Recht geben.

Um die Ossis wieder auf deutschen Stand zu bringen, gründete man die Treuhandgesellschaft. Aber der Hauptgrund der Treuhand war absoluter Profit und den konnte man nur erreichen, wenn man 100% der verschiedenen und vom ehemaligen Gedanken zusammenarbeitende Gesellschaften zusammenschob. Denn absoluter Profit bedeutete auch die Vernichtung ehemaliger Konkurrenten. In anderen Worten, man wollte die ostdeutschen Firmen loswerden. Und um Firmen loszuwerden, musste man ihre Mitarbeiter vernichten und arbeitslos machen.

Das war genau, wo ich reinkam. Nachdem ich mich in Leipzig umsah und keine richtige Arbeit für mich fand, heiratete ich trotzdem Annemarie. Nebenbei trug ich auch die Leipziger Volkszeitung um vier Uhr jeden Morgen aus. Ich fuhr auch einmal nach Stuttgart, um dort als Arschwäscher für eine Rentnerfirma zu arbeiten, nahm aber die Arbeit nicht an und überließ sie meiner polnischen Konkurrenz, die viel billiger arbeiten konnte.

In einer Weise gefiel es mir auch in Leipzig. Die Menschen hier wohnten seit 1945 unter einem russischen Diktator und dann plötzlich lebten unter einer westdeutschen Unterdrückung, die keinen eigenen Regenten zuließ. Und da ich jetzt an ein freiheitliches Leben gewöhnt war, liebte ich auch Katzen, Waschbären und Füchse, die wie ich auch ihre Unabhängigkeit liebten und denen die Hundeabhängigkeit der Menschen zuwider war. Und obwohl Annemarie auch wie ich dachte, liebte sie Kohlrouladen, welche ich hasste. Persönlich bevorzugte ich allgemein Hamburger und Pellkartoffeln. Wählend wir uns manchmal über unser Essen stritten, kam ich aber auch in Kontakt mit der Leipziger Volkshochschule, die Englischlehrer für die vielen Leipziger Arbeitslosen suchte, die die Treuhandgesellschaft auf die Straße geworfen hatte. Und da viele private Anbieter auch Englischlehrer brauchten, war ich ein Hahn im Korb und konnte meine Englischkenntnisse gut vermarkten. Für die ehemaligen DDR-Bürger war die russische Sprache ja plötzlich ein Hindernis. Und meine Arbeit wurde auch gefragt, nicht nur betreffs der bestehenden Arbeitslosigkeit, sondern auch mit der plötzlichen Fähigkeit, in englischsprechende Länder auszuwandern.

Die Folgen der Treuhandgesellschaft waren radikal für die Arbeitslosen der ehemaligen DDR-Bürger. Sie verloren nicht nur ihre Arbeit, die ja in vielen Fällen nach Westdeutschland verlegt wurde, sondern sie mussten nun auch dorthin zeitweilig pendeln. Und wenn man bedenkt, dass manche ehemaligen DDR-Betriebe für 1 DM an westdeutsche Anbieter verkauft wurden, obwohl manche lokale Firmen mehr boten, war ja die offensichtliche Profithandhabe der Treuhandgesellschaft auch für Laien ziemlich klar.

Und die Leipziger Bürger mussten nicht nur für ihre Rechte gegen die neuen gesamtdeutschen Gesetze kämpfen, die zum Beispiel ihre Altersrenten und auch die stündlichen Bezahlungen und Gehälter herabsetzten. In Berlin zum Beispiel gab es Ost- sowie Westberliner die die gleiche Arbeit leisteten, aber verschiedene Gehälter bekamen. Und zur selben Zeit gab es auch eine internationale Migration, die viele Zigeuner nach Deutschland brachte und gegen die man sich nur mir gezückten Besen in den Läden wehren konnte.

Für die westdeutschen Bürger war die deutsche Einheit ein Goldgeschenk, da die DDR viele unbebaute Grundstücke hatte, die sie nun billig kaufen konnten, da die einheimischen Bürger kein Geld dafür hatten. So wurden sie von westdeutschen Bürgern gekauft und danach an ostdeutsche Bürger vermietet. Und da jetzt auch mehr westdeutsche Mieter zur ehemaligen DDR kamen, um hier billig zu wohnen, wurde die einst freundliche DDR ein unfreundlichere Teil von Deutschland.

Annemarie zum Beispiel arbeitete als Lehrerin im Leipziger Schulgarten wo viele Schulkinder ihre botanischen Ausbildungen erhielten. Und eines Tages, als sie zur Arbeit kam, fand sie *Ausländerhure* an der Tafel gekritzelt vor. Es konnte nur von einem Arbeitskollegen geschrieben sein und darum machte Annemarie auch kein großes Thema daraus. Es zeigt aber, was die Menschen zu dieser Zeit dachten.

Nachdem ich vier Jahre lang in Leipzig und Umgebung gearbeitet hatte, las ich einmal, dass Rupert Neudeck Mitarbeiter für seinen Landminensuch-NGO in Angola suchte. Ich schrieb ihm eine Bewerbung, wurde für eine Vorstellung in Köln eingeladen und sprach dann mit ihn. Neudeck wollte aber zuerst, dass ich nach Ruanda fliege, um dort das Minensuchen zu verfolgen. Und erst danach war eine Angolamission möglich.

Ich sagte ihm zu, obwohl ich wusste, dass Annemarie es nicht gerne wollte. Na ja, so sind nun einmal die alten Soldaten.

Ich arbeitete für Rupert und Christel Neudeck vom Dezember 1994 bis Oktober 1997 und sie waren die ganze Zeit zwei unheimlich engagierte und menschenfreundlich motivierte Leute. Unglücklicherweise, so bin ich überzeugt, verlor Rupert manchmal sein klares Pflichtgefühl und gab seinem Büromitarbeitern zu viel Verantwortung. Am Ende bedeutete es, dass die falschen Menschen eingestellt wurden. Während meiner Arbeit für Cap Anamur waren Uwe

Silge, Volker Puls und Henk Arts drei von diesen falschen Menschen, da ja die guten Mitarbeiter wie Jean und Silke gefeuert wurden. Und alle Mitarbeiter, einschließlich mir, hatten ein furchtbares System für Bargeld, was bedeutete, dass ein Haufen Spendengeld verloren ging. Am schlimmsten war, dass unsere Hilfsarbeiter in fremden Ländern selten rechtzeitig bezahlt wurden, da Cap Anamurs imported Chefs das Geld für ihre eigenen Zwecke benutzten.

Kurz nach meiner letzten Expedition in Mozambique gab Rupert Neudeck seine Vorsitzerarbeit für Cap Anamur auf und verkaufte das Xangongo-Lager zur *St. Barbara Germany*-Stiftung. St. Barbara schaffte weiter mit Cap Anamurs Entminungsaktivitäten, bis die Deutsche Außenministerium es beschlagnahmte und es der *Menschen gegen Landminen*-NGO zuschusterte.

Natürlich wusste ich nichts über meine Zukunftsaktivitäten, als ich mit Rupert Neudeck sprach. Aber ich wusste schon im Voraus von den Feindlichkeiten zwischen den Hutu und den Tutsi, jedoch nichts über ihre Hintergründe. Die lernte ich erst später kennen.

Und Ruanda ist wahrscheinlich eine der schönsten Plätze auf Erden; da ja auch Kivu Lake ein wunderbarer See ist. Ich fand keine Landminen, da sie an einem verbotenen Ort waren, den ich nicht betreten durfte. Ich traf aber Tausende von Kindern, deren Eltern im Genozid getötet wurden, und ich traf auch alte Freunde vom Canadian Airborne Regiment, die dort auf Pflicht waren. Und Oberst Romeo Dellaire war auch dort und damit der Chef der UNO-Truppen.

Was mir dort nicht gefiel waren diese jagdhundigen Reporter die nur das Ziel einer bissigen Geschichte im Auge hatten. Das Frauenelement dieser Reporter saß meistens in kleinen Jeeps und trank süffiges Beer. Und hier muss ich auch den kanadischen Airborne-Korporal Scott Smith erwähnen, der kurz ehe ich ankam, an einem Moskitobiss starb.

Von Cap Anamur kann ich dabei wenig erzählen. Nur dass ich einmal ein Cap-Anamur Hospiz-besuchte, dass einen Galafeierakt für einen besuchenden VIP mit dutzenden von tanzenden Kindern hielt. Alles nachdem ihre Eltern ermordet wurden.

Nach Ruanda war es Angola für mich. Cap Anamur hatte dort ein Lager nahe dem Städtchen Xongongo und ich arbeitete dort für sechs Monate. Von dort räumten wir Landminen in der ganzen Provinz Cunene und hauptsächlich dort, wo einst das südafrikanische 32nd Bataillon gekämpft hatte. Es war auch hier, wo ich erfuhr, dass unser Canadian Airborne Regiment durch eine tödliche Somalian Affaire aufgelöst wurde.

Und da ich einmal Uwe Silge erwähnte, er war ein Cap-Anamur-Mitarbeiter, der in unserem Xangongo-Lager ein Landminenmuseum hatte, das nicht unseren Sicherheitsmaßnahmen entsprach und sich dafür in die Luft sprengte.

Und als alter Fallschirmsoldat interessierte mich das Cassinga-Lager, wo im May 1978 die südafrikanischen Fallschirmjäger ein SWAPO-Lager attackierten und vernichteten. Cassinga war ein ziemlich isolierter Ort in einer sehr schönen Landschaft und ein altes Bergwerk auf einem entfernten Hügel übersah das ganze Land. Es muss doch wirklich eine große Schande gewesen sein, wenn in solch einer wunderbaren Gegend eine Gräueltat passiert war.

Cap Anamur hatte manchmal auch einen Arzt und immer mehrere Krankenschwestern- und pfleger in unserem Lager, um den lokalen Angolanern medizinisch zu helfen. Einer dieser Brüder sowie auch einer der angolischen Arbeiter wurden getötet und einige Monate davor wurden zwei der deutschen Minensucher für Schmuggelei ins Gefängnis geworfen. In anderen Worten, man wusste nie, wo man mit Rupert Neudeck stand. Als sich die Krankenschwestern darüber beschwerten, kam nie eine positive Antwort von Neudeck.

Nach einem halben Jahr musste ich nach Deutschland zurück oder hätte mein deutsches Visum verloren. So fuhr ich mit meinem Freund Christo bis nach Lubango and dann flog mit einem C-130-

Flugzeug nach Luanda. Der Pilot des Flugzeugs war auch ein Kanadier, der mich früher einmal über Wainwrights Bushy Head Hill mit meinem Fallschirm abgesetzt hatte.

In Deutschland lehrte ich noch ein paar Monate, bis ich nach Kambodscha flog. Hier funktionierte meine Minenmission auch nicht richtig und mein größter Feind war ein kanadischer Oberstleutnant, der befürchtete, dass meine Mission seinen täglichen 90-Dollar-Bonus brechen könnte.

Es war hier, wo ich Jean und Silke kennenlernte. Sie versuchten schon, Cap Anamurs Philosophie der gegenseitigen Zusammenarbeit unter den Menschen durchzusetzen, aber das hatte Rupert Neudeck nicht gefallen. Und da ich viel in Kambodscha herumreiste und die lokalen Menschen großartig fand, gefiel es Rupert auch nicht, wenn ich es ihm mitteilte. Und wenn ich mich gegen Volker Puls und Henk Arts aufstemmte, die viel Geld ausgaben und trotzdem nichts erreichten, dann war die Hölle los.

Zum Schluss, und als ich bereit war, mit dem kambodschanischen Mine Aktion Centre in Phom Peng eine Zusammenarbeit zu unterschreiben, schickte mir Neudeck seinen bösen Buben Tillmann auf den Hals. Tillmann zeigte mir dann ein Telegramm das sagte, dass ich von Neumann gekündigt worden war.

Aber für meinen letzten Trip mit Cap Anamur blieb mir Rupert Neudeck treu. Christel Neudeck war jetzt der Chef und unsere Briefe wurden viel humanisierter. Rupert fragte mich, ob ich für Walter Krohn arbeiten wollte, und natürlich sah ich ihn auch.

Als ein Ingenieur für Forstmaschinen baute Walter Krohn zwei nagelneue und sehr effektive Entminungsmaschinen, die die Afrovita-Firma in Mozambiqiue beschlagnahmte und die jetzt irgendwo herumstanden. Krohn wollte die Maschinen wiederhaben und Cap Anamur war bereit, ihn zu unterstützen. Krohn sagte mir auch, dass mein Vertrag durch Cap Anamur laufen würde.

Als ich im September in Windhoek landete, hatte ich keine Idee wie ich nach Xongongo kommen würde, da alle Anweisungen für mich dort wären. Aber Christel gab mir ein Ticket in Köln für ein DC-6-Flugzeug zum Ondangwa-Flugplatz und so benutzte ich es, landete dort und fand einen Cap-Anamur-Lastwagen, der mich nach Xongongo brachte.

Nichts hatte sich dort verändert, außer dass die großen Schrotthaufen bei der Einfahrt verschwunden waren. Michael Jensch war der Chef dort und Ingo sein Helfer. Ich half beiden, soweit ich konnte, und dann nahm einen kleinen Lastwagen und fuhr durch Südafrika nach Mozambique. Ich landete in Maputo und genau um neun Uhr stand ich voe vor Herrn Helmut Rau, den deutschen Botschafter für Mozambique.

Er half mir, soweit er konnte, und schickte mich dann zu einem Hotel. Und im Hotel nahm ich später ein privates Zimmer, wo man mir alles, was man fand, aus meinem Auto klaute. Ich las mir dort die Akten, die ich hatte, noch einmal durch und fand den Namen des Oberstleutnant Lindstrom. Seine Adresse war im lokalen Telefonbuch und als ich ihn sah, erklärte er mir die komplizierten Wege der Mozambiquen Entminungsindustrie. Er erklärte mir auch, dass die beste Entminung ungefähr 300 km nördlich von Maputo in Barragem de Massingir war, wo auch Cap Anamurs Mediziner gute Entwicklungsmöglichkeiten hatten.

Dann besuchte ich Dieter Guelle. Er war ein ehemaliger DDR-Offizier, der mir einen Kontakt mit Oberst Osorio ermöglichte. Und Oberst Osaorio war der Chef der nationalen Entminungsindustrie in Mozambique. Beide sagten mir, dass sie Krohn nicht helfen konnten. Und da ich Rupert Neudeck mit Botschaft betreffs Barragem de Massingir per E-Mail geschrieben hatte, kam jetzt die Antwort, dass er in diesen Ort nicht entminen wollte.

Aber warum nicht? Sollte Cap Anamur ihr Angola Projekt aufgeben, was würden dann die Arbeiter und Projekte tun? Niemand in Köln sagte es mir und ich dachte auch niemals, dass Cap Anamur alle Entminungsprojekte wirklich aufgeben würde. Hatte ich doch nicht einen Sechs-Monats-Vertrag mit Cap Anamur in meiner Tasche?

Jetzt sah ich Emiliano, einen ehemaligen Krohn-Mitarbeiter, der mir am nächsten Tag Krohns Lager in Sabiè zeigen wolte.

Sabiè ist 130 clicks entfernt von Maputo und Krohns Lager war schweinisch verdreckt. Und die Entminungsmaschinen waren auch nicht mehr da. Ich hatte jetzt alles getan, was ich tun konnte und da mein Geld langsam zu Ende ging, musste ich nur noch ein paar Leute sehen, ehe ich zurück nach Angola fahren würde.

Aber Emeliano sagte mir auch, dass Krohn noch drei andere Mitarbeiter in Mozambique bezahlte. Ihre Namen waren Cubano, Pigmo und La Loula, aber zurzeit, hier zuckte Emelio seine Schultern, waren sie nicht erreichbar.

Zurzeit hatte ich auch noch ein Angolanisches Visum, aber falls ich nach Xongongo zurückgehen würde, musste ich mir ein neues kaufen. So ging ich zur Angolanischen Botschaft und dort sagte man mir, es dauert noch eine Weile und kostet auch etwas.

Es war aber nur eine Ausrede und damit auch eine Frage für die vielleicht einhundert Extra-Dollars die ich dafür brauchte. Aber da mein Bargeld jetzt knapp war, plante ich, nicht länger als zehn Tage hierzubleiben. Und in diesen zehn Tagen muss ich noch Lisa Campeau, die kanadische Koorderin für Landminen im kanadischen Konsulat, die GTZ Chefin im German Technical Centre, sowie Christian Stein, den General Director von Afrovita, sehen. Afrovita war ja die Firma, für die Krohn arbeitete und die auch Krohns zwei Maschinen beschlagnahmte. Vielleicht konnte ich dort etwas erreichen.

Ich baute mir dann einen Tagesplan auf und schrieb eine E-Mail an Neudeck und Krohn. Darin stand, was ich schon tat und was ich noch vorhatte, zu tun, sowie das Geld, das ich dafür brauchte. Danach ging ich zum Computer, schickte es ab und dann ging schlafen.

Drei Tage später waren meine E-Mails noch nicht beantwortet. Und dann überlegte ich mir alles noch einmal. Soweit sah ich nur die GTZ-Chefin und Lisa Campeau und keine von ihnen konnte und wollte mir sagen, was sie vorhatten. Also ging ich am nächsten Tag nochmals zum Obersleutnant Lindstrom und Botschafter Helmut Rau und sagte ihnen, dass ich nicht nach Angola, sondern zurück nach Deutschland fliegen würde.

Dieser kurze Tripp nach Mozambique war eigentlich der schönste Ausflug meines Lebens, da hier so viel geschah, was es eigentlich nicht geben sollte. Auf dem Trip dorthin stoppte ich kurz zum Frühstücken in einem Ort in Süd-Namibia und dort versuchte man in meinen Lastwagen einzubrechen, um meine Werkzeuge zu stehlen. Und fünf Stunden später klaute man mir den Lastwagen in Südafrika, der dann an Abend eine Panne hatte. Und in der Wunderstadt Maputo klaute man mir meine Kamera, brach noch einmal in meinen Lastwagen ein. Dann traf ich Menschen, die für die ost-deutsche Stasi gearbeitet hatten und wo ich die schmackhafteste Mahlzeit hatte, die es geben konnte. Und auf dem Rückweg nach Windhoek hatte ich noch eine Panne mit dem Lastwagen, traf Menschen, die mich zu einer Straußenfarm führten und kam endlich in einem Windhoek Hotel an, wo ich meinen Lastwagen einem Cap-Anamur-Kumpel übergab, der hier war, um Lebensmittel zu kaufen.

Deutsches Durcheinander

Deutsche Frauen, deutsche Treue,
deutscher Wein und deutscher Gesang
sollen in der Welt behalten
ihren alten schönen Klang,
uns zu edler Tat begeistern
unser ganzes Leben lang –
Deutsche Frauen, deutsche Treue,
deutscher Wein und deutscher Gesang!

Die schönste und wahrscheinlich unbekannteste zweiten Strophe der Deutschen Nationalhymne

So fuhr ich zurück nach Windhoek, hatte tausend Abenteuer entlang des Wegs, übergab mein Auto in einem Motel einem Mann aus Cap Anamur, der dort seinem Rausch ausschlief, und nachdem ich wieder in Leipzig gelandet war, arbeitete ich dort und in der Umgebung als Englischlehrer. Ich setzte mich im Jahr 2004 zur Ruhe und von dann bis jetzt geschahen viele Dinge die mich rührten; zum Beispiel der Tod von Rupert Neudeck sowie die Flucht der Syrier aus ihrem Heimatland. Aber viele Geschehen waren ja vorauszusehen, da ja zum Beispiel der Tod eines Menschen ein Teil seines Lebens ist – von der die Flucht eine komplette Unwahrscheinlichkeit bekommt. Darum möchte ich in diesem Kapitel auf die Unwahrscheinlichkeiten, die ja in der zweiten Strophe des Deutschlandlieds zum Vorschein kommen, vollkommen ignorieren.

Und da ich ein alter Soldat bin, werde ich im nächsten Kapitel auch die Allgemeinheiten Deutschlands in der Weltrolle, und damit auch in Kanada, in Betracht ziehen.

Nun, in der Strophe sind die deutschen Gemeinheiten edle Sachen, wie deutsche Frauen, deutsche Treue, deutscher Wein und deutscher Gesang, ein kluger Klang. Und da ich ein Mann bin, sind deutsche

Frauen, deutscher Wein und deutscher Gesang ziemlich international, obwohl sie nationale Lücken haben. Das lässt die deutsche Treue offen, die ja beinahe eine nationale Verschwörung Deutschlands in dieser verschwommenen Welt ist.

Und was die Treue betrifft, gibt es verschiedene Sorten zwischen VON und ZUM, wie Treue zum Staat, zum Bürger und Treue vom Bürger zum Staat oder Treue des Vermögenverwalters zum Bürger und Treue vom Bürger zum Vermögensverwalter. Und diese VON- und ZU-Treue bezieht sich auf Einrichtungen, die ich hier erwähne.

Fangen wir erst einmal mit der Staatstreue ganz oben an. Zuerst einmal, was ist ein Staat? Ich fand es im Internet heraus: „Ein Staat ist eine politische Organisation einer Personengemeinschaft, die folgende wesentliche Merkmale erfüllen muss;

a. Staatsgebiet,
b. Staatsvolk, und
c. Staatsgewalt.

Da wir hier über die Allgemeinheiten Deutschlands reden, fangen wir an und hören dann auch auf mit Deutschlands Staatsgewalt.

Deutschlands oberster Bürger ist der Bundespräsident. Er wird für fünf Jahre von einer Bundesversammlung gewählt und danach ist nur eine Wiederwahl zulässig.

Bis jetzt war das Geschlecht des Bundespräsidenten immer männlich, aber eigentlich kann es alles das sein, das in seiner Geburtsurkunde steht. Männlich, weiblich oder ein bisschen dazwischen. Und als ein weiser Mann des deutschen Volkes ist der Bundespräsident natürlich auch für die richtige Verfassung des Volkes zuständig. Und das hat auch etwas mit seiner Bezahlung zu tun, die ungefähr 18.000 Euro im Monat plus eine kleine extra Aufwandsentschädigung von 6.500 Euro im Monat is.

Und nach seiner Pensionierung als Bundespräsident kann er auch lebenslang die vollen Amtsbezüge als Ehrensold beziehen. Plus

Auto und Chauffeur. Es ist eine wirkliche Schande, dass nicht alle Rentner in Deutschland diese oder Teile dieser Bezüge bekommen da sie ja genauso schwer, oder meistens sogar schwerer, als ein Bundespräsident gearbeitet hatten. Und es steht auch im Widerspruch zu Aristoteles‘ und Platons Philosophien, dass die Leistungen und Gegenleistungen aller Menschen gleich sein müssen, da ja grundlegend alle Bürger eines Staats das meiste tun, was sie tun könnten. Und zwischen den Renten eines Bundespräsidenten und der Rente einer Schneidermeisterin besteht wirklich ein gewaltiger Unterschied zugunsten des Präsidenten – der ja meistens nur fünf Jahre als solcher arbeitete.

Die zweithöchste Person in Deutschland ist der Bundeskanzler oder der Führer. Das Geschlecht des Bundeskanzlers kann auch laut den bestehenden Regeln natürlich auch all-geschlechtlich sein. Das Wort *Führer* hat in letzter Zeit einen schlechten Namen bekommen, ist aber korrekt, da diese Person ihr Volk durch alle Hindernisse führt – sogar wenn er/sie schläft. Darum sollte zum Beispiel ein Bundeskanzler Merkel heißen und er/sie schläft oder *merkelt*, dann tut er/sie gar nichts, ist aber trotzdem der Führer.

Die schlimmste Sache des deutschen Führers ist, dass er nichts vom Bundespräsidenten gelernt hat. Der Präsident kann nur zweimal ernannt werden, aber der Führer kann x-Mal gewählt werden. Und da wir wissen, dass der Führer unsterblich ist und nur von den Russen and Amis aus dem Land gejagt werden kann, wird sich auch in Deutschland nicht viel daran ändern.

Da der Bundeskanzler natürlich auch der deutsche Regierungschef ist, bestimmt er auch die Bundesminister sowie die Richtlinien der deutschen Politik. Das Gehalt des Bundeskanzlers ist ungefähr eine Viertelmillion Euro pro Jahr, da Aufwandsentschädigungen dazugehören, aber ein Geheimnis bleiben müssen. Aber viel Geld ist das heute nicht mehr, da sogar oft Geschäftsleute mehr bekommen.

Jetzt kommen wir zum Bundestag oder das deutsche Regierungsparlament. Es hat gegenwärtig 709 Mitglieder und wenn man das über die deutsche Bevölkerung von 81.530.000 Menschen ausrechnet, dann repräsentiert jedes Mitglied zirka 114.993 deutsche Menschen. In anderen Worten, im Vergleich zu anderen Ländern hat Deutschland viel zu viele Regierungsmitglieder.

In den USA zum Beispiel hat der dortige Kongress 435 Abgeordnete und 100 Senatoren, zusammen also 535 Menschen. Die USA hat eine Bevölkerung von 325,440,000 Menschen und laut Statistiken macht das 700.000 Menschen für jeden Repräsentant.

Aber Deutschland hat nicht nur einen föderalen Bundestag, sondern auch 16 provinzielle Bundestage. Alle diese Bundestage haben Minister und Mitglieder and natürlich wollen diese auch, und nicht zu dürftig, bezahlt werden.

Und der Staat erlaubt ja in seinen Gesetzen, dass Treue auch bei Provinzen verschieden ausgeübt werden kann. So gibt es als Fakt zum Beispiel das föderale Gesundheitsgesetz, das es erlaubt, dass reiche Zahler bessere Leistungen bekommen können als arme Zahler. Und dasselbe Recht gilt auch für das Schulgesetz, das reiche und arme Bürger trennt. Und wenn man durch alle deutschen Gesetze geht, kann man viele dieser Änderungen finden. Das gilt nicht nur für Rechtsanwälte, sondern auch für Laien. Beispiele kann man einfach unter *Bundeswahl bricht Landesrecht* in Büchern finden.

Damit eine Regierung oder eine Firma richtig laufen kann, braucht es auch Menschen, denen man es kompromisslos befehlen kann. Die Amerikaner hatten nie solch eine Organisation und als Sieger des Zweiten Weltkriegs widersetzten sie sich auch der Einführung des neuen Beamtentums, das später in der Bundesrepublik nach 1949 wiedereingeführt wurde. Nun Berufsbeamte gibt es schon seit der Zeit der Römer, aber während des Industriezeitalters brauchte man sie auch dringend bei der Eisenbahn und Telegrafen, da dort der Kriegsmachterhalt besonders wichtig war.

Und selbstverständlich sind Beamte auch im Dienste der Monarchen, die immer gute Diener hilfebringend suchten. Später wurden sie auch Diener unter den Nazis, da ja Adolf Hitler selber am 25.

Februar 1932 ein Braunschweiger Beamter werden musste, um ein Führer zu sein. Und nach der Einführung der Bundesrepublik wurde das Beamtentum wieder sehr stark, da ihre Arbeitskräfte beim Wiederaufbau der deutschen Wirtschaft gebraucht wurden.

Man wundert sich nur, wie die Trümmerfrauen zwischen 1945 und 1950 ohne Beamten auskamen? Wer stempelte dann die Lebensmittelkarten?

Für die Regierung waren aber beamtete Richter sehr notwendig. Adolf Hitler lehrte schon damals, dass nur beamtete Richter ihn als Führer halten konnten. Im Fall, dass sie ihm nicht gehorchten, *verbeamtete* er sie und sie bekamen keine Pensionen. Und im Fall der deutschen Richter wurden auch viele dieser Nazi-Beamten von der Bundesrepublik übernommen.

In unseren Inflationszeitalter, wenn man täglich liest, wie schnell die Preise klettern, fragt man sich, wie viel Geld diese beinahe zwei Millionen Beamten für ihre treuen und redlichen Pflichten bekommen. Eigentlich ist das eine dumme Frage, da das Beamtentum kein Geld, sondern eine fast unkündbare finanzielle Sicherheit für sie ist und bis zur Invalidität und hohem Alter führt.

Es gibt natürlich tausende von Witzen über die Einführung der Beamten in das deutsche Bürgersystem. Einer dieser Witze ist: Im Mittelalter baute eine Stadt eine Brücke über einen reißenden Fluss und alle Bürger meinten, die Brücke sollte bewacht werden, um den Zoll zu kassieren. So stellten sie einen Wächter ein und natürlich musste der bezahlt werden. Um das zu tun, stellten die Bürger einen Finanzverwalter ein. Und dann dachten die Bürger darüber nach, dass man mit zwei Leuten auch einen Personalverwalter braucht. Damit gab es für die Brücke drei Leute, um den Zoll zu kassieren, und so stellte man schnell einen Personalchef ein, um den Abakus in Ordnung zu halten. Aber schließlich entschied der Bürgermeister, dass vier Leute zu teuer waren, um eine Brücke zu bewachen, und feuerte den 1) ……………………

und behielt den 2) ……………….

Die Wahl war zwischen: 1, Wächter, 2. Finanzverwalter, 3.Personalverwalter, 4. Personalchef

Natürlich war die Wahl einfach. Man feuerte den Wächter, der das wenigste Geld verdiente, und behielt den Personalchef.

Darum muss ich hier jetzt auch etwas über die Allgemeinheiten der Regierungen des deutschen Staates für seine Bürger sowie die der Bürger für ihren Staat schreiben.

Was ist überhaupt ein deutscher Bürger? Ist man es, weil man in Deutschland geboren wurde oder weil einer oder beide seiner Eltern deutsche Staatsbürger waren oder sind, oder vielleicht der Bürger seine alte Staatsbürgerschaft für eine deutsche eingetauscht hatte?

Nehmen Sie mich als Beispiel: ich wurde in Berlin geboren, nahm 1962 die kanadische Staatsbürgerschaft an und lebe seit 1991 als kanadischer Staatsbürger in Deutschland. Per Post wähle ich auch in Kanada und gemäß meiner Steuerregeln zahle ich als ehemaliger Soldat auch meine Steuern dort. Wo soll ich begraben werden, wenn ich sterbe? Auf dem Soldatenfriedhof in Montreal neben meinen Kameraden oder dem Südfriedhof in Leipzig neben meiner Frau? Mir wäre das offene Meer am liebsten, aber ich kann es mit meiner kleinen Rente nicht bezahlen.

Damit gebe ich Ihnen hier die Bezeichnung eines deutschen Staatsbürgers laut einiger VIPs: Die deutsche Staatsangehörigkeit ist die Zugehörigkeit einer natürlichen Person zum deutschen Staat, der Bundesrepublik Deutschland. Daraus werden – wie allgemein aus dem Bürgerrecht – spezifische Rechte und Pflichten hergeleitet. Der Besitz der deutschen Staatsangehörigkeit wird mit dem Staatsangehörigkeitsausweis nachgewiesen.

So sah ich mich im Internet um, wie ich mit diesem Staatsangehörigkeitsausweis leben könnte. Eigentlich wusste ich es schon im Voraus, dass ich es nicht konnte, da ich meine kanadische Staatsangehörigkeit nicht aufgeben wollte. Aber ich wollte sichergehen und auf die Stimmen anderer Leute hören.

„Alle Drogen sollten erlaubt sein sein. Die gesamte Beschaffungskriminalität würde dann wegfallen, aber der Staat will das nicht. Das System *Staat* kann doch besser existieren, wenn es mehr Kranke gibt. Jeder hat doch eine Eigenverantwortlichkeit. Das geht doch jeden nur selbst etwas an."

„Dem Staat ist es nie an der Wahrheit gelegen, sondern immer nur an der ihm nützlichen Wahrheit, noch genauer gesagt, überhaupt an allem ihm Nützlichen, sei dies nun Wahrheit, Halbwahrheit oder Irrtum."

„Den Interessen des Staates gebührt der Vorrang."

„Der Staat bin ich! Der Staat ist eine Maschine in den Händen der herrschenden Klasse zur Unterdrückung des Widerstands ihrer Klassengegner. In dieser Hinsicht unterscheidet sich die Diktatur des Proletariats im Grunde genommen durch nichts von der Diktatur jeder anderen Klasse, denn der proletarische Staat ist eine Maschine zur Niederhaltung der Bourgeoisie."

„Der Staat sichert uns unser Eigentum, unsere Ehre und unser Leben. Aber wer sichert uns unser inneres Glück, wenn es die Vernunft nicht tut?"

„Die Frauenbewegung als solche existiert überhaupt nicht. Es gibt nur den Staatsfeminismus auf der einen Seite, Gleichstellungsbeauftragte, Frauenministerien und Frauenquoten, nach dem Motto *Papa Staat kümmert sich um die Frauen.* Und auf der anderen Seite gibt es die autonome Frauenszene."

„Die Frauenbewegung war und ist als Politik für Frauen eine Angelegenheit der akademisch qualifizierten Mittelklasse. Ihr Problembewusstsein reichte nur zur Etablierung einer Beschwerdekultur, mit den Männern als Adressaten und Vater Staat als Medizinmann."

„Ein anständiger Bürger kann darauf vertrauen, dass der Staat auf seine privaten Daten keinen Zugriff nimmt."

„Eine gute Unterhaltung erträgt so wenig einen Diktator wie ein freies Staatswesen."

„Ein Staat, in dem alle verdächtig sind sind, ist selbst verdächtig."

„Einen Staat, der mit der Erklärung, er wolle Straftaten verhindern, seine Bürger ständig überwacht, kann man als Polizeistaat bezeichnen. Den Polizei- oder Überwachungsstaat wollen wir nicht."

„Es ist offensichtlich, dass der Staat ein Werk der Natur ist und der Mensch von Natur aus ein staatenbildendes Lebewesen."

„Freiheitliche Verfassungen leben ja nicht davon, dass der Staat alles regelt, sondern dass die von ihnen profitierenden Bürger und Institutionen selbst wissen, dass Freiheit auch eigene Verantwortung bedeutet."

„Hätte die Natur so viele Gesetze wie der Staat, Gott selbst könnte sie nicht regieren."

„In einem Staat, das heißt, in einer Gesellschaft, in der es Gesetze gibt, kann Freiheit nur darin bestehen, das tun zu können, was man wollen darf. Freiheit ist das Recht, alles zu tun, was die Gesetze erlauben."

„Nimm das Recht weg – was ist dann ein Staat noch anderes als eine große Räuberbande?"

„Religiöser Fundamentalismus ist das stärkste, massivste, allerdings meist auch attraktivste und faszinierendste, die Massen am meisten einnehmende und einfangende Motiv, weswegen jede Machtpolitik stets bedacht sein wird, eine Religion oder Konfession für ihre Ziele einzuspannen. Es ist kein Zufall, dass der römische Kaiser Konstantin das immer stärker werdende Christentum zur Staatsreligion machte, obwohl er zu dem Zeitpunkt selbst noch kein Christ war."

„Der Staat ist diejenige menschliche Gesellschaft, welche innerhalb eines bestimmten Gebietes das Monopol legitimer physischer Gewaltsamkeit für sich mit Erfolg beansprucht."

„Die Armee ist die klarste, die greifbarste und am engsten an die Ursprünge gebundene Manifestation, die es vom Staate gibt."

Wie konnte ich je mit diesen Aussagen bekannter internationaler Soldaten, Priester, Politiker und Wissenschaftler sowie Louis XIV,

Joseph Stalin, Aristoteles und Wolfgang Schäuble, konkurrieren? Ich, wie Millionen deutscher Bürger, interessierte mich nur für ihre Regierungsentscheidungen, die uns betrafen.

Und diese Sicherheiten sind laut Internet:

1. Unsere persönliche Sicherheit wird durch die vielen Flüchtlinge beeinflusst.
2. Unsere kleinen Renten können der großen Inflation nicht standhalten.
3. Die steigenden Gesundheitskosten und
4. die steigenden hohen Mieten.

Jedermann in Deutschland weiß, dass hohe Kosten international sind und durch die stetigen neuen Flüchtlinge immer höhergetrieben werden. Und in Deutschland zum Beispiel werden billige Wohnungen durch Flüchtlinge belegt, da sie für unsere Rentner zu teuer sind. Die Flüchtlinge haben traditionell viele Kinder, bekommen dadurch vom deutschen Staat viel Kindergeld, mieteten damit teure Wohnungen und nehmen sie dann den Rentnern weg.

Da viele sogenannte Kinderflüchtlinge eigentlich Erwachsene waren, liegt es in den Händen der deutschen Volksvertreter, die Wahrheit festzustellen. Und da manche Beamten die Eilanträge von Flüchtlingen nicht rechtzeitig bearbeiteten und sie darum auch abgeschoben werden, kann man sie ja später wieder auf Steuerkosten zurückholen.

Und ich denke auch, dass sich in der Zukunft das Flüchtlingsproblem von alleine lösen wird. Wenn es zu Hause ruhiger wird und Russland die Häuser aufbaut, die es einst zerstört hat, dann werden die Syrer auch wieder nach Hause gehen, um mit dem geschenkten deutschen Flüchtlingsgeld neue Möbel dort zu kaufen.

Und da meine Frau und ich eine gute Wohnung hatten und da unsere Renten sowie Gesundheitskosten gegenwärtig noch passabel waren, machten uns die steigenden Lebens-tendenzen wenig aus. Naja, wir sind auch Greise und machen uns wenige Gedanken über die Zukunft und die sieht schlecht für das deutsche Rentensystem aus. Aber das Problem unserer Sicherheit macht uns ein paar Sorgen. Die Zeitungen sind knüppelvoll von täglichen Überfällen und Einbrüchen, die scheinbar von Flüchtlingen verursacht werden und für die der Staat mehr Polizeigeld braucht. Und jetzt schon kann man sich nicht im Freien bewegen, ohne dass man nicht von vielen Beobachtungskameras fotografiert wurde. Darum bleiben auch viele der älteren Bürger nachts zu Hause und stellen ein paar wichtige Fragen wie:

1. Brauchen wir wirklich 709 Mitglieder des Bundestags, um die Bewohner Deutschlands zur Vernunft zu bringen? Oder benutzt man sie nur zur Verstärkung der eigenen Politik im Parlament?
2. Braucht Deutschland wirklich diese Armeen von Polizei, die es in der Zukunft benötigt? Oder will man damit nur die eigene Stärke beweisen?
3. Brauchen wir wirklich zwei Millionen Beamte, um Briefe zu frankieren? Oder sind nichts anderes als Machtexemplare der Stärke. Denn in vielen Ländern wie in der Schweiz geht es auch ohne sie.
4. Brauchen wir wirklich 4.000 Spione in der Chauseestraße, in der Bundesnachrichtendienstkaserne, um die Millionen der Beobachtungskameras zu lesen, die es in Deutschland gibt?

Die Gegenwart beweist auch, dass die Ideen der Vergangenheit auch noch in der Gegenwart gültig sind. Zum Beispiel hatten die amerikanischen Bürger recht, ihren Präsidenten nur zwei Amtszeiten zu gewähren. Genauso haben die Bürger der Welt auch Recht gegenwärtig mit einem neuen Schuss des alten „Kraft-durch-Freude-Schiffe" über die Meere zu segeln. Und wusste man nicht schon vor achtzig Jahren, dass ein Einzelhaus einem Mieter vor Altersarmut schützt?

Vor sechzig Jahren und als junger Soldat war ich einst im Gagetownlager stationiert. Zu Weihnachten gaben und bekamen alle Soldaten ein Geschenk für das Fest sowie den jüngsten Soldaten, der das Regiment für einen Tag regieren konnte. Dieser Gedanke, ein einziges Geschenk zu geben und zu bekommen, war eine wunderbare Idee, die ich immer noch schätze. Leider auch würde es den Weihnachtsmarkt vermiesen, weswegen es auch nie legalisiert werden.

Leider würde es auch Stalins Worte *Der Staat bin ich* versauen, da es den Bürgern Deutschlands viel Zeit zum Denken gibt. Warum, zum Beispiel, dürfen Bundeskanzler/innen länger als zwei Legislaturperioden dienen? Weil es so im deutschen Grundgesetz steht! Bullshit! Es sind doch die Bürger, die mittels ihres Parlaments Rechte geben oder nehmen, während viele Staatsoberhäupter ihre Arbeit behalten wollen. Ich denke an Umar al-Bashir vom Sudan und an Pierre Nkurunziza von Burundi, Sie sind zwei Beispiele, von denen Stalin einst sagte, „der Staat, und damit auch der Bunderkanzler, ist eine Maschine in den Händen der herrschenden Klasse“.

Und wer die herrschende deutsche Klasse ist, das wissen auch alle deutschen Bürger.

Du Hoffnungsland für alle Hoffnungsvollen

O Kanada! Wo Kiefern und Ahorns wachsen,
große Felder sich ausdehnen, gebieterische Flüsse fließen,
Zu uns so stolz mit deinen weitschweifigen Regionen,
Vom Ostern- bis zum Western-Ozean!
Du Hoffnungsland für Hoffnungsvolle!
Du wahres Land, so stark und frei!

Zweite Strophe von Kanadas Nationalhymne

Wenn sich ein Mensch in Deutschland niederlässt und kein Radio oder Fernseher hat, muss er trotzdem eine Fernsehgebühr bezahlen. Und wenn ein Mensch sich in einem Hundertdollar-Zimmer in Kanada niederlässt, muss er wahrscheinlich 120 Dollar Miete zahlen. Vor sechzig Jahren gab es nie solche Steuern, aber da man sie in vielen anderen Ländern auch schon hatte, haben sie sich jetzt in Deutschland und in Kanada auch eingebürgert.

Eigentlich war mein letzter Satz falsch, da manchmal Deutschland das erste Land mit solchen Steuern war, die dann andere Länder als ihr schnelles Geld einkassierten. Als ich in Angola für Cap Anamur arbeitete, verdiente ich ein gutes Gehalt, aber Annemarie in Deutschland bekam nur einen kleinen Teil davon, da der deutsche Staat das meiste davon schluckte.

Und als ich am Silvestermorgen mit Annenarie im Bett lag und ihr sagte, dass deutsche Beamte schon im Voraus ihr Monatsgehalt bekommen, da lachte sie nur. „Deutschland ist ein Schlaraffenland und nicht nur Beamte bekommen es im Voraus, sondern auch Lehrer, Rentner und Flüchtlinge. Darum will auch niemand hier weg, da sie sonst für ihr Geld erst arbeiten müssen."

Sie hatte einen guten Punkt damit. Erst die Arbeit ist die normale Regel, ehe Menschen ihr Geld bekommen. Darum werden die Menschen auch zweimal im Monat bezahlt, um durch die Welt zu kommen.

Aber lassen wir das Thema Steuern ruhen und denken nur an die Menschen. Kanada hat einen sehr großen deutschen Bevölkerungsanteil. Und da kanadische Soldaten in zwei Weltkriegen gegen Deutschland kämpften, blieben auch viele Soldaten nach dem letzten Weltkrieg für fünfzig Jahre dort, um im Notfall gegen die Russen zu kämpfen. Und komischerweise fühlte ich mich als geborener Berliner nicht als Deutscher, sondern als Kanadier. Ich bin mir auch sicher, dass jeder französische Fremdenlegionär genauso fühlen würde, denn es war ja nicht Frankreich, sondern die französische Fremdenlegion, der er diente und die auch damit seine seine Heimat wurde.

Weil wir dabei sind, über das Militär zu reden, ist die NATO ein gutes Thema. Die NATO wurde 1949 gegründet um die Sowietunion zu neutralisieren. Aber die NATO wurde nicht das führende Schutzschild der USA, da zwei permanente Mitglieder des Sicherheitsrates der Vereinten Nationen nicht zu den westlichen Nationen gehörten und daher auch keine NATO-Kriege erlaubten. Daher führten die USA ihre Kriege, wie den unbekannten Koreakrieg und den zweiten Vietnamkrieg, nur als einen Stellvertreterkrieg. Als Stellvertreterkrieg wird ein Krieg bezeichnet, in dem sich zwei oder mehr in Konflikt befindliche Großmächte nicht direkt militärisch auseinandersetzen, sondern diese militärische Auseinandersetzung in einem oder mehreren Drittstaaten austragen. Die Drittstaaten handeln also quasi als *Stellvertreter* der oft *nur* im Hintergrund beteiligten Großmächte.

Und im Jahr 2001 wurde Deutschland sowie auch Kanada ein Konfliktpartner der amerikanischen Großmacht. Und das stellvertretende Vietnam sowie auch das stellvertretende Afghanistan erreichten nichts, da sich dort im Allgemeinen nichts änderte. Von beiden Staaten kommen Flüchtlinge immer noch durch die Welt und was Bestechungen betrifft, hat sich dort nichts geändert. Und in Kanada liebt man nicht Kriege, sondern Friedenserhaltung, die ja Kriege vermeiden sollten. Und Deutschland lernte davon viel von Kanada, da ja jetzt viele deutsche Soldaten ihren Dienst in der Welt tun. Natürlich tun sie es auch, um deutsche Waffen zu verkaufen, denn Kriege ohne Waffen sind sehr selten.

Entsinnen sie sich noch, was ich in Broughton Island dachte, als Deutschland sich wiedervereinigte?

„Wird Deutschland jetzt wieder die Welt dominieren? Wird die Bundeswehr sich jetzt wieder die Wehrmacht nennen? Oder werden deutsche Politiker versuchen, alte deutsche Ideologien in der Bundeswehr auszumerzen?"

Ein bisschen geschah von allem, aber die Namen änderten sich. In vielen Technologien änderte sich die Welt, aber nicht mit der Bundeswehr, sondern mit der Industrie. Und Bundeswehr und Wehrmacht haben WEHR in ihren Namen und WEHR bedeutet VERTEIDIGIUNG und nicht ANGRIFF. Und VERTEIDIGUNG stimmte auch mit meines Vaters Idee überein, die Heimat zu verteidigen und nicht ändere Länder anzugreifen. Auch wenn diese anderen Länder Waffen brauchen! Und ob deutsche Politiker alte deutsche Ideen in der Bundeswehr brauchen, weiß ich nicht, da sie in Frankreich und den USA gefördert werden.

Und für die Bundeswehr ist der Große Zapfenstreich auch nur eine Zeremonie der Vergangenheit, die keinen Platz in der Gegenwart hat. Und obwohl der Empfang von Politikern bei Staatsbesuchen eine sogenannte militärische Ehre ist, gilt es mehr, einen guten disziplinären Eindruck auf die Gäste zu schinden und daher sollte es auch abgeschafft werden.

Um auf Afghanistan zurückzukommen, ich war ich immer sehr interessiert was unsere Soldaten dort machten. Und nachdem wir 120 Soldaten im Krieg dort verloren, schrieb ich einen Brief an den Generalleutnant Andrew Leslie, der einst unsere Soldaten dort kommandierte und bat ihn um meinen Besuch dort. Ich kannte Leslie sehr gut, da ich einst sein Ausbilder war und ich mit ihm meinen Dienst in Lahr verrichtete. Und da er jetzt General der kanadischen Landtruppen war, fragte ich nach dem Besuch im Namen eines Master Gunners, der mehr über die amerikanischen M-777-Geschütze wissen wollte.

Einen Monat später hatte ich Andrew Leslies ablehnende Antwort. Er schrieb mir, dass ich zu alt dafür sei, aber natürlich war das nur eine Ausrede. Die richtige Antwort wäre gewesen, dass er nur seinen Arsch decken wollte. Würde mir etwas passieren, dann würde auch sein Arsch am höchsten Baum in Kanada hängen. Um sicherzugehen, dass ich nicht gehen konnte, schickte er sogar Briefkopien zum höchsten General in Kanada sowie dem kanadischen Verteidigungsminister.

Und im Jahr 2008 folgte ich sogar den Trommeln des vierzigsten Geburtstags des kanadischen Airborne-Regiments für ein Willkommen in Ottawa und las dort einen jährlichen Bericht über die M-777-Geschütze in Afghanistan, in dem stand, dass die M-777-Geschütze in Afghanistan durch kanadische Truppen nur für die amerikanische Armee getestet wurden. Natürlich war das eine Lüge, da das M-777-Geschütz nie eine Testwaffe war. Doch die Ausrede der M 777 als Testwaffe passte besser in die kanadische Erdichtung für Soldaten als Blauhelmtruppen.

Dieselbe Erfindung geschieht jetzt hier nach Weihnachten 2017 in Deutschland. Im Kampf für das Regierungsbündnis zwischen zwei Parteien wollte die regierende Partei die Verteidigungsausgaben des Militärs um 2 Prozent der deutschen Wirtschaftsleistung erhöhen.

Aber im Kampf gegen Hunger und Elend spielte die Rüstungsspirale mit ihrem Verlangen für unbenannte Flugzeuge sowieso eine untergeordnete Rolle. Für die meisten deutschen Bürger ist aber die Verteidigung keine Ehre, sondern nur ein notwendiges Übel, das natürlich auch viele Arbeitsplätze mit sich bringt.

Wenn man aber in Deutschland sowie in Kanada über Friedenssicherung spricht, kann man es schwer mit ihrer blühenden Waffenindustrie rechtfertigen. Kanada schmückt sich gerne mit der Phrase, eins der schwersten Kontrollregime für Militärexporte zu haben. Jedoch die Waffenexporte von beinahe 15 Milliarden Dollar, die Ottawa im Februar 2014 mit Riyadh unterzeichnete, widersprechen dieser Aussage. Und Deutschland ist der dritthöchste Waffenexporteur der Welt hinter USA und Russland. Vielleicht sollte man zugeben, dass die Rhetorik in Kanada und Deutschland über die Friedenssicherung die einfachste Weise der Welt ist, die Gemüter der Bürger zu beruhigen.

Darum denke ich auch, dass der gegenwärtige Verteidigungsminister Deutschlands, Frau Ursula von der Leyen, nur eine Wiederkäuerin der Bundeskanzlerin ist, wenn sie über größere Waffenexporte redet. In einer Art und Weise ist Frau von der Leyen ein Zwitter des kanadischen Verteidigungsminister Paul Hellyer, der vor fünfzig Jahren Kanadas Militär vereinheitlichte, aber sie widersprach nie der Kanzlerin über die Schrecken des Krieges. Und einer dieser Schrecken sind die Soldaten der Friedenssicherung, die oft mehr Probleme anrichteten als ihre Feinde.

Die Vergangenheit zeigte, dass die UN-Friedenssicherer nicht immer den Frieden sichern konnten. Das Bereitstellen von Truppen auf freiwilliger Basis funktionierte nie richtig. Schlechte Befehlsstrukturen und Sprachbarrieren führten oft zu Organisationsproblemen.

Auch die Bürokratie des UN-Sicherheitsrats war ein Ziel der Kritik. Als 1994 in Ruanda angesichts der getöteten 10 Blauhelmsoldaten schnell gehandelt wurde, brauchte der Sicherheitsrat drei Wochen für die notwendigen Maßnahmen.

Einige Menschenrechtsorganisationen denken auch, dass Blauhelmtruppen mit dem Frauenhandel verbunden sind, da ihre Immunität sie von einer gerichtlichen Verfolgung schützt. Und am 30. Januar 2016 sagte Anthony Banbury, ein Sekretär der UNO, dass sich im Jahr 1915 in mindestens 69 Fällen Blauhelmsoldaten des sexuellen Missbrauchs in der Ausbildung schuldig gemacht haben.

Meine Meinung über Blauhelmsoldaten machte mir auch Probleme im Militär. Ich wurde niedriger in meinen Jahresberichten eingestuft, da ich das bestehende System herausforderte.

Als Menschen müssen wir aber das System herausfordern und Gerüchte niedrig halten. Und als im Jahr 2007 Gerüchte verbreitet wurden, dass chinesische Produkte genau so schlecht sind, wie japanische Produkte in den sechziger Jahren schlecht waren, da wurde ich böse. Im Jahr 2007 waren doch japanische Produkte hochqualifizierte Erzeugnisse der Wirtschaft und man könnte doch erwarten, dass in einigen Jahren chinesische Produkte genau so gut werden sollten. So was soll ich kaufen? Gute und teure japanische Produkte oder schlechte und billige Waren?

Und soll ich jetzt chinesische Produkte kaufen, da ich sie ja nur momentan brauch? Denk bitte etwas weiter. China, wie auch Indien und Pakistan, ist ein Entwicklungsland, das wahrscheinlich in einigen Jahren das höchstentwickelte Land der Welt sein wird. Aber diese Entwickelungen kamen nicht auf einmal, sondern in Stufen. Nicht nur für den Entwickler, sondern auch für den Entwickelnden, und so muss man erwarten, dass etwas flüssiges Kapital, eine Menge Kinder und ein Haufen Greise diese Länder zu einem Paradies machen wird. Oder, falls es kein Paradies wird, es andere Länder dazu zwingt.

Wenn man in Deutschland mit Deutschen lebt, öffnen sich viele dieser Schlossfächer. Viele kanadische Soldaten verloren hier ihr Leben, um Deutschland als Land zu erhalten. Und deutsche Fasanenjäger laufen jetzt unbehelligt durch die überwachsenen Schützengräben, wo diese Soldaten einst wachten. Unsere uralten und kakerlakenverseuchten Baracken in Deilinghofen sind nun Teil des Sauerlandparks Hemer und in Lahr leben Volksdeutsche in unseren alten Wohnungen. Rockmusiker feiern in unseren alten Fluglandbahnen und diese Wechsel kamen stufenweise; erst wurde der kleine Feldwebelklub neben dem spendierten Eichenbaum abgerissen und dann folgten zerrissene Asbesthäuser dem Abriss.

Und der Sensenmann starb nicht mit dem Abriss jeden Hauses und spukt immer noch in den alten Asbestgebäuden herum. Sie liegen jetzt in Trümmern auf der Erde und warten auf ihr Ende, genau wie die kanadischen Soldaten, die in ihnen einst dienten. Viele von ihnen leiden unter *Mosothelioma-Krebs* und der braucht 20 bis 50 Jahre, um sich zu entwickeln.

Mein deutsches Leben unterdrückte auch meinen Lebensglaubsatz. Für vierzig Jahre war das Land östlich der Grenze feindlich zu mir aber nachdem die Mauer fiel, wurde es freundlicher. Ich sah, wie wie die ehemaligen Feinde riesige Renten bekamen, und es juckte mich überhaupt nicht. Die bezwungenen Kommunisten lebten plötzlich besser als die Menschen, die sie einst bekämpften.

Das alte polnische Sprichwort der *bezwungenen Engel, die versuchen, wieder Engel zu werden* wurde Wahrheit in Deutschland, jedenfalls wahr für die braunen und roten Anhänger. Und der Rest zählte nicht. Sie waren ja nur das Volk, das jedem Führer folgte.

Terrorismus ist ein sehr effektives Mittel, um sektiererische und nationalistische Zwecke zu erreichen. Aufrührer wissen, dass Revolutionen und Terrorismus Hand in Hand arbeiten und dass viele unserer gegenwärtigen Nationen revolutionäre und terroristische Wurzeln haben. Da besteht natürlich die gewissenhafte Frage, ob nicht die *gegenwärtigen Regierungen der USA, Russland, China, Israel, Kenya und Zimbabwe wissen, dass sie auch einst terroristische Wurzeln hatten und warum man sie jetzt bekämpft.*

Nur weil die gegenwärtige Regierung sie bekämpft wäre eine sehr dumme Antwort.

Die gegenwärtige Auffassung des Terrorismusbegriffs öffnet die Tür für rätselhafte Furchtbarklemmen, da Kriegsrecht allein zivilisierter Terrorismus mit seinen verdunkelten Fensterklappen der Handelssperren, Völkermord und atomisierten Bombardierungen ist. Politiker benutzen alle diese sowie ein paar erfundene Begriffe als Kennzeichen des Terrorismusbegriffs für die nationale Zwecke der militärischen Rechtschaffenheit. Diesen Trick benutzte Adolf Hitler einmal, als er den Reichstag für das Recht seiner politischen Herrschaft verbrannte. Man könnte sogar so weit gehen und sagen, dass patriotische und nationale Hymnen auch als nationale Terrorismusbegriffe dienen.

Um der Vereinigten Staaten Monroe-Doktrine ein periodisches Recht zu geben, kämpfte während der 1920 bis 1930 Jahre das Marine Corps für die United Fruit Companie die sogenannten Banana-Kriege in Süd-Amerika. Und während des Zweiten Weltkriegs bombardierten die alliierten Bomber niemals reiche Naziwohnorte oder Straßen, die zu Konzentrationslagern führten. Und der Vietnamkrieg machte nur reiche Waffenhändler noch reicher und die zwei Golfkriege brachten keine Ruhe in das bestehende Islamische Fundamentalistensystem und die Erdölindustrien und waren auch keine *sauberen Kriege*, sondern machten nur die Sieben Schwestern der Erdölkartelle noch reicher. Man wundert sich nur, was mit Kanada geschehen wird, wenn die Vereinigten Staaten kanadisches Wasser brauchen.

Ich hoffe nur, dass dieses Buch etwas von der bestehenden militärischen Mystik zerstreut. Für mich war es nicht einfach, aber meine Freunde und Feinde halfen mir dabei, da es ein Teil meines, nein unseres, Lebens ist.

Ich werde niemals vergessen wie Dennis O'Conner sein Bier trank als er hoch mit dem Kopf zur Erde stand. Als Irish MacLean betrunken seine Limerickwitze erzählte. Wenn meine Kumpel Monks und Wilkinson zum Teufel komm raus ihre ihre 2½-Tonen-Kanonenschlepper nachts über die Erdlöcher rasten! Wie der Stolz in unseren Gesichtern glänzte, als unser Basketballteam die Engländer schlug. Als wir an einem Sonntagmorgen über ein Weizenfeld zu Kirchenplatz marschierten. Oder als die Signaltruppe ihre Motorräder auf dem geheiligten Paradeplatz zur Schau stellte. Die Qual der Erwartung in unseren Gesichtern vor dem ersten Fallschirmsprung. Und mit der Fahne auf Halbmast anlässlich des Todes eines alten Kameraden. Das Gesicht unseres dummen Chefs, als wir über einen seiner

Witze nicht lachten. Die Aufzählungen hört niemals auf, da es nie ein Ende dieser gespenstischen Erzählungen gibt.

Ich habe aber auch noch einen großen Wunsch. Dieses Buch wurde geschrieben, als ich in Deutschland lebte, und das ist ein Land, in dem immer noch viele rechtsdenkende Menschen leben und wo Konzentrationslager eingezäunt sind; nicht um Flüchtlinge zu halten, aber um Neonazis draußen zu lassen. Die Nazi-Zeiten sind vorbei und für mich gilt heute das alte Sprichwort *in die Jahre gekommen und etwas fett um die Hüfte*. Darum habe ich auch einen kleinen Wunsch zu erfüllen. Zehntausende Soldaten und Flieger dienten in Deutschland und Frankreich, andere in den Niederlanden, Norwegen und Italien und viele starben dabei im Namen ihrer Nation. In ein paar Jahren werden unsere Körper Staub sein und so wäre es die beste Gelegenheit, ein dauerndes Ehrenmal für alle dieser wunderbaren Menschen zu errichten – nicht aus kaltem und herzlosen Stein – sondern vielleicht als mitreißendes Papier wie ein Couchtischbuch für die Soldaten, die nicht mehr reisen könne.

Würde es nicht wunderbar sein, noch einmal morgens in der kalten Lünberger Heide in Bereitschaft zu stehen, in Grafenwöhr schwefligen Kordit zu riechen und die Familie am Lahr-Flugplatz willkommen zu heißen? Oder unsere toten Kameraden in kanadischen Friedhof in Werl zu betrauern? Sie waren und werden immer ein Teil Kanadas sein!

Ich bin auch alt geworden. Und als sich die Jahre drehten, wurde die kanadische Armee ein großer Teil meines Lebens und lehrte mich, nicht ein Krieger sondern ein Mensch zu werden. Ich wollte niemals wieder auf ein Tier oder Mitmenschen schießen und es lehrte mich auch, die Gedanken meines Vaters zu beachten. Ich sehe ihn jetzt noch, als er vor 65 Jahren vor mir stand und lächelnd sagte: „Töte nie, es sei denn, es ist in einem nationalen Einfall in unserem Land, und die sind ja sehr selten. Und niemals folge einem militärischen oder politischen Konzept."

Er versuchte mir zu sagen, dass ein Mensch für seine Nation, aber nicht für den Einfall in ein anderes Land kämpfen sollte. Und er war auch klug genug damit, mir zu sagen, dass das seine und nicht meine Entscheidungen waren. In meinem früheren Alter war ich zweifelhaft über diese Entscheidungen, aber nach dreißig glücklichen und manchmal auch unglücklichen Jahren in militärischen Rängen weiß ich, dass er die Wahrheit gesprochen hat.